Fritz Letters, Präsident
Porsche Club Deutschland e.V.

Michael Haas, Sportleiter
Porsche Club Deutschland e.V.

Porsche Club Deutschland

Liebe Mitglieder,
liebe Porsche Freunde,

wie in jedem Jahr ist der PCD Club-Cup des Porsche Clubs Roland zu Bremen das endgültige Finale der PCD Motorsport-Saison. In diesem Jahr wurde uns der Abschied durch einen sonnigen Herbsttag mit ungewöhnlich milden Temperaturen versüßt. Die Würfel für die Jahreswertung fielen nach dem 1. Wertungslauf, denn die Gesamtsieger 2016 standen nun fest. Kurz nach dem Fallen der Zielflagge des 2. Laufes begann das Zeitnahme-Team mit dem Erstellen der Jahreswertung. Und schon bei der abendlichen Siegerehrung in Assen standen die PCC-Jahressieger fest, die dann im November in Weissach geehrt worden sind.

Bereits seit September läuft die Planung für 2017 auf Hochtouren und für die meisten unserer Serien konnten die Termine bereits fixiert werden.

Die neue Ausgabe „Limited PCD Edition 2016" des Porsche Jahrbuches ist wieder prall gefüllt mit weltweitem Porsche Rennsport, mit allen Serien des Porsche Club Deutschland und natürlich wiederum mit ausgesuchten gesellschaftlichen Highlights des Porsche Club Deutschland und seiner Mitgliedsclubs. In dieser einzigartigen Zusammenstellung gibt es dies nur in unserem Porsche Motorsport Jahrbuch.

Die Porsche Club Historic Challenge, seit 2015 eine Internationale FIA Serie, gastierte 2016 wieder auf den attraktivsten Rennstrecken in Deutschland und dem nahen Ausland. Die 7 Rennwochenenden mit insgesamt 15 Rennen fanden auf dem Hockenheimring, dem Nürburgring, in Oschersleben, dem Ardennenkurs in Spa-Francorchamps, dem Kurs in Zolder und erstmalig 2016 auf dem TT Circuit in Assen statt. Die Klassensieger und Platzierten wurden nach dem finalen Lauf am Nürburgring im feierlichen Rahmen geehrt.

Die Sieger der PCS-Challenge 2016 wurden in 6 Läufen ausgefahren. Auch in dieser Serie fiel die Entscheidung erst beim Schluss-Lauf Anfang Oktober im italienischen Franciacorta. Weitere Strecken waren Anneau du Rhin, der Lausitzring, der Hockenheimring und im Rahmen des Porsche Sports Cup der Red Bull Ring in Österreich.

Der PCD Club-Cup, kurz PCC genannt, wurde von unseren Mitgliedsclubs an 10 Wochenenden organisiert. Zur Wertung gehören auch die Ergebnisse der 6 PZ Drivers-Cup Läufe, die im Rahmen der Veranstaltungen des Porsche Sports Cup ausgetragen wurden. Erstmalig wurde zusätzlich eine PCC-Histo Wertung für luftgekühlte 911er und Transaxle-Porsche ausgeschrieben.

Sicherlich trägt die Auswahl der Strecken zur Attraktivität bei: im Elsass Anneau du Rhin, auf dem Hockenheimring, auf dem Salzburgring mit seinem herrlichen Umland, die kniffige Strecke am Bilster Berg, im franzö-

sischen Chenevieres, in Franciacorta, dem sonnigsten Fleck Oberitaliens, die edle Porsche Haus-Strecke in Leipzig und last but not least Großdölln im fernen Nord-Osten.

Alle PCD Club-Cup Veranstaltungen zeichnen sich durch das mit viel Liebe vom jeweiligen Mitgliedsclub ausgestaltete Wochenende aus, perfekt organisiert und dazu die schon sprichwörtliche Geselligkeit unter den Fahrern und Fahrerinnen! So hat auch beim Schlusslauf in Assen der abendliche Besuch einer Pizzeria mit weit über 135 verschiedenen Pizzen bereits Kultcharakter.

Der Porsche Club Deutschland und seine Instruktoren sind auch zur Stelle, wenn es um die Aus- und Weiterbildung der Mitglieder geht. Wir helfen bei der Erlangung der Lizenzen und beim Fahrtraining in Zandvoort. Für die Sicherheit auf glatten Straßen trainieren wir beim Wintertraining des PC Isartal-München in der Lungau. Gefahrlos geübt werden kann auch in den Fahrsicherheitszentren, z.B. am Nürburgring mit dem PC Wuppertal oder im FSZ Steißlingen mit dem PC Schwaben.

Höhepunkt des Jahres waren einmal mehr die Porsche Club Days in Hockenheim - organisiert vom Württembergischen Porsche Club und dem PC Schwaben zusammen mit dem PCD. Ein Wochenende Porsche pur; nicht nur alle Serien des Porsche Club Deutschland waren dort am Start, auch andere interessante Fremdserien mit illustren Rennwagen begeisterten das Publikum.

Lassen Sie sich auch inspirieren von den zahlreichen großen Events des PCD und seinen Mitgliedsclubs. Dort finden Sie Freundschaftstreffen, wie z. B. das „Lufti Treffen" auf Schloß Dyck und die Porsche Treffen in Bad Füssing und Dinslaken. Sie finden auch ausgewählte Touren der Porsche Clubs zur Targa Floria, nach St.Tropez, nach Monaco oder zur Mille Miglia.

Besuchen Sie uns doch einfach einmal, viele andere Porsche Clubs tun dies auch. Seien Sie hautnah dabei und genießen Sie Motorsport zum Anfassen.

Wir laden Sie ganz herzlich dazu ein. Wir wünschen Ihnen in der „motorsportarmen" Winterzeit viel Freude beim Lesen unserer Limited Edition.

Mit einem herzlichen Dankeschön grüßen

ADAC
Korporativclub

MICHELIN

BILSTEIN

brembo Racing

Fritz Letters, Präsident
Porsche Club Deutschland e.V.

Michael Haas, Sportleiter
Porsche Club Deutschland e.V.

INHALT - CONTENT

PCS-Challenge

16.04.16	Anneau du Rhin/Elsass, F RA
24.04.16	Hockenheim, GER
15.05.16	Eurospeedway Lausitz, GER
03.06.16	Red Bull Ring, AUT
08.07.16 - 09.07.16	Hockenheim F1-Kurs, GER
01.10.16	Franciacorta, ITA

SIEGER UND PLATZIERTE

POS	FAHRER	CLUB	FAHRZEUG	PUNKTE
Gesamt:				
1	Bill Barazetti + Susi Haas	Württ. PC + PC Kirchen-Hausen	991 GT3	370,0
2	Gerhard Wanner	PC Schwaben	968 CS	345,6
3	Dieter Kohm	PC Kurpfalz	997 GT3	325,6
Klasse 1: bis 286 PS				
1	Gerhard Wanner	PC Schwaben	968 CS	345,6
2	Dieter Klein	PC Roland zu Bremen	993 Coupe	247,6
3	Herbert Bier	PC Heilbronn/Hohenlohe	911 Coupe	191,6
Klasse 2: 326 - bis 360 PS				
1	Karl-Heinz + Ute Kröger	PC Schwaben	Cayman S	300,6
2	Bernd + Ann-Kathrin Rösch	Württembergischer PC	996 GT3	188,6
Klasse 3: 361 - 420 PS				
1	Dieter Kohm	PC Kurpfalz	997 GT3	325,6
2	Marcel + Ulrich Kramer	PC Chemnitz Westsachsen	997 GT3	237,6
3	Rolf Blaeß	PC Schwaben	997 GT3	232,0
Klasse 4: über 420 PS				
1	Bill Barazetti + Susi Haas	Württ. PC + PC Kirchen-Hausen	991 GT3	370,0
2	Marika Seyler	PC Schwaben	911 (991) GT3	189,6
3	Jürgen Seyler	PC Schwaben	911 (991) GT3	166,6
Damenwertung:				
1	Susi Haas	PC Kirchen-Hausen	991 GT3	370,0
2	Ute Kröger	PC Schwaben	Cayman S	300,6
3	Marika Seyler	PC Schwaben	991 GT3	189,6

PCS-CHALLENGE

SIEGER UND PLATZIERTE

POS	FAHRER	CLUB	FAHRZEUG	PUNKTE
Gesamt:				
1	Oliver Lieb	PC Kirchen-Hausen	911 (991) GT3	1.294,50
2	Karl-Heinz Kröger	PC Schwaben	Cayman S	1.285,00
3	Ralph Pietsch	PC Kirchen-Hausen	997 GTS 4	1.105,60
Klasse 1: Platin				
1	Oliver Lieb	PC Kirchen-Hausen	911 (991) GT3	1.294,50
2	Karl-Heinz Kröger	PC Schwaben	Cayman S	1.285,00
3	Ralph Pietsch	PC Kirchen-Hausen	997 GTS 4	1.105,60
4	Andreas Distler	PC Kirchen-Hausen	911 (991) GT3 RS	960,0
5	Frank Trentz	PC Hamburg	997 GT3 RS	880,1
Klasse 2: Gold				
1	Jan Demuth	PC Bodensee-Oberschwaben	996 GT3	826,9
2	Christof Gralla	PC Roland zu Bremen	944 Turbo S	752,4
3	Alejandra Schneider	PC Schwaben	911 (991) GT3	642,8
4	Peter Wiedemann	PC Isartal-München	914/6	640,8
Klasse 3: Silber				
1	Ann-Kathrin Rösch	Württembergischer PC	996 GT3	551,7
2	Claus Neumann	PCD	Cayman	538,9
3	Tim Schade	Württembergischer PC	Cayman GT4	537,4
Damenwertung:				
1	Alejandra Schneider	PC Schwaben	911 (991) GT3	642,8
2	Ann-Kathrin Rösch	Württembergischer PC	996 GT3	551,7
3	Ute Kröger	PC Schwaben	Cayman S	477,2
PCC-Histo-Wertung				
1	Dieter Klein	PC Roland zu Bremen	993	790,0
2	Jan Demuth	PC Bodensee-Oberschwaben	964	757,5
3	Friedrich Schleith	PC Kirchen-Hausen	944 S	717,5

PCD Club-Cup

16.04.16 – 17.04.16	Anneau du Rhin, FRA (mit Historic Wertung)
30.04.16	Gross-Dölln, GER (mit Historic Wertung)
16.05.16	Eurospeedway Lausitz, GER (mit Historic Wertung)
29.05.16	Bilster Berg, GER
26.06.16	Porsche Leipzig, GER
10.07.16	Hockenheim F1-Kurs, GER
06.08.16	Circuit de Chenevières, FRA (mit Historic Wertung)
13.08.16	Salzburgring, AUT
01.10.16 - 02.10.16	Franciacorta, ITA (mit Historic Wertung)
29.10.16	Assen, NED (mit Historic Wertung)

PCD CLUB-CUP

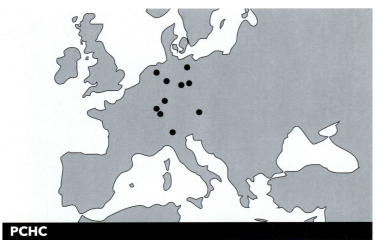

PCHC

22.04.16 - 24.04.16	Hockenheim – Preis der Stadt Stuttgart, GER
20.05.16 - 22.05.16	Oschersleben – Preis der Stadt Magdeburg, GER
24.06.16 - 26.06.16	Spa-Francorchamps – Summer Classic, BEL
08.07.16 - 09.07.16	Hockenheim-Porsche Club Days, GER
19.08.16 - 21.08.16	Assen, NED
02.09.16 - 03.09.16	Zolder, BEL
14.10.16 - 15.10.16	Nürburgring – ADAC Westfalen Trophy mit Siegesfeier, GER

Porsche Club
Historic Challenge

PCHC

SIEGER UND PLATZIERTE

POS	FAHRER	CLUB	FAHRZEUG	PUNKTE
Gesamt:				
1	Andreas Sczepansky	Württembergischer PC / Kurt-Ecke-Racing	996 GT3 Cup	282,6
2	Georg Vetter	PC Kirchen-Hausen	964 Carrera 2	271,2
3	Kim Berwanger	PCD / Team Joos Sportwagentechnik	997 GT3 Cup	258,6
4	Joachim Bleyer	PC Heilbronn/Hohenlohe	997 GT3 Cup	257,6
5	Gerhard Kilian	PC Kirchen-Hausen	997 GT3 Cup	254,8
6	Alexandra Carrera Irmgartz	PC Nürburgring	964 RSR 3,8	252,0
7	Andreas Pöhlitz	PCD / Team-PEW-Sportwagen	968 CS	237,0
8	Ralf Heisig	PCD / Scuderia M66	997 GT3 Cup	223,4
9	Graf Guntbert Freiherr von Lochstopf	PCD	993 Sonst	215,6
10	Ralf Bender	PCD	964 Cup	201,2
Sieger der Kategorien:				
PCHC	Georg Vetter	PC Kirchen-Hausen	964 / 2	271,2
996 Cup	Andreas Sczepansky	Württembergischer PC / Kurt-Ecke-Racing	996 GT3 Cup	282,6
997 Cup	Kim Berwanger	PCD / Team Joos Sportwagentechnik	997 GT3 Cup	258,6

PCHC
Klasse 1: Porsche 924, 924S, Porsche 944, Porsche 911

POS	FAHRER	CLUB	FAHRZEUG	PUNKTE
1	Klaus-Peter Knapper	PCD	944 Coupe	80,2
	Peter Mohr	PCD	944 Coupe	80,2
2	Dieter Graf	Württembergischer PC	924 S	58,4

Klasse 2: Porsche 944 S2, 968, 928 S/GT/GTS, Porsche 911

POS	FAHRER	CLUB	FAHRZEUG	PUNKTE
1	Andreas Pöhlitz	PCD / Team-PEW-Sportwagen	968 CS	237,0
2	Jürgen Seyler	PC Schwaben	994 S	155,2
	Marika Seyler	PC Schwaben	994 S	155,2
3	Norbert Schuster	PC Kirchen-Hausen	968 CS	76,6
4	Antonios Trichas	Württembergischer PC	968 CS	58,6

Klasse 3: Porsche – bis 3600 cm³

POS	FAHRER	CLUB	FAHRZEUG	PUNKTE
1	Georg Vetter	PC Kirchen-Hausen	964 / 2	271,2
2	Graf Guntbert Freiherr von Lochstopf	PCD	993 Sonst	215,6
3	Ralf Bender	PCD	964 Cup	201,2
4	Thomas Braun	Württembergischer PC	964 Cup	85,8
5	Werner Mössner	PC Rems-Jagst / Team-PEW-Sportwagen	964 Cup	63,4
6	Alexandra Carrera Irmgartz	PC Nürburgring	964 RSR 3,8	48,6

Klasse 4: Porsche – bis 3800 cm³

POS	FAHRER	CLUB	FAHRZEUG	PUNKTE
1	Alexandra Carrera Irmgartz	PC Nürburgring	964 RSR 3,8	203,4
2	Hans-Peter Meier	PCD	964 Cup	98,8
3	Mate Eres	PC Ortenau / Bliss Autosport	964 RSR 3,8	81,4
4	Steffen Schlichenmeier	Württembergischer PC	993 Cup	43,2

Klasse 5: Porsche – über 3800 cm³

POS	FAHRER	CLUB	FAHRZEUG	PUNKTE
1	Jürgen Schlager	PCD	993 GT2	174,2
2	Jan van Es	PCR All Dutch Porsche Club Racing	993 GT2	132,4

996 Cup
Klasse 7: Porsche 996 GT3 Cup

POS	FAHRER	CLUB	FAHRZEUG	PUNKTE
1	Sczepansky Andreas	Württembergischer PC / Kurt-Ecke-Racing	996 GT3 Cup	282,6
2	Willebrand Frank	PCD	996 GT3 Cup	196,0
3	Keck Florian	PCD	996 GT3 Cup	175,0
4	van Riet Ivo	PCR All Dutch Porsche Club Racing	996 GT3 Cup	174,6
5	Schwarz Udo	PC Hamburg / Team Joos Sportwagentechnik	996 GT3 Cup	141,6
6	Weidel Thomas	PCD	996 GT3 Cup	132,8
7	Klein Francesco	PCD / Kurt-Ecke Racing	996 GT3 Cup	114,4
8	Schmaus Ralf	PC Kirchen-Hausen	996 GT3 Cup	73,8
9	Maier Michael	PC Kirchen-Hausen / Team Joos Sportwagentechnik	996 GT3 Cup	41,2
10	Karl-Friedrich Baron von Münchhausen	PCD / Team Joos Sportwagentechnik	996 GT3 Cup	28,4

997 Cup
Klasse 8: Porsche 997 GT3 Cup

POS	FAHRER	CLUB	FAHRZEUG	PUNKTE
1	Kim Berwanger	PCD / Team Joos Sportwagentechnik	997 GT3 Cup	258,6
2	Gerhard Kilian	PC Kirchen-Hausen	997 GT3 Cup	254,8
3	Ralf Heisig	PCD / Scuderia M66	997 GT3 Cup	223,4
4	Wolfgang Bensch	PC Heilbronn/Hohenlohe	997 GT3 Cup	144,2
5	Benno Berwanger	PCD / Team Joos Sportwagentechnik	997 GT3 Cup	131,0
6	Thomas Reichel	Württembergischer PC	997 GT3 Cup	110,6
7	Ulrich Rossaro	PCD	997 GT3 Cup	107,6
8	Bernhard Wagner	PC Heilbronn/Hohenlohe	997 GT3 Cup	100,6
9	Willy Reichel	Württembergischer PC	997 GT3 Cup	83,8
10	Winfried Assmann	PCD / Team FLYING HORSE	997 GT3 Cup	56,6
11	Markus Fischer	PCD / Arkenau Motorsport	997 GT3 Cup	48,0
12	Reiner Sessler	PC Schwaben	997 GT3 Cup	38,4

Sonder-Klasse
Klasse 9: Porsche Cayman, sonstige Porsche 996 und 997

POS	FAHRER	CLUB	FAHRZEUG	PUNKTE
1	Joachim Bleyer	PC Heilbronn/Hohenlohe	997 GT3 Cup	257,6
2	Klaus Horn	Württembergischer PC	997 GT3 Cup	163,8
3	Thomas Scheyer	PCD / Team Joos Sportwagentechnik	997 GT3 Cup	128,6
4	Haci Köysüren	Württembergischer PC / Team Joos Sportwagentechnik	997 GT3 Cup	92,4
5	Pablo Juan Briones	Internationaler PC	997 GT3 Cup	83,0
6	Ioannis Inglessis	Württembergischer PC	996 GT3 RSR	27,2

PORSCHE CLUB DAYS BEGEISTERN MIT TOLLEM RENNSPORT

Zum siebten Mal haben sich der PC Schwaben und der Württembergische PC zusammengetan und in Kooperation mit dem PCD die Porsche Club Days veranstaltet. Bei angenehm sommerlichen Temperaturen kamen auch die Gastserien DMV Grand Tourismo Touring Car Cup, Sports Car Challenge und Remus Formel Pokal zum Hockenheimring und zeigten den Zuschauern Motorsport vom Feinsten.

Damit alles reibungslos verlief, hatten Heinz Weber und Fritz Letters mit ihrer Mannschaft schon im Vorfeld alles organisiert. Für die Streckensicherung waren die DMSB-Staffel mit Willi Schenkel und Gerhard Köhler verantwortlich, S.D.O. Sport-Timing mit Bernd Jung, Monika und Christian Preu war wieder ein zuverlässiger Partner bei der Zeitnahme und Klaus Lambert übernahm die Rolle des Streckensprechers. Wie in den Vorjahren wurden auf dem Dach der Boxengasse Artikel der PCD-Kollektion verkauft, die reißenden Absatz fanden. Und wenn man das richtige Farbbändchen am Handgelenk trug, dann erhielt man den ganzen Tag lang freien Eintritt zu kühlen Getränken, leckeren Speisen und Snacks.

Am Samstagabend hatte der WPC die Teilnehmer zu einem reichhaltigen Buffet ins Hotel Motodrom eingeladen, um den Tag in geselliger Atmosphäre ausklingen zu lassen. Währenddessen wurde auch in der Boxenanlage Geselligkeit großgeschrieben, wo der PC Pforzheim und der PC Rhein-Main Grill und Soundanlage aufbauten. Da sich viele Teilnehmer auch für die PCC-Serie eingeschrieben hatten, nutzten einige die Zeit vor dem Essen sogar noch, um eine kurze Streckenbegehung zu absolvieren.

WANNER FÄHRT ZUM SIEG IN DER PCS-CHALLENGE

Bei der PCS Challenge im Rahmen der Porsche Club Days feierte Gerhard Wanner mit einer nahezu fehlerfreien Fahrt den Gesamtsieg. Der Pilot des PC Schwaben erzielte auf dem Hockenheimring bei Temperaturen von über 30 Grad gerade einmal sechs Fehlerpunkte. Das brachte ihm nicht nur den Tagessieg, sondern auch den überlegenen Erfolg in der Klasse 1. Dieter Klein und Willy R. Jungblut, Zweite der Klasse 1, beendeten die Prüfung mit 63 Fehlerpunkten und verpassten als Gesamtvierte das Siegertreppchen nur knapp. Und auch die Klassendritten Werner Boehm und Carolina Kellermann blieben mit 438 Zählern noch unter der 500 Punktemarke.

Position drei der Gesamtwertung platzierte sich Dieter Kohm hinter Wanner auf Position zwei. Der Fahrer vom PC Kurpfalz sammelte 17 Punkte und durfte sich außerdem über den Sieg in der Klasse 3 freuen. Ulrich und Marcel Kramer belegten mit 68 Zählern den zweiten Klassenrang, Werner Eble erreichte Platz drei.

Position drei der Gesamtwertung sicherten sich Karl-Heinz und Ute Kröger, für die Mitglieder des PC Schwaben wurden am Ende 30 Punkte notiert. Damit ließen sie die Klassenzweiten Bernd und Ann-Kathrin Rösch, die es auf 101 Strafpunkte brachten, deutlich hinter sich. Position drei der Klasse ging an Claudia Thomas vom PC Tegernsee.

Weniger gut lief es im Gesamtklassement für die Klasse-4-Piloten, ihre besten Vertreter Jürgen und Marika Seyler mussten sich mit 1960 Strafpunkten zufrieden geben. Das reichte nur zum 14. Gesamtplatz. Lars Borghaus brachte es als Klassenzweiter auf 2818 Punkte, während Oliver Lieb, Dritter der Klasse 4, sogar 3171 Fehlerpunkte aufwies.

ERFOLGREICHER CLUB-CUP IM RAHMEN DER CLUB DAYS

Nachdem sich an den beiden ersten Tagen noch Semi-Profis packende Verfolgungsjagden geliefert hatten, durften am Sonntag die Starter des PCD Club-Cup ran. Wer es am Vortag nicht zur Fahrerbesprechung ins Sachs-Haus geschafft hatte, musste am frühen Vormittag zunächst dieses Pflichtprogramm nachholen. Ab acht Uhr konnte dann die Strecke besichtigt werden. Die Instruktoren Stefan Bihl, Stefan Lindenlaub, Kai Ellmauer und Fritz Letters zeigten den Teilnehmern die Ideallinie und informierten über neuralgische Punkte der Formel-1-Strecke von Hockenheim. Eingeteilt in verschiedene Fahrgruppen erklärten die Instruktoren beim geführten Fahren über Funk die Ideallinie. Jeder Teilnehmer konnte vor allem seine Runde direkt hinter dem Instruktorfahrzeug nutzen, seine eigene Linie zu verbessern, um diese Erkenntnisse beim folgenden freien Fahren wiederum zu vertiefen.

Kurz nach der Mittagspause begannen die ersten Wertungsläufe, die pro Gruppe und Farbe in zwei Kategorien gefahren wurden. Die Einteilung der Starter erfolgte dabei nach dem Gleichmäßigkeitsergebnis. Der Höhepunkt und krönende Abschluss war am Sonntagnachmittag die Siegerehrung auf dem Dach der Boxenanlage, die mit einem Trompetensolo von Karl-Heinz Zorzi eine besondere Würdigung erhielt.

DIE MÄDELS GREIFEN AN

Im Motorsport ist es wie auf anderen Gebieten, der Nachwuchs drängt irgendwann in die Fußstapfen seiner Väter. Doch das gilt im Rennsport nicht mehr nur für den männlichen Nachwuchs, auch der weibliche wagt immer häufiger den Einstieg in den Automobilrennsport.

Carolina Kellermann

Der PC Inntal darf sich in Sachen Nachwuchsarbeit auf die Schulter klopfen. War Präsident Werner Böhm im vergangenen Jahr bereits erfolgreich mit Niklas Eickworth unterwegs, schnappte er sich dieses Jahr die Tochter des Schatzmeisters und fuhr zum Lernen an den Hockenheimring. Carolina, gerade mal 23 Jahre jung, fuhr mit dem über 240 PS starken Transaxle-Porsche 968 ihres Präsidenten zum ersten Mal überhaupt über eine Rennstrecke. Mit gefühlvollem Feintuning zwischen Brems- und Gaspedal gelang ihr zusammen mit ihrem Teamkollegen bei der Gleichmäßigkeitswertung der PCS Challenge ein sensationeller dritter Platz. Für die Dame war es die Premiere auf dem Siegertreppchen.

Melanie Kilian

Auch die 22-jährige Melanie Kilian konnte auf dem Hockenheimring einen Erfolg feiern. Mit dem Porsche 997 GT3 des Vaters war sie quasi aus dem Stand zügig und gleichmäßig unterwegs und wurde mit einer tollen Performance Gesamtsiegerin in der zweiten Wertung der PCC-Serie.

Porsche Club
Historic Challenge

HEISSES WOCHENENDE BEIM PCHC – GESAMTSIEGE FÜR SCHLAGER UND BLEYER

Nur zwei Wochen nach den Rennen in Spa-Francorchamps stand für die PCHC schon der nächste Lauf auf dem Programm. Im Rahmen der Porsche Club Days in Hockenheim sicherte sich Jürgen Schlager zwei Siege bei den historischen Porsche, während Kim Berwanger und Joachim Bleyer bei den modernen Porsche je einen Erfolg errangen.

Im ersten Rennen behauptete Schlager nach dem Start die Führung. Als er wegen eines Frühstarts eine Drive-Through aufgebrummt bekam, übernahm sein Verfolger Jan van Es die Spitze. Lange sah es nach einem souveränen Sieg des Niederländers aus, doch in der vorletzten Runde musste er wegen eines Kupplungsschadens aufgeben. Dadurch rückte Schlager bei sommerlich heißem Wetter wieder auf den ersten Platz vor. Während das Wochenende für Jan van Es nach dem Defekt vorzeitig beendet war, angelte sich Schlager auch im zweiten Durchgang den Siegerpokal. Da die Historischen diesmal die zweite Startgruppe bildeten, reichte es im Gesamtfeld nur zum fünften Platz.

Für Kim Berwanger ging es nach seinem Pech in Spa wieder aufwärts, im ersten Lauf konnte er seine Pole Position bei den Modernen in einen Start/Ziel-Sieg umwandeln. Für diesen Erfolg durfte er sich aber keinen Fehler erlauben, denn mit Joachim Bleyer und Gerhard Kilian lauerten zwei starke Konkurrenten permanent in seinem Rückspiegel. Die Klasse 8 hatte Berwanger indes deutlich im Griff. Gerhard Kilian sah als Klassenzweiter das Zieltuch, Dritter wurde Ulrich Rosaro.

Das zweite Rennen bot dann sogar noch mehr Spannung. Diesmal ging Joachim Bleyer vor Berwanger, Kilian und Klaus Horn in Führung. Vor allem Horn machte in der Folge ordentlich Druck und schloss gegen Rennende auf die ersten zwei Plätze auf. Doch Bleyer und Berwanger kreuzten die Ziellinie letztendlich noch vor dem Routinier, der sich in der Klasse 9 hinter Joachim Bleyer Platz mit Rang zwei zufriedengeben musste. Klassendritter wurde wie schon im ersten Durchgang Haci Köysüren. In der Klasse 8 eroberte Ulrich Rossaro erneut die dritte Position.

DOPPELERFOLG FÜR ANDREAS SCZEPANSKY BEI DEN 996ER PORSCHE

Einen packenden Schlagabtausch lieferten sich einmal mehr auch die 996er Piloten. Im ersten Heat lag Thomas Weidel zunächst vorne, bis Sczepansky in Runde neun vorbeizog, als die Kupplung des Führenden ihren Dienst quittierte. Weidel konnte immerhin noch den zweiten Platz vor Heinz Bayer über den Zielstrich retten. Während der Unglücksrabe zum zweiten Heat nicht mehr antreten konnte, ließ Sczepansky an der Spitze nichts anbrennen. Rang zwei ging diesmal an Heinz Bayer vor Andreas Keck.

EIN HERZ FÜR KINDER

Bis Kinder mit angeborenem Herzfehler erwachsen werden, ist es oft ein langer Leidensweg, die Gedanken der Beteiligten sind begleitet von Ängsten und Hoffnungen. Da bietet ein Tag bei den Porsche Club Days in Hockenheim eine willkommene Abwechslung und lässt die Sorgen für ein paar Stunden vergessen. In diesem Jahr erreichten die Organisatoren Elke und Marino Engels, die die Kinder und Eltern seit nunmehr 16 Jahren über den Bundesverband Herzkranke Kinder e.V. auf ihrem Weg begleiten, weit über 130 Anmeldungen aus dem gesamten Bundesgebiet – bei gerade einmal 50 Plätzen. Doch Marino Engels, früher selbst aktiver Motorsportler, hatte dank der großzügigen Unterstützung von Rudi Philipp (PC Nürburgring), vom AVD, vom Rennteam Pedrazza aus Österreich und von der Firma Rutronik eine gute Lösung gefunden und einige von ihnen bereits im April zum Nürburgring und im August zum Oldtimer Grand Prix eingeladen.

ENGE KÄMPFE BEI DEN HISTORISCHEN

Bei den Historischen waren die beiden Turbo-Porsche eine Klasse für sich, doch hinter ihnen boten die Saugmotor-Fahrer in der Klasse 4 ebenfalls spannenden Sport. Dabei hatte Hans-Peter Meier im ersten Durchgang das bessere Ende für sich, während hinter ihm Mate Eres und Alexandra Irmgartz kräftig drückten. Da Meier zum zweiten Rennen nicht mehr antrat, stritten sich Eres und Irmgartz um die zweite Gesamtposition hinter Jürgen Schlager. Die beiden luftgekühlten 911er lieferten sich einen tollen Zweikampf, den Alexandra Irmgartz schließlich für sich entschied. Nach seinem heftigen Abflug in Spa feierte Georg Vetter in Hockenheim zwei Klassensiege in der Klasse 3. Rang zwei ging im ersten Rennen an Freiherr von Lochstopf, im zweiten Durchgang landete Ralf Bender auf der zweiten Position. In der Klasse 2 triumphierte zweimal Andreas Pöhlitz, während Dieter Graf in beiden Läufen den Sieg in der Klasse 1 holte.

Die Gäste von Hockenheim durften sich die Rennleitung und die elektronische Zeitnahme aus nächster Nähe ansehen, wo ihnen unter anderem die Arbeit der Organisation erläutert wurde. Bei einem Besuch des Reifen-Renndienstes lernten sie den Unterschied zwischen Rennreifen für trockenes Wetter und Regenreifen kennen. Und in der Box der Teams Pedrazza und HCB durften die Kinder dann sogar in einem richtigen Rennwagen Probe sitzen. Nach dem Rundgang durch die Boxengasse und das Fahrerlager spendete die Firma Rutronik für eine wohlverdiente Pause Bratwürste und kühle Getränke. Dieser erlebnisreiche Tag an der Formel-1-Rennstrecke von Hockenheim wird allen sicher lange in guter Erinnerung bleiben.

LERNEN MIT SPASS: FAHRTRAININGS IM FAHRSICHERHEITSZENTRUM

Beim Fahrtraining im Fahrsicherheitszentrum steht der sichere Umgang mit dem eigenen Porsche im Vordergrund. Dabei frischen die Fahrer ihre Kenntnisse auf und optimieren ihre Fähigkeiten bei diversen Übungen. Zu jedem Training im Fahrsicherheitszentrum gehören folgende Sektionen: eine Gleitfläche mit Schleuderplatte, eine Kreisbahn, ein Slalom-Parcours, ein Handling-Parcours und ein Theorieblock.

Auf der bewässerten Gleitfläche mit Schleuderplatte und Wasserhindernissen wird das richtige Bremsen, das Ausweichen und das Abfangen eines ausbrechenden Fahrzeugs trainiert. Die Kreisbahn, eine bewässerte Gleit- oder Asphaltfläche in Kreisform, sorgt dafür, dass sich die Fahrer ein besseres Gefühl für Reifen und Fahrzeug erarbeiten können. Konkret beschäftigen sie sich mit dem Über- und Untersteuern sowie den richtigen Reaktionen darauf und auch mit den Funktionen und Möglichkeiten des PSM (Porsche Stability Management). Im mit Pylonen abgesteckten Slalom-Parcours sollen die Blickführung, die Beherrschung der Fahrzeug-Dynamik mit Lastwechseln und wiederum das Gefühl für Reifen und Fahrzeug optimiert werden. Da ein Überfahren der Pylonen weder dem Porsche noch dem Piloten Schaden zufügt, können die Limits auch ohne Probleme mal überschritten werden. Im Handling-Parcours geht es dann um das Handling des Autos auf einer kurvigen Strecke. Geübt wird hierbei wiederum die richtige Blickführung, um vorausschauend fahren zu können und die richtige Kurvenfahrtechnik mit Linienführung, Bremsen, Lenken, Beschleunigen und Lastwechseln. Die Grenzen von Fahrer, Reifen und Fahrzeug können nun unter realen Bedingungen erfahren werden. Schließlich werden die praktischen Übungen mit dem entsprechenden Fachwissen und Videos zu Fahrtechnik und Fahrphysik im Theorieblock vertieft.

PCD FAHRTRAININGS –
IMMER EIN LEHRREICHES
VERGNÜGEN

Die automobile Zukunftsversion ist das autonome Fahren, bei dem der Fahrer nur noch die Rolle des Passagiers einnimmt und in der höchsten Stufe der Automation nicht einmal mehr auf den Verkehr achten muss, um im Notfall eingreifen zu können. Doch so weit ist die Entwicklung noch lange nicht fortgeschritten – was vor allem die Fahrer von faszinierenden Sportwagen freut. Bis heute heißt das Fahren eines Straßenfahrzeugs aktives Fahren, und das soll vor allem im Falle der Sportwagen auch so bleiben. Der Fahrer entscheidet eigenständig über die Geschwindigkeit, wann gebremst oder überholt wird und welche Linien gefahren werden. Erst in kritischen Situationen helfen diverse Assistenzsysteme wie ABS oder PSM, Unfälle zu vermeiden.

Wie bei den meisten Dingen im Leben gilt auch für das Autofahren: Übung macht den Meister. Deshalb bieten die Porsche Clubs diverse Fahrtrainings an, damit sich Porsche-Fahrer auf abgesperrten Strecken immer wieder dem Limit ihres Fahrzeugs und auch ihrem eigenen Limit nähern können. In Fahrsicherheitszentren, auf Rundstrecken, auf Schnee und Eis im hohen Norden oder sogar im Gelände kann der Umgang mit dem Porsche perfektioniert werden. Dieses Perfektionieren unter Gleichgesinnten macht nebenbei auch mächtig Spaß. Wenn dann auch noch persönliche Erfolgserlebnisse eintreten, reisen die Porsche-Liebhaber glücklich und zufrieden wieder nach Hause.

Die Porsche Clubs hatten auch 2016 wieder einige interessante Events rund um das Thema Fahrtraining durchgeführt, bei denen auch der Spaß nie zu kurz kam.

LERNEN MIT SPASS: FAHRTRAININGS IM FAHRSICHERHEITSZENTRUM

Beim Fahrtraining im Fahrsicherheitszentrum steht der sichere Umgang mit dem eigenen Porsche im Vordergrund. Dabei frischen die Fahrer ihre Kenntnisse auf und optimieren ihre Fähigkeiten bei diversen Übungen. Zu jedem Training im Fahrsicherheitszentrum gehören folgende Sektionen: eine Gleitfläche mit Schleuderplatte, eine Kreisbahn, ein Slalom-Parcours, ein Handling-Parcours und ein Theorieblock.

Auf der bewässerten Gleitfläche mit Schleuderplatte und Wasserhindernissen wird das richtige Bremsen, das Ausweichen und das Abfangen eines ausbrechenden Fahrzeugs trainiert. Die Kreisbahn, eine bewässerte Gleit- oder Asphaltfläche in Kreisform, sorgt dafür, dass sich die Fahrer ein besseres Gefühl für Reifen und Fahrzeug erarbeiten können. Konkret beschäftigen sie sich mit dem Über- und Untersteuern sowie den richtigen Reaktionen darauf und auch mit den Funktionen und Möglichkeiten des PSM (Porsche Stability Management). Im mit Pylonen abgesteckten Slalom-Parcours sollen die Blickführung, die Beherrschung der Fahrzeug-Dynamik mit Lastwechseln und wiederum das Gefühl für Reifen und Fahrzeug optimiert werden. Da ein Überfahren der Pylonen weder dem Porsche noch dem Piloten Schaden zufügt, können die Limits ohne Probleme auch mal überschritten werden. Im Handling-Parcours geht es dann um das Handling des Autos auf einer kurvigen Strecke. Geübt wird hierbei wiederum die richtige Blickführung, um vorausschauend fahren zu können und die richtige Kurvenfahrtechnik mit Linienführung, Bremsen, Lenken, Beschleunigen und Lastwechseln. Die Grenzen von Fahrer, Reifen und Fahrzeug können nun unter realen Bedingungen erfahren werden. Schließlich werden die praktischen Übungen mit dem entsprechenden Fachwissen und Videos zu Fahrtechnik und Fahrphysik im Theorieblock vertieft.

FAHRTRAINING AUF DER EHEMALIGEN FORMEL-1-STRECKE IN ZANDVOORT

Die Rennstrecke von Zandvoort war einst eine Art Heimstrecke des PC Schwaben und deshalb setzten Präsident Fritz Letters und Sportleiter Gerry Haag alles in Bewegung, dort wieder einmal ein Fahrsicherheitstraining zu absolvieren. Mit Unterstützung des PZ Reutlingen luden sie kurz nach Ostern dann für zwei Tage an die niederländische Nordseeküste. Mit insgesamt 25 Teilnehmern aus den Porsche Clubs Schwaben, Hamburg, Kirchen-Hausen, Magdeburg, Rhein-Main, Württemberg und Wuppertal konnten die Organisatoren sehr zufrieden sein.

Schönster Sonnenschein, gepaart allerdings mit orkanartigem Sturm begrüßte die Teilnehmer Ostermontag bei der Ankunft in Zandvoort. Nach dem gemeinsamen Abendessen informierte eine ausführliche Fahrerbesprechung über den Ablauf der beiden Fahrtage.

Am nächsten Morgen konnten die Fahrzeuge ab acht Uhr in der Boxengasse vorbereitet werden. Eine Stunde später standen dann drei Gruppen startklar hinter den Instruktor-Fahrzeugen von Fritz Letters, Gerry Haag und Alexander Schöbel und nach der obligatorischen Funkgerätekontrolle rollten sie los. Dabei wurde in den ersten 30 Minuten die Ideallinie erkundet und ausführlich erklärt. Im Anschluss daran konnte dann jeder beim freien Fahren auf der nunmehr abtrocknenden Strecke seine persönliche Linie ohne Zeitbegrenzung ausprobieren und trainieren.

Für die Teilnehmer des an diesen beiden Tagen ebenfalls angebotenen DMSB-Lizenzkurses standen zunächst die Pflicht-Theorieblöcke auf dem Programm, in denen unter anderem auch die theoretische Erarbeitung des rollenden Starts vorgesehen war. Nach der Mittagspause fand dazu eine praktische Übung statt.

Nach den Startübungen für die Lizenzanwärter war die Strecke bis 17 Uhr wieder zum freien Fahren freigegeben. Dabei waren die Instruktoren ständig mit Rat und Tat im Einsatz, entweder als schulender Beifahrer oder als Taxifahrer.

Der erste Tag klang mit einem Abendessen im Strandrestaurant De Haven stimmungsvoll aus.

Der zweite Fahrtag verlief ähnlich wie der erste. Nach einem frühen Frühstück startete um neun Uhr wieder ein geführtes Fahren in drei Gruppen. Im Anschluss daran stand die Strecke wieder den ganzen Tag zum freien Fahren zur freien Verfügung. Die DMSB-Lizenzkandidaten hingegen hatten noch einen Pflichttermin; sie mussten an diesem Vormittag noch ihre schriftliche Prüfung absolvieren, die alle bestanden. Da die ersten Teilnehmer bereits im Laufe des Nachmittags ihrem Heimweg antraten, traf sich am Ende nur noch ein kleinerer Kreis zum Abendessen im De Haven. Dabei waren sich alle einig: Zandvoort war wieder einmal eine Reise wert.

PCI WINTER-TRAINING – EISVERGNÜGEN PAR EXCELLENCE

Bereits am Freitag startete ein Großteil der Mitglieder des PC Isartal-München gemeinsam zum PCI Winterfahrtraining ins Lungau. Im Hotel Gambswirt in Tamsweg angekommen, begann das Programm des Wochenendes mit der Begrüßung, einem Aperitif und einem Abendessen. Neben den zahlreichen PCI-Mitgliedern waren dabei auch Freunde des PC Augsburg und des PC Garmisch-Partenkirchen zu Gast.

Am Samstagvormittag fuhren die Teilnehmer zum Ice Park Obertauern bei Tweng, wo Felix Schmidt und seine Mannschaft schon warteten. Der Anblick des weißblauen Himmels sowie der frisch präparierten Handlings- und Dynamikstrecken motivierte die Porsche-Fahrer, sich besonders schnell in vier Gruppen einzuteilen, denn sie wollten keine Zeit verlieren. Bei den unterschiedlichen Fahraufgaben am Vormittag hatten alle viel Spaß und genossen die nahezu perfekten äußeren Bedingungen. Der Nachmittag diente zur Vertiefung des Erlernten und zum Finden des persönlichen Limits – inklusive mancher Ausrutscher in die Schneeberge und Pistenbegrenzungen. Mit der Verleihung der Teilnahmezertifikate endete ein erstklassiger Fahrevent, der am Abend mit einer Ski-Doo-Tour zur Gamskogelhütte hin sowie Rodelpartie ins Tal zurück seinen stimmungsvollen Abschluss fand.

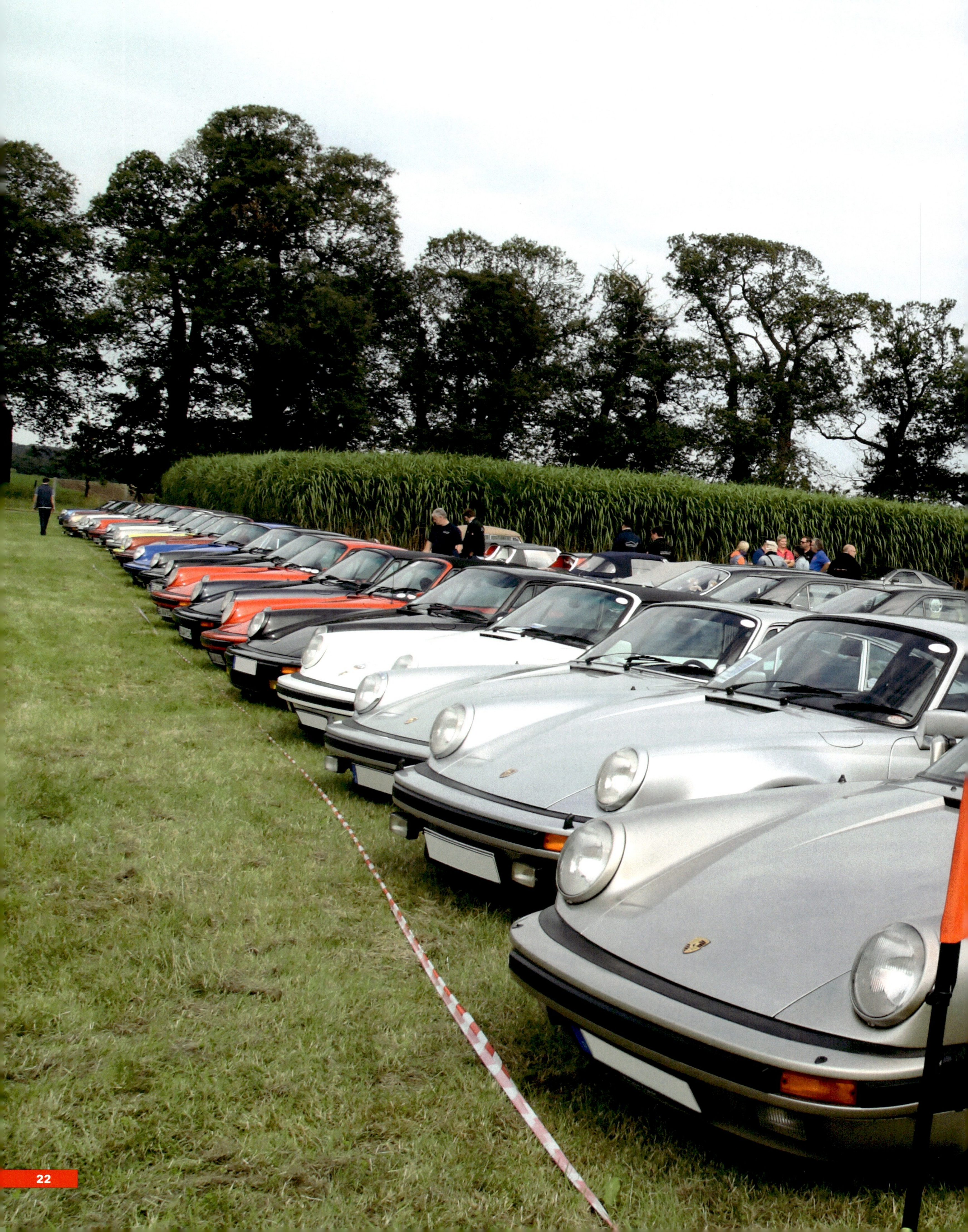

LIEBE MITGLIEDER
LIEBE PORSCHE-FREUNDE

Neben der „artgerechten Haltung" auf den Rundstrecken im In- und Ausland stehen erlebnis- und kurvenreiche Touren ganz oben in der Prioritätenliste der Porsche Clubs. Auch in der Saison 2016 zeigten zahlreiche Ausfahrten der deutschen Porsche Clubs wieder, dass das Kurvenglück offenbar im Alpenraum zu finden ist. Fahrspaß pur, kombiniert mit kulinarischen Spezialitäten und regionalen Sehenswürdigkeiten – das ist der Stoff, aus dem unvergessliche Erlebnisse werden. Ein Höhepunkt der Saison war zweifellos die Porsche Club Europaparade in Slowenien und Kroatien, die Porsche-Freunde aus ganz Europa begeisterte.

Aber auch der Boom der Klassikszene ist ungebrochen, das zeigten die Klassik- Veranstaltungen und Oldtimer-Messen in ganz Deutschland. Bei den Classic Days rund um das Schloss Dyck reihten sich über 170 luftgekühlte Porsche von Clubmitgliedern aneinander und boten ein tolles Bild.

Die Porsche Clubs erfreuen sich nach wie vor großer Beliebtheit, denn gerade im Kreise Gleichgesinnter macht das Porsche-Fahren doppelt so viel Freude. Hier ist der Mythos Porsche hautnah erlebbar. Ob Besitzer aktueller Modelle, Youngtimer oder Oldtimer Interessenten sind immer herzlich willkommen. Erleben Sie die Clubgemeinschaft bei uns hautnah und intensiv.

Viel Spaß im Porsche Club wünscht Ihnen

Fritz Letters	Erwin Pfeiffer
Präsident	Event- und Touringleiter
Porsche Club Deutschland e.V.	Porsche Club Deutschland e.V.

Erwin Pfeiffer
PCD Event- und Touringleiter

Fritz Letters
PCD Präsident

PORSCHE PARADE EUROPA IN KROATIEN UND SLOWENIEN

Ende Mai stand wieder die Porsche Club Europaparade an und erstmals in der Geschichte dieser Veranstaltung kooperierten mit Slowenien und Kroatien zwei Länder.

Der PCD startete bereits am Samstagabend mit seiner Anreise. Am Sonntagmorgen stand ein Besuch im Traum Werk von Hans-Peter Porsche auf dem Programm, bevor es am Nachmittag bei bestem Wetter über die Nockalmstraße weiter nach Bled ging. Dort war am Sonntagabend von der bevorstehenden Porsche-Parade noch wenig zu sehen. Erst ab Mittwoch nahm die Veranstaltung Fahrt auf, als immer mehr Porsche den Ort des Geschehens erreichten. Insgesamt hatten sich 214 Teams für die Parade gemeldet, davon etwa die Hälfte aus Deutschland. Ebenfalls angereist waren Dr. Wolfgang Porsche mit Frau Prof. Hübner sowie Hans-Peter Porsche.

Am Donnerstagmorgen durften sich die Teilnehmer verschiedener Gruppen anschließen, die sich einem Auto-Slalom, einer Wanderung oder einer Tour in den Nationalpark widmeten. Manche zogen es auch vor, einfach nur zu relaxen. Das abendliche Gala-Dinner führte sie alle wieder zusammen und ließ auch kulinarisch keine Wünsche offen.

Am Freitag wurde auf der abgesperrten Uferpromenade zunächst die Porsche-Parade Bled aufgestellt. Danach fuhren alle gemeinsam nach Postojna, wo eine zum Weltkulturerbe gehörende, atemberaubende Höhle wartete. Später führte die Tour weiter nach Rovinj, wo man am Abend bei tollem Wetter unter freiem Himmel speisen konnte.

Der Samstag startete mit einem Regenschauer, der sich aber pünktlich zum Start des Concours d'Elegance verzog. Alle Porsche-Fahrzeuge fanden am Hafen Platz und boten mit der markanten Halbinsel im Hintergrund ein tolles Bild. Und auch an diesem Tag hatten sich die Organisatoren für die Teilnehmer wieder verschiedene Aktivitäten überlegt, unter anderem standen Schiffstouren oder Stadtführungen zur Auswahl. Das abendliche Abschiedsdinner inklusive Preisverleihungen fand im Freien statt und bot ein tolles Ambiente.

Mit der Rückreise am Sonntag endete eine gelungene Porsche Club Europaparade 2016.

TRADITIONELLES PORSCHE-TREFFEN IN DINSLAKEN

Seit nunmehr 15 Jahren kommen Porsche-Begeisterte aus ganz Deutschland und darüber hinaus – egal, ob in Clubs organisiert oder nicht – am ersten Mai auf der Trabrennbahn in Dinslaken zusammen und präsentieren sich gegenseitig ihre Porsche-Fahrzeuge. Nicht zu übersehen war in diesem Jahr dabei auch eine große Anzahl von Porsche-Traktoren. Wie international das Publikum an der Grenze zwischen Ruhrgebiet und Niederrhein mittlerweile geworden ist, zeigte eine Delegation des PC Moskau, die mit eigenen Fahrzeugen angereist waren, einige britische Teilnehmer wurden sogar durch ein Kamerateam der BBC begleitet.

Begehrter Anlaufpunkt für alle Clubmitglieder war zum neunten Mal der PC Wuppertal. Und auch in diesem Jahr hatte sich der Porsche Club Deutschland als Dachverband von aktuell 99 regionalen Porsche Clubs wieder als Untermieter beim PC Wuppertal eingebracht und vielfältiges Informationsmaterial unter den Porsche-Enthusiasten verteilt.

Neben den Programmpunkten für die erwachsenen Besucher hatte außerdem die Begeisterung der Kinder für den Mythos Porsche einen hohen Stellenwert. Für die Kleinsten hatte der PC Wuppertal ein entsprechendes Rahmenprogramm erarbeitet, um den Ausflug auch für die Kids zu einem echten Erlebnis werden zu lassen.

Neben großen Mengen an Bastel- und Malmaterial zur künstlerischen Betätigung der vielen Jungen und Mädchen gab es unter anderem wieder eine Luftballon-Aktion. Mit angehängten Postkarten sollte in den folgenden Wochen und Monaten der weiteste Ballonflug ermittelt und mit einem Preis belohnt werden.

KLASSISCHE LUFTGEKÜHLTE 911ER IN BAD FÜSSING

Zum siebten Mal folgten Anfang Juli Freunde und Liebhaber von Porsche-Fahrzeugen der Einladung nach Bad Füssing. Der Porsche Club für klassische 911 Süd war wieder als Pate dabei und unterstützte das Veranstalterteam tatkräftig. Präsident Rembert Koester konnte am Stand seines Clubs viele Interessenten begrüßen und ihnen die Vorzüge klassischer luftgekühlter 911er erläutern.

Auch in der Porscheszene bekannte Größen wie Alois Ruf mit seinem CTR 3-Clubsport oder „Werk 1"-Sportredakteur Hanns Oliver Plöger ließen sich die Reise nach Bad Füssing nicht nehmen. Erstmals vertreten war das im Porsche Carrera Cup Deutschland engagierte Rennteam Lechner Huber Racing aus Neuburg am Inn, das zwei Porsche GT3 Cup Rennfahrzeuge mitbrachte. Teamchef Christoph Huber zeigte sich begeistert vom großen Interesse der Gäste.

Die über 600 Porsche-Freunde aus Deutschland und den angrenzenden Nachbarländern, die teilweise schon Mitte der Woche angereist waren, erwartete ein volles Programm. Moderator Eddy Haimerl begrüßte die ersten Porsche-Fahrer ab neun Uhr morgens und stellte Fahrer und Fahrzeug vor. Viele Porsche-Besitzer präsentierten ihre Fahrzeuge dann auch wieder beim „Concours d'Elegance", um einen der Preise zu gewinnen, die in mehreren Kategorien vom schönsten Oldtimer bis hin zur weitesten Anreise ausgelobt wurden.

Beim Wirt z'Füssing fand die Veranstaltung für den harten Kern im bayerischen Ambiente einen gemütlichen Ausklang.

LUFTI-TREFFEN BEI DEN CLASSIC DAYS AUF SCHLOSS DYCK

Erstmals trafen sich Anfang August über 170 luftgekühlte 911er bei den Classic Days auf Schloss Dyck. Die Veranstaltung bei Neuss, die auch als deutsches Goodwood bezeichnet wird, war über viele Jahre ausnahmslos Oldtimern mit H-Kennzeichen vorbehalten. Mit der zunehmenden Öffnung für Youngtimer rückten nun auch die 911er der 964er und 993er Baureihe in den Kreis der potenziellen Besucher auf. Das nahm der Porsche Club für klassische 911 Südwest zum Anlass, gemeinsam mit seinem Pendant im Rhein-Ruhr-Gebiet ein Lufti-Treffen zu initiieren, das vom Porsche Club Deutschland gern unterstützt wurde. Dieser präsentiert sich auf dem Michelin-Stand und informierte die zahlreichen Interessenten über die verschiedensten Club-Aktivitäten.

Schon am Vorabend machten sich Mitglieder der Porsche Clubs aus ganz Deutschland mit ihren luftgekühlten Fahrzeugen auf den Weg nach Nordrhein-Westfalen. Am nächsten Tag ging es dann früh los. Das Areal für die Luftis der Porsche Club-Mitglieder war gut zu finden und schnell füllten sich die Reihen mit den passenden Fahrzeugen. Auf dem Weg zum Zentrum der Veranstaltung rund um das historische Wasserschloss gab es reichlich Gelegenheit, viele weitere Markenclubs anderer Hersteller zu bewundern. Unzählige historische Schmuckstücke wurden präsentiert und auch bewegt, auf dem Rundkurs gab es ständig Action und Bewegung. Und natürlich durften auch echte Rennlegenden nicht fehlen, unter ihnen Walter Röhrl und Christian Geistdörfer, Ellen Lohr, Derek Bell und weitere.

Alles in allem waren die Classic Days auf Schloss Dyck eine beeindruckende Veranstaltung.

BBS Motorsport GmbH
Im Mühlegrün 10
D-77716 Haslach i. K.
Tel.: +49 (0) 78 32 / 96 09 5-0
info@bbs-motorsport-gmbh.com
www.bbs.com

A12/16 www.merzcreativ.com

LESERWAHL
BEST BRAND
2015
KATEGORIE AUTOMOBIL
Felgen

MOTOR
SPORT
aktuell

EUROPEAN LE MANS SERIES

The Proton Competition Porsches turned out to be extremely reliable. A class win at Imola and a second place at Spa-Francorchamps were the highlights.

Christian Ried, Matteo Cairoli, Gianluca Roda

In der Klasse GTE kämpfte Proton Competition mit seinen beiden 911 RSR gegen fünf Ferrari und zwei vom Werk eingesetzte Aston Martin. Die Schlussränge vier und sechs sind gegen diese starke Konkurrenz ein gutes Ergebnis. Das Cockpit in der Nummer 77 teilten sich bis auf eine Ausnahme Michael Hedlund, Wolf Henzler und Marco Seefried. In Imola wurde Seefried durch Robert Renauer ersetzt. Im Schwesterfahrzeug mit der Nummer 88 bildeten Christian Ried und Gianluca Roda das Stammduo. Sie wurden abwechselnd unterstützt von Matteo Cairoli, Richard Lietz, Klaus Bachler, David Jahn und Benjamin Baker. Beide Proton-Porsche erwiesen sich als extrem standfest, es gab elf von zwölf möglichen Zielankünften.

Der Saisonhöhepunkt war zweifellos der Sieg im 4h-Rennen von Imola. Robert Renauer übernahm vom Start weg die Führung und konnte sogar etliche LMP3

Gianluca Roda

🇬🇧 In the GTE class, Proton Competition entered its two 911 RSRs against five Ferraris and two works-run Aston Martins. Against this strong opposition, fourth and sixth place in the final standings are good results. With one exception, Michael Hedlund, Wolf Henzler and Marco Seefried shared driving duties in the number 77 car. At Imola, Robert Renauer stepped in for Seefried. Christian Ried and Gianluca Roda were the regulars in the sister car with starting number 88. Matteo Cairoli, Richard Lietz, Klaus Bachler, David Jahn and Benjamin Barker alternated as third drivers. The two Proton Porsches turned out to be extremely reliable, scoring eleven from twelve possible race finishes.

Victory in the four-hour race at Imola was the undisputed season highlight. Renauer took the lead from the start and managed to overtake several LMP3s. Halfway through the race, the number 77 was in 17th place overall and only had three LMP3s ahead. Wolf Henzler took over and extended the lead. As rain set in during the final hour, Mike Hedlund stepped in as the driver of the 911. He went on to cross the finish line as the GTE class winner, albeit behind the safety car, as the rain had become torrential. Second place in the four-hour race at Spa-Francorchamps was the best result for the number 88 car. The JMW Ferrari with Bertolini, Smith and Butcher was the only car that managed to beat Christian Ried, Gianluca Roda and Matteo Cairoli.

Christian Ried, Matteo Cairoli, Gianluca Roda

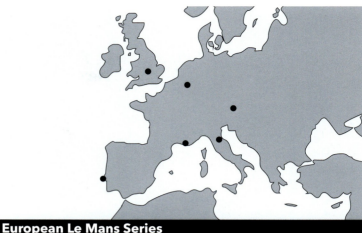

European Le Mans Series

15.04. - 16.04.2016	Silverstone, GBR
13.05. - 15.05.2016	Imola, ITA
15.07. - 15.07.2016	Red Bull Ring, AUT
26.08. - 28.08.2016	Le Castellet, FRA
23.09. - 25.09.2016	Spa-Francorchamps, BEL
21.10. - 23.10.2016	Estoril, POR

Michael Ried

(l.-r.): Christian Ried, Matteo Cairoli, Gianluca Roda

Wolf Henzler

überholen. Zur Rennhalbzeit lag die Nummer 77 zudem auf dem 17. Gesamtrang und hatte lediglich nur noch drei LMP3 vor sich! Wolf Henzler übernahm das Volant und baute den Vorsprung weiter aus. Als in der letzten Stunde Regen einsetzte, kletterte Michael „Mike" Hedlund ins 911er-Cockpit. Dieser kreuzte schließlich als Sieger der Klasse GTE den Zielstrich. Allerdings hinter dem Safety-Car, denn der Regen war mittlerweile sintflutartig.

Das beste Ergebnis für die Nummer 88 war der zweite Platz beim 4h-Rennen in Spa-Francorchamps. Christian Ried, Gianluca Roda und Matteo Cairoli mussten sich auf der Ardennen-Achterbahn nur dem JMW-Ferrari von Bertolini, Smith und Butcher geschlagen geben.

Robert Renauer, Michael Hedlund, Wolf Henzler

European Le Mans Series

LMGTE Driver Standings

POS	NO	DRIVER	CAR	POINTS
1	99	Alex MacDowall	Aston Martin V8 Vantage	98
	99	Andrew Howard	Aston Martin V8 Vantage	98
	99	Darren Turner	Aston Martin V8 Vantage	98
2	66	Andrea Bertolini	Ferrari F458 Italia	93
	66	Rob Smith	Ferrari F458 Italia	93
	66	Rory Butcher	Ferrari F458 Italia	93
3	56	Alexander Talkanitsa Jr	Ferrari F458 Italia	79
	56	Alexander Talkanitsa	Ferrari F458 Italia	79
4	77	**Michael Hedlund**	Porsche 911 GT3 RSR	66
	77	**Wolf Henzler**	Porsche 911 GT3 RSR	66
7	88	**Christian Ried**	Porsche 911 GT3 RSR	60
	88	**Gianluca Roda**	Porsche 911 GT3 RSR	60
10	77	**Marco Seefried**	Porsche 911 GT3 RSR	40
11	88	**Matteo Cairoli**	Porsche 911 GT3 RSR	29
12	77	**Robert Renauer**	Porsche 911 GT3 RSR	26
17	88	**Klaus Bachler**	Porsche 911 GT3 RSR	12
18	88	**Benjamin Barker**	Porsche 911 GT3 RSR	11
19	88	**Richard Lietz**	Porsche 911 GT3 RSR	8

LMGTE Team Standings

POS	NO	TEAM	POINTS
1	99	Aston Martin Racing	98
2	66	JMW Motorsport	93
3	56	AT Racing	79
4	77	**Proton Competition**	66
6	88	**Proton Competition**	60

Christian Ried

VOM RENNSPORT AUF DIE STRASSE.

SEHR EMPFEHLENSWERT
FALKEN
Azenis FK510
Dimension 225/45 R17
Ausgabe 6/2016

DER FALKEN AZENIS FK510

High Technology und Performance. Die Rennsporterfahrung von FALKEN wird erfolgreich angewandt auf dem neuen AZENIS FK510: Herausragender Fahrkomfort, erstklassige Performance auf trockenen und nassen Straßen sowie extrem hohe Aquaplaning-Resistenz garantieren maximalen Fahrspaß und Sicherheit.

falkenreifen.de

PIRELLI WORLD CHALLENGE

A lock-out of the top three in the GT Cup class, a 1-2 in GTA and runner-up spot in the GT category, 2016 could hardly have been any better

(l.-r.): Andrew Davis, Preston Calvert, Michael Lewis

Besonders deutlich wurde die Dominanz der Porsche-Teams in der GT-CUP-Wertung. In allen Rennen sah ein GT3 Cup als Erster die Ziellinie. Nachdem Alex Uedell beim Auftakt siegte, folgten drei Erfolge von Sloan Urry. Der amtierende Vizemeister übernahm die Tabellenführung. Uedell legte dann seinerseits einen Hattrick hin und rückte wieder auf Platz eins. Diesen verteidigte der GMG-Pilot bis zum Saisonende und freute sich zudem über zwölf Laufsiege. Fünf gingen auf das Konto von Urry, jeweils einen feierten Corey Fergus und Chris Green.

In der GTA-Kategorie sah die Bilanz kaum schlechter aus: 18 von 20 möglichen Laufsiegen gingen an Piloten eines GT3 R trotz starker Konkurrenz von Audi, Mercedes-Benz und Bentley. Alleine neun Erfolge gingen auf das Konto von Martin Fuentes. Der Motorsports Promotions-Pilot war zudem mit sieben Siegen am Stück in die Saison gestartet. Michael

Michael Schein

Pirelli World Challenge

03.03. - 06.03.2016	Circuit of The Americas, USA
11.03. - 13.03.2016	St.Petersburg, USA
15.04. - 17.04.2016	Long Beach, USA
22.04. - 24.04.2016	Barber Motorsports Park, USA
19.05. - 22.05.2016	Canadian Tire Motorsport Park, USA
27.05. - 28.05.2016	Lime Rock Park, USA
23.06. - 26.06.2016	Road America, USA
28.07. - 31.07.2016	Mid-Ohio, USA
12.08. - 14.08.2016	Utah, USA
16.09. - 18.09.2016	Sonoma, USA
07.10. - 09.10.2016	Laguna Seca, USA

🇬🇧 This season, the Pirelli World Challenge again underlined its position as America's top production car based racing championship. From the Circuit of the Americas in March to Laguna Seca in October, the championship visited all the major circuits in the US, and also made the trip to Mosport in Canada.

The dominance of the Porsche teams was clear in the GT Cup class. In every one of the races, a 911 GT3 Cup car was the first across the finish line. Alex Uedell took victory in the season opener, and then it was the turn of the 2015 runner up Sloan Urry to win the next three races and take the points' lead. Then, Uedell scored a hat-trick of wins, and reclaimed first place in the standings. The GMG driver defended his lead to the end of the season, scoring a total of twelve wins. Urry won five races; Corey Fergus and Chris Green scored one victory each.

Patrick Long

Joseph Toussaint

Andrew Davis

Scheins kam allerdings immer näher, gewann im Verlauf des Jahres acht Rennen. Beim Finale in Laguna Seca hatte Cooper MacNeill die Nase vorn.

Eine extreme Leistungsdichte kennzeichnete die GT-Klasse. Mit Acura, Audi, Aston Martin, Bentley, Cadillac, McLaren, Nissan und Porsche waren nicht weniger als acht Marken am Start. Patrick Long kämpfte bis zum letzten Meter, sammelte in 19 der 20 Rennen Punkte und verfehlte am Ende den Titel nur knapp. Vor dem alles entscheidenden 20. Rennen trennten Alvaro Parente im McLaren und Long mickrige zwei Punkte. Parente gewann, Long wurde mit 1,6 Sekunden Rückstand nur Vierter.

Patrick Long

(l.-r.): Sloan Urry, Alec Udell, Corey Fergus

Cooper MacNeil

Michael Lewis and EFORT Racing team

McKay Snow

(09): Chris Green - (17): Alec Udell

Cooper MacNeil

(20): Sloan Urry - (17): Sloan Urry

Pirelli World Challenge

Drivers Championship GT

POS	NO	DRIVER	TEAM	CAR	POINTS
1	9	Alvaro Parente	K-PAX Racing	McLaren 650S	1657
2	58	Patrick Long	Wright Motorsports/Effort Racing	Porsche 911 GT3 R	1629
3	8	Michael Cooper	Cadillac Racing	Cadillac ATS-V.R.	1549
11	98	Michael Lewis	Calvert Dynamics/Effort Racing	Porsche 911 GT3 R	1166
16	76	Andrew Davis	Calvert Dynamics	Porsche 911 GT3 R	755
29	97	Gunnar Jeannette	Alex Job Racing	Porsche 911 GT3 R	144

Drivers Championship GT Cup

POS	NO	DRIVER	TEAM	CAR	POINTS
1	17	Alec Udell	GMG Racing	Porsche 911 GT3 Cup	1971
2	20	Sloan Urry	TruSpeed Autosport	Porsche 911 GT3 Cup	1937
3	00	Corey Fergus	Motorsports Promotions	Porsche 911 GT3 Cup	1603
4	77	Preston Calvert	Calvert Dynamics	Porsche 911 GT3 Cup	1146
5	08	Alex Welch	GMG Racing	Porsche 911 GT3 Cup	492
6	09	Chris Green	Pfaff Motorsport	Porsche 911 GT3 Cup	208

Drivers Championship GTA

POS	NO	DRIVER	TEAM	CAR	POINTS
1	07	Martin Fuentes	Motorsports Promotions	Porsche 911 GT3 R	1760
2	16	Michael Schein	Wright Motorsports	Porsche 911 GT3 R	1686
3	66	Frankie Montecalvo	DIME Racing	Mercedes-Benz AMG SLS GT3	1200
4	14	Brent Holden	GMG Racing	Porsche 911 GT3 R	580
6	4	Jorge De La Torre	Motorsports Promotions	Porsche 911 GT3 R	558
7	45	Andy Wilzoch	Flying Lizard Motorsports	Porsche 911 GT3 R	420
8	90	Joseph Toussaint	Autometrics Motorsports	Porsche 911 GT3 R	414
9	79	Cooper MacNeil	Alex Job Racing	Porsche 911 GT3 R	290
10	54	Tim Pappas	Black Saw Racing	Porsche 911 GT3 R	280

Team Championship GT

POS	TEAM	POINTS
1	K-PAX Racing	1776
2	Cadillac Racing	1739
3	Always Evolving	1620
6	Wright Motorsports	1246
7	Calvert Dynamics	1230
12	Effort Racing	619
18	Alex Job Racing	161

Manufacturer Championship GT

POS	MANUFACTURER	POINTS
1	McLaren	140
2	Porsche	136
3	Cadillac	124

Team Championship GTC

POS	TEAM	POINTS
1	GMG Racing	1908
2	TruSpeed Autosport	1790
3	Motorsports Promotions	1486
4	Calvert Dynamics	1146
5	Wright Motorsports	340

Michael Lewis

Brent Holden

In the GTA category, the track record was almost as successful: despite strong opposition from Audi, Mercedes-Benz and Bentley, GT3 R drivers won 18 of the 20 races. Having scored seven consecutive wins in the first seven races of the season, Motorsport Promotions driver Martin Fuentes added another two wins concluding the season with nine victories in total. Michael Scheins won eight races during the year. In the season finale at Laguna Seca, Cooper MacNeill took a victory.

Competition in the GT class was extremely close. With Acura, Audi, Aston Martin, Bentley, Cadillac, McLaren, Nissan and Porsche, no fewer than eight brands were represented on the grid. Patrick Long fought right up to the final few metres of the year, scoring points in 19 of the 20 races and only just missed out on the title. Prior to the championship-deciding 20th race, McLaren driver Alvaro Parente and Long were separated by only two points. Parente then won the race, Long finished fourth, 1.6 seconds down.

(l.-r.): Patrick Long, Alexander Pollich, Jens Walther

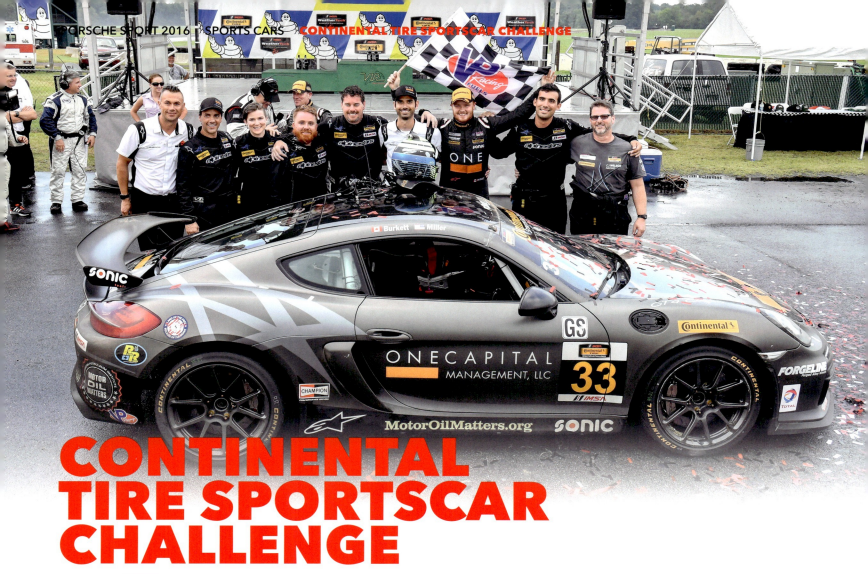

CONTINENTAL TIRE SPORTSCAR CHALLENGE

CJ Wilson Racing Porsche drivers Burkett/Miller runner-up in final Continental Tire SportsCar Challenge standings, Bodymotion Racing secures maiden US win for Cayman GT4

Connor Bloum, Greg Strelzoff

Cameron Cassels, Trent Hindman

🇩🇪 Zehn verschiedene Fahrzeugtypen, zehn verschiedene Rennstrecken und eine homogene Leistungsdichte: Die Continental Tire SportsCar Challenge bot Motorsport vom Feinsten! Auch wenn am Ende Billy Johnson und Scott Maxwell mit dem Ford Shelby mit 330 Punkten knapp die Nase vorn hatten: Die Porsche-Teams schlugen sich wacker und die besten landeten am Ende auf den Plätzen zwei und drei. Daniel Burkett und Marc Miller sammelten mit dem CJ Wilson Racing-Cayman GT4 296 Zähler, Cameron Cassels und Trent Hindman von Bodymotion Racing erreichten 274 Punkte.

Beide Porsche-Duos waren Dauergäste auf dem Podium. Burkett/Miller siegten in Virginia, wurden viermal Zweiter und zweimal Dritter. Über gleich drei Erfolge freuten sich Cassels/Hindman: Sie hatten die Nase vorn in Sebring, Mazda Raceway und Watkins Glen. Dazu kamen ein zweiter und zwei dritte Plätze. Cassels/Hindman von Bodymotion Racing haderten während der gesamten Saison mit ihrem Ausfall beim Saisonauftakt. Da es kein Streichresultat gab, mussten sie sich vorkämpfen, wurden aber am Ende mit Rang drei belohnt.

Vor über 30 Jahren wurde Bodymotion als Reparaturwerkstatt für Straßenfahrzeuge gegründet. Doch die Besitzer Margaret und Michael Bavaro waren schon immer motorsportinfiziert. Seit 36 Jahren sind sie Mitglied im Porsche Club of America und das Motorsport Team feierte bislang über 350 Klassen- und auch einige Gesamtsiege. Besonders stolz war die Mannschaft aus Ocean Township dieses Jahr über den Sieg in Sebring, denn es war der erste für den Cayman GT4 in den USA.

Daniel Burkett

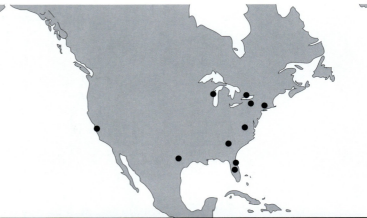

🏁 Ten different car models, ten different race tracks and a level playing field for all competitors: the Continental Tire SportsCar Challenge provided top class motorsport! Even though Billy Johnson and Scott Maxwell just came out on top with a total of 330 points with their Ford Shelby, the Porsche teams put in a strong performance and the best of them ended up second and third respectively. Driving the CJ Wilson Racing Cayman GT4, Daniel Burkett and Marc Miller scored 296 points while Bodymotion Racing pairing Cameron Cassels and Trent Hindman racked up 274 points.

Both Porsche duos were regular podium finishers. Burkett/Miller won at Virginia, scored four second places and two third laces. Cassels/Hindmann won three races, at Sebring, Mazda Raceway and Watkins Glen, plus one second place and two third places. Bodymotion Racing's Cassels/Hindman felt the effect of their retirement from the season opener all year long. As there were no drop scores, they had to work their way up, but were still rewarded with third place in the final standings.

Bodymotion was founded over 30 years ago as a repair workshop for road cars. Owners Margaret and Michael Bavaro have always been keen motorsport enthusiasts. They have been members of the Porsche Club of America for 36 years and the motorsport team scored over 350 class wins and some outright victories over the years. The team from Ocean Township was particularly proud of its victory at Sebring this year as it marked the first win for the Cayman GT4 in the US.

Continental Tire SportsCar Challenge

27.01. - 31.01.2016	Daytona, USA
16.03. - 19.03.2016	Sebring, USA
28.04. - 01.05.2016	Laguna Seca, USA
30.06. - 03.07.2016	Watkins Glen, USA
08.07. - 10.08.2016	Bowmanville, CAN
22.07. - 23.07.2016	Lime Rock Park, USA
05.08. - 07.08.2016	Elkhart Lake, USA
26.08. - 28.08.2016	Alton, USA
14.09. - 17.09.2016	Austin, USA
28.09. - 01.10.2016	Braselton, USA

Nick Galante, Spencer Pumpelly

Continental Tire SportsCar Challenge

GS Grand Sport – Driver Standings

POS	NO	DRIVERS	TEAM	POINTS
1	15	Billy Johnson, Scott Maxwell	Multimatic Motorsports	330
2	33	Marc Miller, Daniel Burkett	CJ Wilson Racing	296
3	12	Trent Hindman, Cameron Cassels	Bodymotion Racing	274
5	64	Ted Giovanis, David Murry	Team TGM	198
7	35	Till Bechtolscheimer, Tyler McQuarrie	CJ Wilson Racing	142
10	21	Jeroen Bleekemolen	Muehlner Motorsports America	110

ST Street Tuner – Driver Standings

POS	NO	DRIVER	TEAM	POINTS
1	17	Nick Galante, Spencer Pumpelly	RS1	268
2	56	Jeff Mosing, Eric Foss	Murillo Racing	256
3	93	Chad Gilsinger	HART	253
5	31	Jason Rabe, Devin Jones	Bodymotion Racing	230
6	19	Greg Strelzoff, Connor Bloum	RS1	219
10	36	Matthew Dicken	Strategic Wealth Racing	182

GS Grand Sport – Team Standings

POS	TEAM	POINTS
1	Multimatic Motorsports	330
2	CJ Wilson Racing	296
3	Bodymotion Racing	274
10	Team TGM	71

GS Grand Sport – Manufacturer

POS	TEAM	POINTS
1	Ford	338
2	Porsche	332
3	Aston Martin	270

ST Street Tuner – Team Standings

POS	TEAM	POINTS
1	RS1	268
2	HART	258
3	Murillo Racing	256
5	Bodymotion Racing	230
6	RS1	219

ST Street Tuner – Manufacturer

POS	MANUFACTURER	POINTS
1	Porsche	334
2	Honda	314
3	Mazda	303

FIA WORLD ENDURANCE CHAMPIONSHIP

Porsche secures hat-trick of drivers' title, manufacturers' championship and 18th Le Mans win in the 2016 FIA World Endurance Championship

Christian Ried and KCMG Team

🇩🇪 Die fünfte Saison der FIA World Endurance Championship stand für Porsche unter einem ganz besonderen Stern. Der Autobauer aus Stuttgart ging erstmals als amtierender Weltmeister an den Start und stand entsprechend unter großem Druck. Die Teams der zwei weiterentwickelten Porsche 919 Hybrid blieben unveränert. So pilotierten Mark Webber, Brendon Hartley und Timo Bernhard das Fahrzeug mit der Startnummer eins und Neel Jani, Marc Lieb sowie Romain Dumas den Schwesterwagen Nummer zwei. Teamchef Andreas Seidl sah sein Team gut vorbereitet, um die Mission Titelverteidigung in Angriff zu nehmen: „Wir haben das Konzept des 919 beibehalten und konnten dank dieser Stabilität Weiterentwicklung im Detail betreiben. Durch Gewichtsreduzierung und Leistungssteigerung verschiedener Komponenten ist der 919 noch effizienter geworden. Seit dem Saisonfinale im November haben wir mit verschiedenen Ausbaustufen des 919 fast 23.000 Testkilometer zurückgelegt, teils als Ausdauer- und teils als Performancetests. Wir sind bereit für den Saisonstart und gespannt darauf, wo wir im Vergleich zur Konkurrenz stehen."

In den beiden LMGTE-Klassen hatten die Stuttgarter ihre Werksmannschaft, das Porsche Team Manthey, trotz des LMGTE-Pro-Titels 2015 zurückgezogen. Die hinterlassene Lücke versuchte nun das Team des Schauspielers Patrick Dempsey zu füllen. Mit einem Porsche 911 RSR (2016) ging Dempsey-Proton Racing erstmals in der höchsten GT-Kategorie an den Start. Am Steuer des 911ers nahm der Vorjahressieger Richard Lietz zusammen mit seinem Teamkollegen Michael Christensen Platz. In der niedrigeren LMGTE-Am waren gleich drei Porsche 911 am Start. Neben der Mannschaft von Abu Dhabi-Proton Racing, die bereits im Vorjahr mehrfach um das Podium mitfuhr, ergänzte das bisherige LMP2-Team KCMG mit dem Porsche #78 erstmals das

(l.-r.): Wolf Henzler, Christian Ried, Joel Camathias

The fifth season of the FIA World Endurance Championship was a brand-new experience for Porsche, with the Stuttgart-based manufacturer competing as reigning world champion for the first time. So the pressure was really on. There were no changes to the driver crews for the 2016 season, with Mark Webber, Brendon Hartley and Timo Bernhard taking charge of the #1 Porsche 919 Hybrid and Neel Jani, Marc Lieb and Romain Dumas driving the #2 machine. Team principal Andreas Seidl was in a confident mood before the season kicked off at Silverstone: "We have kept the car's concept and thanks to this stability were able to develop the 919 in detail. Weight reduction and performance improvement by various components have made the 919 even more efficient. Since the 2015 WEC finale in November, we have covered almost 23,000 kilometres of testing with the 919 in different specifications. It was partly endurance and partly performance testing. Also, as a team we have improved over the winter. We are ready for the new season and looking forward to knowing where we stand compared to our competition."

Unlike LMP1, change was certainly afoot in the LMGTE classes, with the withdrawal for 2016 of reigning GTE Pro champions and works team Porsche Team Manthey. The gap was filled by the Dempsey-Proton Racing team headed by Patrick Dempsey, making the step up to the GTE Pro category from GTE Am for the first time in a brand-new Porsche 911 RSR (2016). Driving duties were handled by reigning GTE Pro drivers' champion Richard Lietz and young Danish driver Michael Christensen. GTE Am saw three Porsche teams compete for honours. After numerous podiums in 2015, the Abu Dhabi-Proton Racing team returned to the WEC fold in their #88 Porsche 911 RSR, while Hong Kong-based team KCMG switched from LMP2 to GTE Am. They were joined by Gulf Racing UK, who had made the step up to the WEC, after several successful seasons in the European Le Mans Series.

Romain Dumas, Neel Jani, Marc Lieb

FIA World Endurance Championship

15.04. - 17.04.2016	Silverstone, GBR
05.05. - 07.05.2016	Spa-Francorchamps, BEL
15.06. - 18.06.2016	Le Mans, FRA
22.06. - 24.06.2016	Nürburgring, GER
01.09. - 03.09.2016	Autódromo Hermanos Rodríguez, MEX
15.09. - 17.09.2016	Circuit of the Americas, USA
14.10. - 16.10.2016	Fuji, JPN
04.11. - 06.11.2016	Shanghai, CHN
17.11. - 19.11.2016	Bahrain, BHR

Timo Bernhard, Brendon Hartley, Mark Webber

(1): Timo Bernhard, Mark Webber, Brendon Hartley · (2): Romain Dumas, Neel Jani, Marc Lieb

LMGTE-Am-Feld. Ebenfalls neu in der fünften Saison war das Team Gulf Racing UK. Nach erfolgreichen Jahren in der European Le Mans wagten die Briten zum Saisonbeginn den Aufstieg in die Weltmeisterschaft mit ihrem Porsche 911 RSR.

Das erste Rennen des Jahres begann für die Porsche-Teams im britischen Silverstone. Nach zahlreichen Kilometern beim Prolog in Paul Ricard ging es mit bester Vorbereitung zum Saisonauftakt. Nachdem es am Freitag noch geschneit hatte, holten die Fahrer der beiden 919 Hybrid unter feuchten Wetterbedingungen das Maximum aus ihren Wagen heraus. Trotz aller Anstrengungen reichte es für die Wagen #1 und #2 nur zur zweiten Startreihe. Die knappe Distanz zur Konkurrenz blieb auch im Rennen bestehen und die sechs Stunden von Silverstone entwickelten sich zu einem wahren Krimi. Gleich zu Beginn des Rennens konnte Mark Webber im Porsche Nummer eins aufschließen und sich dicht an die Fersen der Konkurrenz heften. Nach wenigen Runden zahlte sich die Hartnäckigkeit des Australiers aus und er konnte den zweiten Platz übernehmen. Als das Weltmeistertrio sich die Gesamtführung sichern konnte und diese auch nach dem Fahrerwechsel verteidigen konnte, sah zunächst alles nach einem perfekten Auftaktrennen für Porsche aus. Doch beim Versuch, den Gulf Racing UK-Porsche aus der LMGTE-Am zu überrunden, kollidierte Brendon Hartley mit dem langsameren Fahrzeug und hob beinahe mit seinem Fahrzeug ab.

Den ersten Lauf des Jahres beendete das Porsche LMP1-Team mit seinem Wagen Nummer zwei auf dem zweiten Podestplatz. Nachträglich stellte die FIA beim Konkurrenten Audi Unregelmäßigkeiten fest, woraufhin der Sieg aberkannt wurde und die Stuttgarter den Platz erbten. In der LMGTE-Pro sah es ebenfalls lange nach einem positiven Einstand für Dempsey-Proton Racing aus. Richard Lietz und Michael Christensen konnten über einen Großteil des Rennens ihre zweite Position verteidigen und auch hier deutete alles auf einen Podiumsplatz hin. Doch ein längerer Reparatur-Stopp kostete das Duo viele wertvolle Minuten und die Porsche-Mannschaft musste ihren Traum von einer Top-Platzierung begraben.

Das zweite Saisonrennen im belgischen Spa-Francorchamps stand ganz im Zeichen der Vorbereitung auf die 24 Stunden von Le Mans. Traditionell dient der Kurs in den Ardennen den Teams als Testlauf für das berühmteste Langstreckenrennen der Welt. Bei unerwarteten Wetterbedingungen mit Asphalttemperaturen um die 50 Grad Celsius konnte sich Brendon Hartley gleich zu Rennbeginn behaupten und die Führung des hart umkämpften Feldes übernehmen. Nach dem Fahrerwechsel beim Porsche #1 übernahm Timo Bernhard das Cockpit und verlor unterdessen die Führung nur knapp an den Toyota. In einem atemberaubenden Duell mit Sébastien Buemi kämpfte der Porsche-Pilot auf Augenhöhe über viele Runden. Doch der Kampf am Limit hatte sei-

Marc Lieb

Confidently connecting your world

Vodafone's Total Communications solutions can bring together all of the people, places and things in your enterprise releasing hidden value and delivering so much more for your business.

Vodafone is proud to be the official communications partner of the FIA World Endurance Champions, the Porsche LMP1 Team.

Go to vodafone.com/enterprise

Vodafone
Power to you

PORSCHE
MOTORSPORT
LMP1 TEAM

COMMUNICATION PARTNER

vodafone

Khaled Al Qubaisi

nen Preis, denn ein Reifenschaden nach Überfahrt der Start-Ziel-Linie machte eine Fortführung unmöglich. Fast sieben Kilometer schleppte sich Bernhard zur Box. Auf dem Weg dorthin hatten Reifenteile die Karosserie beschädigt, sodass die Front später über mehrere Runden in der Box repariert werden musste. Das Rennen verlief nicht wie gewünscht und der Porsche #1 kam nur auf Gesamtrang 27 über die Ziellinie.

Ähnlich schwierig verlief der zweite Saisonlauf für das Schwesterauto mit Neel Jani, Marc Lieb und Romain Dumas. Bereits nach sechs Runden verlor der Wagen an Energie und die Piloten hatten hart zu kämpfen. Ein Problem am Hybrid-System sorgte dafür, dass das Trio nur mit halber Kraft das Rennen fortsetzen konnte. Die Fahrer des zweiten Porsche 919 gaben nicht auf und kämpften mit allen Mitteln um die Spitze. Am Ende konnte Romain Dumas das Rennen auf dem zweiten Platz beenden und somit die Tabellenführung weiter ausbauen. Bei den LMGTE-Fahrzeugen zeigten sich die Teams nach dem Rückschlag in Silverstone gestärkt und konnten die Konkurrenz in Schach halten. Das Duo Lietz/Christensen bestätigte seine gute Performance vom ersten Saisonlauf und kämpfte über viele Stunden erneut um die Spitze. Doch auch im zweiten Rennen musste das GTE-Pro Team einen Rückschlag hinnehmen und verpasste das Podium um Haaresbreite. Bei den Piloten von Team Abu Dhabi-Proton Racing in der LMGTE-Am verlief das Rennen ähnlich knapp und nachdem dem es lange Zeit nach einem zweiten Platz aussah, zwang eine Kollision kurz vor Schluss den Porsche 911 in die Box. Porsche-Pilot Timo Bernhard sagt rück-

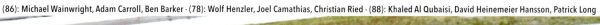

(86): Michael Wainwright, Adam Carroll, Ben Barker - (78): Wolf Henzler, Joel Camathias, Christian Ried - (88): Khaled Al Qubaisi, David Heinemeier Hansson, Patrick Long

Start at Spa-Francorchamps

The first round of the season took the teams to Silverstone in the UK. The Porsche Team were well prepared for the start of the season, having completed countless miles of testing and putting the new Porsche 919 Hybrid through its paces at the official prologue at Circuit Paul Ricard. The British weather stayed true to its reputation, with snow delaying one practice session on the Friday, but giving way to rain later in the day. In spite of their best efforts, the #1 and #2 Porsches could only manage the second row of the grid in qualifying, but the gap to the faster Audis was marginal.

The race was also a story of small margins, with the Six Hours of Silverstone packed full of drama and intrigue. Mark Webber flew out of the traps in the #1 machine and was soon hot on the heels of the leading Audis, slotting into second position after just a couple of laps. The #1 crew then assumed the lead and proceeded to defend their advantage with ease. It seemed to be plain sailing for Porsche Team, but then disaster struck: while attempting to lap the #86 Gulf Racing UK Porsche 911 RSR, New Zealander Brendon Hartley made contact with the GTE Am car and careered into the barriers – almost taking off in the process.

The #2 car continued to battle hard in the race, but the Audi apparently had the better of the Porsche 919 Hybrid at round one and took the race victory. However, a post-race infringement saw the winning car disqualified and Neel Jani, Romain Dumas and Marc Lieb inherit the victory. Silverstone was promising in GTE Pro, too, with Richard Lietz and Michael Christensen maintaining a solid second position for much of the race. Unfortunately, an unscheduled stop for repairs in the closing stages of the race cost the #77 Dempsey-Proton Racing car valuable minutes in the pits and ended any chance of a podium.

Round two saw the teams descend on the Circuit de Spa-Francorchamps, nestled in the Ardennes hills in eastern Belgium. Traditionally the Six Hours of Spa is seen as a dress rehearsal for the 24 Hours of Le Mans, due to the two circuits' similar characteristics. The race began at a furious pace in bright sunshine, with Brendon Hartley quickly assuming the lead in his #1 Porsche 919 Hybrid. After his stint, the Kiwi handed over the car to German Timo Bernhard, surrendering the lead to one of the Toyotas in the process. This triggered a breathtaking battle between two of the fastest prototypes in the world and it continued over many laps. However, the exciting duel was brought to an end after Bernhard suffered tyre damage and was forced to limp back to the pits for bodywork repairs. A lengthy pit stop cost the Porsche Team any chance of the win, and the #1 car eventually finished 27th.

"Today we definitely had the pace to win that race," said a disappointed Timo Bernhard after the race. "The battle with Sébastien Buemi was good fun. Our strategy was alright and I believe in the end, I would have left him behind. But in motor sports you just cannot control everything. We are now fully focused on going to Le Mans for the season's highlight." It was a similar story of attrition for the #2 Porsche 919 Hybrid of Neel Jani, Marc Lieb and Romain Dumas in Belgium. The car lost all hybrid power on lap six of the six-hour race, which put the drivers at a major disadvantage. In spite of the car's problems, Dumas, Lieb and Jani still brought it home in second position for a well-earned podium. In GTE Pro, Richard Lietz and Michael Christensen put in another solid performance in the #77 Dempsey-Proton Racing machine, but despite battling for the lead for much of the race, the Austrian and Danish duo had to settle for fourth position. Abu Dhabi-Proton Racing suffered a similar fate in GTE Am, just missing out on a podium after a collision later on.

Richard Lietz, Michael Christensen

Richard Lietz, Michael Christensen

blickend nach dem zweiten Saisonlauf: „Wir hätten heute auf jeden Fall das Tempo zum Gewinnen gehabt. Das Duell mit Sébastien hat Spaß gemacht. Unsere Strategie passte, ich denke, ich hätte ihn am Ende geschnappt. Aber im Rennsport ist nun einmal nicht alles kontrollierbar. Jetzt heißt es volle Kraft voraus nach Le Mans zum Saisonhöhepunkt."

Bei den 24 Stunden von Le Mans ging Porsche nach dem Vorjahressieg ebenfalls als Titelverteidiger an den Start. Bereits im Qualifying zeigten sich die Stuttgarter stark und konnten dank der schnellen Rundenzeit von Neel Jani und des folgenden Wetterumschwungs frühzeitig die 18. Le-Mans-Pole-Position der Teamgeschichte einfahren. Der Start der 24 Stunden von Le Mans fand erstmals hinter dem Safety Car statt. Nach einigen Verzögerungen wurde das Langstrecken-Rennen schließlich freigegeben und Porsche konnte sich in der LMP1 und der LMGTE-Pro gleich zu Beginn behaupten und in beiden Klassen die Führungsposition einnehmen. Nach vier Stunden hatten die Polesetter ihren ersten Platz im Duell mit einem Konkurrenten verloren und waren

auf Position vier abgerutscht. Doch das Trio um Timo Bernhard, Brendon Hartley und Mark Webber konnte unterdessen die Führung übernehmen. Doch lange währte diese nicht, denn gegen Mitternacht zwangen steigende Wassertemperaturen die Nummer eins zu einer längeren Reparatur in die Box. Durch einen geschickten Wechsel der Tankstrategie in den frühen Morgenstunden konnte sich jedoch die Nummer zwei in einen anderen Boxenstopp-Intervall bringen und die Führung übernehmen. Es war der Beginn eines nicht enden wollenden Fernduells zwischen den beiden Porsche und Toyota mit einer Vielzahl an Führungswechseln.

Nachdem die beiden Werks-RSR in der Nacht ausgeschieden waren, sah es lange Zeit nach keinem guten LMGTE-Ergebnis für Porsche aus. Doch dank einer konstanten Leistung und perfekten Boxenstrategie schaffte es das Team von Abu Dhabi-Proton Racing am Sonntagmorgen zurück an die Spitze und konnte sich am Ende den dritten Platz in der LMGTE-Am sichern. An der Gesamtspitze ereignete sich in der Schlussphase ein wahrer Krimi. Das in der Nacht begonnene Duell zwischen Porsche und Toyota

(77): Richard Lietz, Michael Christensen · (78): Wolf Henzler, Joel Camathias, Christian Ried

Timo Bernhard, Brendon Hartley, Mark Webber

Melissa Metke

Christian Ried

In June, all eyes turned to France for the 24 Hours of Le Mans – the jewel in the WEC's crown. Porsche again travelled to La Sarthe as reigning champions and showed their strength early on in the practice and qualifying sessions. Neel Jani's fastest lap secured Porsche's 18th pole position at the Circuit de la Sarthe and put the German marque in the best possible position for Saturday's race. A deluge shortly before the scheduled start caused the race to begin behind the safety car for the first time in its history. Eventually the green flag flew, and both the LMP1 and GTE Pro Porsches thrived in the early stages. However, after four hours of racing, the #2 car of Jani, Dumas and Lieb had slipped back to fourth position, surrendering the overall lead to the sister car of Webber, Hartley and Bernhard. Unfortunately, rising water temperatures forced the #1 car into the pits at around midnight for a lengthy repair stop. The #2 crew took up the challenge against the Toyota and vied for the lead throughout most of the early hours.

Both one-off factory GTE Pro entries, coming from the IMSA WeatherTech Sportscar Championship to compete at Le Mans, retired during the night, leaving the Porsche challenge in GTE looking relatively meagre. However, a combination of speed, consistency and the right pit strategy put Abu-Dhabi Proton Racing at the head of the GTE Am field on Sunday morning, with the #88 car eventually finishing in third in class. Up front, the duel between the Porsche and the Toyota maintained its intensity as night turned into day, but it was cut short by a loose wheel on the #2 car – putting the Japanese car back in the driving seat for what appeared to be a comfortable victory. However, with just three minutes of the race remaining, the Toyota slowed to an agonising standstill on the start-finish straight with a mechanical issue. Neel Jani kept pushing in the #2 Porsche and overtook the erstwhile leader on the start of what would be his final lap, taking the chequered flag in one of the most dramatic finishes in Le Mans history. For Jani and

Neel Jani

PASSION AND PERFORMANCE.

CHOPARD PROUDLY SUPPORTS PORSCHE MOTORSPORT SINCE 2014.

OFFICIAL TIMING PARTNER
PORSCHE
MOTORSPORT

SUPERFAST CHRONO PORSCHE 919 EDITION (168535-3002). CHOPARD MOVEMENT, CALIBRE 03.05-M

SUPERFAST
Chopard

führten beide Teams bis zur Schlussphase durch. In Führung liegend verlor jedoch der Porsche #2 einen Hinterreifen und musste kurz darauf an die Box. Durch dieses Manöver konnte der Toyota-Prototyp ein letztes Mal vorbeiziehen und die Führung übernehmen. Alles deutete auf einen Sieg der Japaner hin, als deren Prototyp in der finalen Runde auf der Start-Ziel-Geraden liegenblieb. Der Porsche von Neel Jani, Marc Lieb und Romain Dumas konnte dadurch aufschließen und am Toyota vorbei. In letzter Sekunde sicherte sich Porsche in einem Herzschlagfinale den 18. Gesamtsieg bei den 24 Stunden von Le Mans.

Mit dem Sieg beim Langstreckenklassiker war die schwierige Anfangsphase für das Porsche LMP1-Team endgültig vorbei. In den nachfolgenden Saisonrennen steigerte sich das Werksteam aus Stuttgart mit jedem Rennen und baute seine Führung in den WM-Tabellen systematisch aus. Beim Heimrennen am Nürburgring konnte sich die Porsche-Mannschaft schon 2015 den Gesamtsieg sichern. In einem spannenden 6-Stunden-Rennen wiederholte das Werksteam dieses Kunststück und sicherte sich den ersten Platz mit seinem Fahrzeug Nummer 1, während der Schwesterwagen auf Platz vier ins Ziel kam und sich weitere Punkte im Kampf um den WM-Titel sicherte. In der LMGTE-Am Klasse schaffte das KCMG-Team seinen großen Durchbruch. Nach dem Wechsel in die hart umkämpfte GT-Kategorie konnte sich das Trio um Wolf Henzler,

Christian Ried und Joel Camathias den zweiten Podestplatz sichern. Die Markenkollegen vom Team Abu Dhabi-Proton Racing und Gulf Racing UK schafften es auf die Plätze vier und fünf.

Auch nach der Sommerpause hielt die Siegessträne des Porsche LMP1-Teams an und bei der Rennpremiere in Mexiko sowie den 6 Stunden auf dem Circuit of the Americas konnten sich Mark Webber, Timo Bernhard und Brendon Hartley jeweils den ersten Platz sichern, während die Teamkollegen im Wagen Nummer zwei nach durchwachsenen Läufen jeweils Vierter wurden. Porsche baute seine Position in beiden Weltmeisterschaftstabellen weiter aus und brachte sich in eine sichere Position. Nach einem Rückschlag in Fuji, wo das Team nur den dritten Rang erreichte, gelang die Titelentscheidung schließlich in Shanghai. In China fuhr das Trio des Wagens mit der Startnummer eins einen beeindruckenden Start-Ziel-Sieg ein und sicherte Porsche zum zweiten Mal die Herstellerwertung. Der Fahrertitel folgte für die Le-Mans-Sieger Neel Jani, Marc Lieb und Romain Dumas schließlich beim Saisonfinale in Bahrain, wo das Trio bis ans Äußerste ging, um das Jahr für Porsche perfekt zu machen. Nachdem sich auch die Kundenteams nach der Sommerpause an der Spitze festgesetzt hatten, konnten sie bei jedem Rennen einen Platz auf dem Podium erringen und die Saison zu einem schönen Abschluss bringen.

Pit Crew #1

Final race for Mark Webber

Lieb, this was a maiden Le Mans win, while Dumas celebrated his second at this famous circuit. For Porsche, it was the 18th Le Mans win in the marque's long history.

The victory at the hardest and longest race of the season was in the bag, but the Porsche LMP1 team by no means rested on their laurels. The aim over the season's second half, was to cement the team's leads at the top of the manufacturers' and drivers' championship and retain both titles. Next up was Porsche's home race at the Nürburgring, where the 919 Hybrid was victorious in 2015. In another exciting six-hour battle in LMP1, Webber, Hartley and Bernhard took the win in the #1 car, with the #2 crew finishing fourth. In GTE Am, KCMG finished on the podium for the first time this season after Wolf Henzler, Christian Ried and Joel Camathias secured a solid second place.

The Porsche LMP1 also continued its run of victories after the summer break, with Webber, Hartley and Bernhard bagging their second and third wins of the season at the FIA WEC's debut in Mexico and in Texas at the Six Hours of the Circuit of the Americas. The championship-leading #2 crew of Neel Jani, Marc Lieb and Romain Dumas struggled with a variety of issues at both races and finished fourth on both occasions. Porsche Team quickly put a minor setback at the Six Hours of Fuji, where third place was the best it could do, behind them and travelled to Shanghai for round seven with high hopes of securing the manufacturers' championship. Sure enough, an accomplished drive by Mark Webber, Timo Bernhard and Brendon Hartley helped Porsche retain the constructors' title with one race remaining. The drivers' title followed in Bahrain for Le Mans winners Neel Jani, Marc Lieb and Romain Jani, capping off a fantastic season in LMP1 for the German manufacturer.

Richard Lietz, Michael Christensen

Khaled Al Qubaisi, David Heinemeier Hansson, Patrick Long

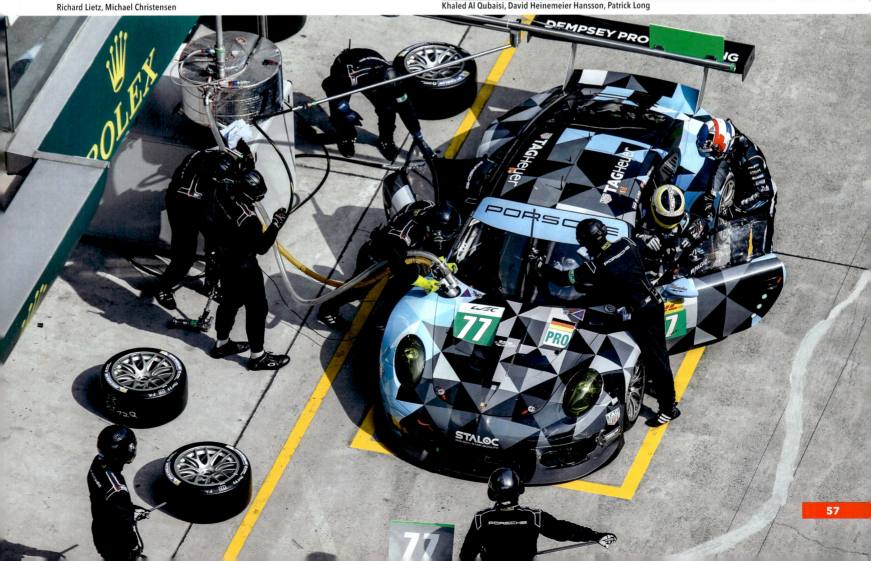

PORSCHE-PILOT MARK WEBBER BEENDET SEINE AKTIVE MOTORSPORTKARRIERE NACH ZAHLREICHEN SIEGEN AUF DEM HÖHEPUNKT SEINER LAUFBAHN, ALS LANGSTRECKEN-WELTMEISTER.

After countless race victories, Porsche driver Mark Webber ends his active motorsport career at the very top: as World Endurance Champion

🇩🇪 Mit dem Saisonfinale der FIA Langstrecken-Weltmeisterschaft 2016 in Bahrain beendete Mark Webber offiziell seine Karriere als aktiver Rennfahrer. Für den Porsche-Piloten war es keine einfache Entscheidung, den Helm und den Rennanzug an den Nagel zu hängen, doch der Publikumsliebling wird auch in den kommenden Jahren weiterhin an den Rennstrecken dieser Welt anzutreffen sein.

Hinter Mark Webber liegt eine eindrucksvolle Karriere im Motorsport, von der einige Piloten nur träumen können. Nach 215 Starts in der Formel 1 mit neun Siegen, dreizehn Pole-Positions und zweiundvierzig Podien entschied sich der Australier für einen Wechsel in die FIA Langstrecken-Weltmeisterschaft. Im neuentwickelten Porsche 919 Hybrid startete Webber 2014 gemeinsam mit seinen Teamkollegen Timo Bernhard und Brendon Hartley in der hart umkämpften LMP1-Klasse und konnte sich bereits beim ersten Saisonrennen im britischen Silverstone einen dritten Platz sichern.

Das Fahrertrio rund um Mark Webber konnte auf den Erkenntnissen aus dem Debütjahr aufbauen und sich nach einer tadellosen Saison 2015 neben dem Hersteller-Titel für Porsche auch die Fahrer-Weltmeisterschaft sichern. Nach einem weiteren starken Jahr in der FIA Langstrecken-Weltmeisterschaft, in dem der Routinier und seine Teamkollegen durch weitere Siege für viel Aufsehen sorgten und zudem den zweiten Hersteller-Titel für Porsche in Folge einfahren konnten, heißt es für Webber nach 25 Einsätzen in der WEC nun den Fuß vom Gas zu nehmen.

„Ich bin angekommen", sagt Webber. „Porsche ist die Marke, die ich immer am meisten liebte, die am besten zu mir passt. Der 911 ist eine Ikone – Eleganz, Performance und Understatement zugleich, niemals aufdringlich. Er ist zu jeder Gelegenheit und in jeder Situation das richtige Auto." Webber weiter: „Ich werde den schieren Speed, Downforce und Wettkampf vermissen. Aber ich will gehen, wenn es am schönsten ist und freue mich auf meine neuen Aufgaben."

Nach seinem Rücktritt aus dem Motorsport wird Mark Webber mit Porsche weiterhin eng zusammenarbeiten. Neben Aufgaben als Repräsentant der Marke, wird Webber auch als Berater des Motorsportprogrammes der Stuttgarter fungieren. Somit ist Webber neben Rallye-Legende Walter Röhrl nun der zweite Repräsentant des Unternehmens.

🇬🇧 The final round of the 2016 FIA World Endurance Championship in Bahrain also marked the last hurrah for Australian driver Mark Webber. It wasn't an easy decision for the Porsche driver to call time on his career, but the popular Aussie will still maintain his presence at the racetracks of the world.

Mark Webber leaves behind a memorable motorsport career with an almost unrivalled track record. Following 215 race starts in Formula 1 and a total of nine victories, thirteen pole positions and twenty-three podiums, Webber chose to join the FIA World Endurance Championship with Porsche in 2014. Webber took charge of the newly developed 919 Hybrid together with Timo Bernhard and Brendon Hartley in the highly competitive LMP1 category and secured a podium first time around at Silverstone.

The Webber, Hartley and Bernhard trio increased its know-how from year one of the Porsche LMP1 programme and helped the German marque secure the manufacturers' championship in 2015. Not only that, the trio also became World Endurance Drivers' Champions after a flawless season. Further victories in the FIA WEC followed one year later and this helped Porsche retain its manufacturers' title in 2016. But now, after twenty-five races, Webber felt that the time had come to bring his active career to an end.

"I have got to the place where I belong," says Webber. "Porsche is the brand I always loved most and the one that suits me best. The 911 is iconic – it has elegance, performance and understatement, and is never intrusive. It is simply the right car for every scenario." There are some aspects of motorsport Webber will certainly find hard to leave behind: "I'll miss the sheer speed, downforce and competition, but I want to leave on a high and I'm very much looking forward to my new tasks."

Mark Webber will continue to work closely with Porsche after the end of his driving career. Besides his role as a brand ambassador, Webber will also advise the Stuttgart-based constructor on motorsport programmes and thus become the firm's second official representative alongside rally legend Walter Röhrl.

MOTORSPORT
LMP1 TEAM

EXCLUSIVE PREMIUM PARTNER

DMG MORI

DMG MORI is the Exclusive Premium Partner of the Porsche Team in the LMP1 class of the FIA World Endurance Championship (WEC).

MONTFORT ▲ WERBUNG

DMG MORI & PORSCHE

DMG MORI, the world's leading manufacturer of machine tools, is the Technology Partner of the Porsche LMP1 Team.

In addition to innovative, high-tech machine tools, **DMG MORI provides technological expertise in the development and production of complex and precise components.**

DMG MORI is synonymous with cutting-edge technologies designed to **produce complex geometries in hard-to-machine materials** ranging from cobalt-chrome to titanium, as well as high-tech materials such as glass, Zerodur and composites.

HSC 70 *linear*

High-Speed Precision Cutting Centre for more precision and better surface quality

CELOS®

from DMG MORI

Swivel clip
Material: Aluminium
Machining time: 3 h

End cap
Material: Aluminium
Machining time: 4 min

All news available at:
www.dmgmori.com

DMG MORI

PORSCHE — FIA WEC World Champion 2016

FIA WEC World Champions 2016

Fritz Enzinger and Andreas Seidl

Timo Bernhard, Brendon Hartley, Mark Webber

FIA World Endurance Championship

Driver Standings LMP

POS	NO	DRIVERS	CAR	TEAM	POINTS
1	2	Romain Dumas, Neel Jani, Marc Lieb	Porsche 919 Hybrid	Porsche Team	160
2	8	Lucas Di Grassi, Loïc Duval, Oliver Jarvis	Audi R18	Audi Sport Team	147,5
3	6	Stéphane Sarrazin, Mike Conway, Kamui Kobayashi	Toyota TS050	Toyota Gazoo Racing	145
4	1	Timo Bernhard, Mark Webber, Brendon Hartley	Porsche 919 Hybrid	Porsche Team	134,5

Driver Standings GT

POS	NO	DRIVERS	CAR	TEAM	POINTS
1	95	Marco Sørensen, Nicky Thiim	Aston Martin VANTAGE	Aston Martin Racing	156
2	71	Davide Rigon, Sam Bird	Ferrari 488 GTE	AF Corse	134
3	51	Gianmaria Bruni, James Colado	Ferrari 488 GTE	AF Corse	128
8	77	Michael Christensen, Richard Lietz	Porsche 911 RSR	Dempsey - Proton Racing	74
15	88	Khaled Al Qubaisi, David Heinemeier Hansson, Patrick Long	Porsche 911 RSR	Abu Dhabi - Proton Racing	34,5
18	86	Michael Wainwright, Adam Carroll, Ben Barker	Porsche 911 RSR	Gulf Racing	18
19	78	Christian Ried, Wolf Henzler, Joel Camathias	Porsche 911 RSR	KCMG	17

Timo Bernhard

Driver Standings GTE Pro Teams

POS	NO	DRIVERS	CAR	TEAM	POINTS
1	95	Marco Sørensen, Nicky Thiim	Aston Martin VANTAGE	Aston Martin Racing	156
2	67	Andy Priaulx, Harry Tincknell	Ford GT	Ford Chip Ganassi Team UK	141
3	71	Davide Rigon, Sam Bird	Ferrari 488 GTE	AF Corse	128
7	77	Michael Christensen, Richard Lietz	Porsche 911 RSR	Dempsey - Proton Racing	88

LMP Manufactures Championship

POS	Team	Points
1	Porsche	324
2	Audi	266
3	Toyota	229

Driver Standings GTE AM Teams

POS	NO	DRIVERS	CAR	TEAM	POINTS
1	83	François Perrodo, Emmanuel Collard, Rui Aguas	Ferrari 488 GTE	AF Corse	188
2	88	Khaled Al Qubaisi, David Heinemeier Hansson, Patrick Long	Porsche 911 RSR	Abu Dhabi - Proton Racing	151
3	98	Paul Dalla Lana, Pedro Lamy, Mathias Lauda	Aston Martin VANTAGE	Aston Martin Racing	149
4	78	Christian Ried, Wolf Henzler, Joel Camathias	Porsche 911 RSR	KCMG	125
6	86	Michael Wainwright, Adam Carroll, Ben Barker	Porsche 911 RSR	Gulf Racing	106

GT Manufactures Championship

POS	Team	Points
1	Ferrari	294
2	Aston Martin	287
3	Ford	241,5
4	Porsche	123

ADAC GT MASTERS

Die Porsche-Mannschaft KÜS TEAM75 Bernhard zeigte eine starke Debütsaison im ADAC GT Masters und konnte diese mit dem dritten Meisterschaftsplatz krönen.

🇩🇪 Zu Beginn der Motorsportsaison 2016 hatten die Fans des ADAC GT Masters Grund zur Freude: Gleich drei Teams entschieden sich zu Jahresbeginn in der hart umkämpften Rennserie mit dem neuentwickeltem Porsche 911 GT3 R an den Start zu gehen. Neben dem BIG FM Racing Team Schütz Motorsport, das noch in der Vorsaison um den Meistertitel im ADAC GT Masters kämpfte, entschied sich auch das KÜS TEAM75 Bernhard und die Traditionsmannschaft Precote Herberth Motorsport in der zehnten Jubiläumssaison der Rennserie mitzuwirken.

Am Ende des Jahres ging es für zwei der drei Porsche-Mannschaften am Hockenheimring um den Meistertitel. David Jahn verlor die Meisterschaft nur knapp und sicherte sich im 911er den Vizetitel. Die Teamwertung beendete die Mannschaft rund um Timo Bernhard als bestes Porsche-Team mit 163 Punkten auf Rang drei.

David Jahn,
Kévin Estre

Heinrich Kuhn-Weiss and Robert Renauer

Teams, drivers and fans began the 2016 ADAC GT Masters season with high hopes for the championship. Three teams decided to enter Germany's premiere GT racing series in newly developed Porsche 911 GT3 R. BigFM Racing Team Schütz Motorsport, which fought for the title in 2015, was joined by KÜS Team75 Bernhard and experienced GT racers Precote Herberth Motorsport in the tenth anniversary season of German GT championship.

At the season finale in Hockenheim, two of the three Porsche teams were in with a shot at title honours. David Jahn for KÜS Team75 Bernhard only just missed out on the drivers' championship, having to settle for second position just nine points down on eventual winners Christopher Mies and Connor de Phillippi. In the teams' championship, KÜS Team75 Bernhard proved to be the best of the Porsche runners, but had to settle for third place.

The Porsche teams were quick out of the blocks when it came to getting to grips with their new machinery, with Martin Ragginger and Robert Renauer from Precote Herberth Motorsport securing the season's first victory for the Porsche 911 GT3 R at round three at the Lausitzring. Herberth Motorsport's breakthrough victory paved the way for more, with KÜS Team75 Bernhard going on to record further wins at the Nürburgring, in Zandvoort and at Hockenheim.

Both Precote Herberth Motorsport and KÜS Team75 Bernhard moved into the final round of the season, hoping for teams' championship glory. Despite Porsches recording two victories over the race weekend (Saturday – Estre/Jahn; Sunday – Ragginger/ Renauer), the teams just missed out on title honours. BigFM Racing Team Schütz Motorsport also wrapped up their 2016 season with a positive performance and Marvin Dienst secured a third place on Saturday and a fifth on the Sunday in his home race.

(99): Robert Renauer, Martin Ragginger - (17): David Jahn, Kévin Estre

ADAC GT Masters

15.04. - 17.04.2016	Oschersleben, GER
29.04. - 01.05.2016	Sachsenring, GER
03.06. - 05.06.2016	Lausitzring, GER
22.07. - 24.07.2016	Red Bull Ring, AUT
05.08. - 07.08.2016	Nürburgring, GER
19.08. - 21.08.2016	Zandvoort, NED
30.09. - 02.10.2016	Hockenheim, GER

Marvin Dienst, Christopher Zanella

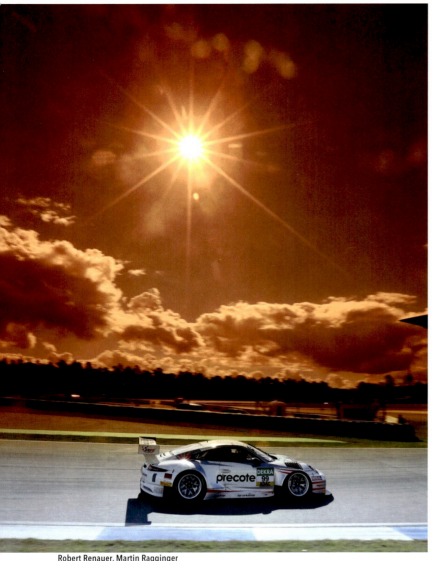

Die Porsche-Mannschaften konnten sich schnell auf das neue Fahrzeug einschießen und bereits zum dritten Rennwochenende auf dem Lausitzring feierten Martin Ragginger und Robert Renauer vom Team Precote Herberth Motorsport den ersten Saisonsieg mit dem Porsche 911 GT3 R.

Mit dem Sieg der bayrischen Mannschaft auf dem Lausitzring, platze auch bei der Mannschaft von KÜS 75 Bernhard der Knoten und das Team sicherte sich in Spielberg, auf dem Nürburgring, in Zandvoort und Hockenheim jeweils einen Sieg.

Zum großen Saisonfinale des ADAC GT Masters reisten Precote Herberth Motorsport und das KÜS TEAM75 Bernhard mit möglichen Titelchancen. Den Gesamtsieg verpassten die beiden Teams zwar, dafür triumphierten die Mannschaften sowohl am Samstag (Estre/Jahn) als auch am Sonntag (Ragginger/Renauer).

Auch für die Mannschaft von BIG FM Racing by Schütz Motorsport lief das Wochenende auf der Heimstrecke von Stammfahrer Marvin Dienst nach Plan. Die Mannschaft krönte das Saisonfinale mit einem dritten Rang am Samstag und einem fünften Platz am Sonntag.

Robert Renauer, Martin Ragginger

Robert Renauer, Martin Ragginger

(99): Robert Renauer, Martin Ragginger - (17): David Jahn, Kévin Estre

Martin Ragginger

Die Marke precote und die Faszination Motorsport – zwei untrennbare Begriffe.

Unsere Produkte bieten Lösungen zum Sichern, Dichten, Montieren und Demontieren. Die speziell für die Vorbeschichtung von Gewinden entwickelten Produkte basieren auf unserer einzigartigen Mikroverkapselungstechnologie und bieten gegenüber konventionellen Klebstoffen viele Vorteile. Um die höchstmögliche Qualität zu garantieren, nutzen wir die extremen Belastungen des Rennsports für unsere Entwicklung. Auf der Rennstrecke erprobt, kommen unsere Produkte in fast allen Industriezweigen erfolgreich zum Einsatz.

precote®

Sichern · Dichten · Montieren · Demontieren

omniTECHNIK Mikroverkapselungs GmbH · München · Tel +49 89 1433810 · precote.com

(l.-r.): Kévin Estre, David Jahn, Michael Rühs, Robert Renauer, Martin Ragginger, Nicolai Sylvest, Nikolaj Rogivue

Robert Renauer, Martin Ragginger

TECHNICALLY EFFICIENT PRESTIGIOUS DESIGN.

APP Tech is located in Northern Italy, near Venice, in a perfect location to logistically serve all Europe from its base of operations.

APP Tech is producer of forged monoblock and modular wheels to premium automobile manufacturers, race teams and specialized tuners, whose main criteria is the use of lightweight high strength wheels.

Our forged wheels improve vehicle performance, driving dynamics, allow for larger wheel diameters at a lighter weight than OEM cast wheels and a very high quality finish with the design detail and personalisation not available from other wheels.

All our OEM customers have directly approved APPTECH quality and manufacturing with the highest scores, in line with the ISO-TS/QS9000 quality certifications.

APP Tech have over 10 years experience of supply of forged magnesium wheels for major motorsport competitions and currently design & manufacture for multiple teams for the 2013 Formula One championship. This supply is predominantly at the highest level of Motor Sport: Formula 1 magnesium forged wheels, where the ultimate design, high flexibility, quality perfection & production control is demanded.

Visit our website to see more
www.apptech-forgedwheels.com

APP-TECH Srl Via Levico n. 6, Mestrino (PD) 35035 Tel. +39 048 9042111

Starting grid Lausitzring

Marvin Dienst and Christopher Zanella

Robert Renauer, Martin Ragginger and
Team Precote Herberth Motorsport

Kévin Estre and David Jahn

ADAC GT Masters

Driver Standings

POS	DRIVER	Team	Car	POINTS
1	Connor De Phillippi	Montaplast by Land-Motorsport	Audi R8 LMS	168
	Christopher Mies	Montaplast by Land-Motorsport	Audi R8 LMS	168
2	David Jahn	KÜS TEAM75 Bernhard	Porsche 911 GT3 R	159
3	Daniel Keilwitz	Callaway Competition	Corvette C7 GT3-R	152
	Jules Gounon	Callaway Competition	Corvette C7 GT3-R	152
4	Kévin Estre	KÜS TEAM75 Bernhard	Porsche 911 GT3 R	143
5	Martin Ragginger	Precote Herberth Motorsport	Porsche 911 GT3 R	123
	Robert Renauer	Precote Herberth Motorsport	Porsche 911 GT3 R	123
14	Marvin Dienst	bigFM Racing Team Schütz Motorsport	Porsche 911 GT3 R	51
18	Christopher Zanella	bigFM Racing Team Schütz Motorsport	Porsche 911 GT3 R	47
39	Matteo Cairoli	KÜS TEAM75 Bernhard	Porsche 911 GT3 R	12
42	Klaus Bachler	bigFM Racing Team Schütz Motorsport	Porsche 911 GT3 R	8

Team Standings

POS	Team	POINTS
1	Montaplast by Land-Motorsport	177
2	Callaway Competition	169
3	KÜS TEAM75 Bernhard	163
6	Precote Herberth Motorsport	126
10	bigFM Racing Team Schütz Motorsport	59

Junior Driver Standings

POS	DRIVER	Team	POINTS
1	Connor De Phillippi	Montaplast by Land-Motorsport	248
2	Jules Gounon	Callaway Competition	201
3	Patrick Assenheimer	Callaway Competition	140
17	Matteo Cairoli	KÜS TEAM75 Bernhard	12

Blancpain GT Series Endurance Cup	
23.04. - 24.04.2016	Monza, ITA
12.05. - 15.05.2016	Silverstone, GBR
24.06. - 26.06.2016	Paul Ricard, FRA
26.07. - 31.07.2016	Spa-Francorchamps, BEL
17.09. - 18.09.2016	Nürburgring, DEU

BLANCPAIN GT SERIES ENDURANCE CUP

In the popular Blancpain GT Series Endurance Cup, Porsche achieved some good results against a very strong opposition in the Pro-Am class

🇬🇧 This year's Blancpain GT Series Endurance Cup consisted of five rounds including the legendary 24-hour race at Spa-Francorchamps. Eleven brands with numerous works-drivers and works-supported teams raced for points and silverware. The Attempto Racing team, led by its successful principal Arkin Aka, faced tough competition in the Pro-Am class with regular driver Jürgen Häring, Clement Mateu and Nicolas Armindo. Things literally got hot at Paul Ricard, where the Porsche 911 GT3 R caught fire and came to a halt with Jürgen Häring behind the wheel. However, that didn't prevent Häring from preparing his Porsche again to contest the remainder of the Endurance Cup season.
French team IMSA Performance with Raymond Narac, Thierry Cornac and Maxime Jousse had the busiest programme and was the most successful. Of course, the team's class win in the Spa 24 Hours ranked above everything else, but ninth at Paul Ricard, tenth at Monza and 16th place at Silverstone were well deserved achievements in the particularly strong field.

Thierry Cornac, Raymond Narac, Maxime Jousse

Jürgen Häring and Arkin Aka

🇩🇪 Die Blancpain GT Series Endurance Cup bestand in diesem Jahr mit dem legendären 24 Stunden Rennen in Spa-Francorchamps aus fünf Veranstaltungen. Elf Marken mit zahlreichen Werksfahrern und werksunterstützten Teams kämpften um Punkte und Pokale. Das Team Attempto Racing rund um den erfolgreichen Teamchef Arkin Aka stellte sich mit Stammfahrer Jürgen Häring, Clement Mateu und Nicolas Armindo in der Pro-Am-Klasse dem Wettbewerb.
Heiß wurde es dann in Paul Ricard, als der Porsche 911 GT3 R mit Jürgen Häring am Steuer plötzlich Feuer fing und ausrollte. Das hinderte Häring aber nicht seinen Porsche neu aufzubauen und die Endurance Cup Saison zu beenden.
Die französische Mannschaft IMSA Performance mit Raymond Narac, Thierry Cornac und Maxime Jousse war gut und am fleißigsten unterwegs. Der Klassensieg bei den 24h in Spa überstrahlte natürlich alles. Aber auch Platz neun in Paul Ricard, Zehnter in Monza, und 16. in Silverstone kann sich in dem hartumkämpften Feld sehen lassen.

Blancpain GT Series Endurance Cup

PRO-AM Drivers

POS	DRIVER	TEAM	CAR	POINTS
1	Michal Broniszewski	Kessel Racing	Ferrari 488 GT3	251
2	Giacomo Piccini	Kessel Racing	Ferrari 488 GT3	171
3	Morgan Moullin-Traffort	AKKA ASP	Mercedes AMG GT3	149
17	Raymond Narac	IMSA Performance	Porsche 911 GT3 R	35
	Thierry Cornac	IMSA Performance	Porsche 911 GT3 R	35
	Maxime Jousse	IMSA Performance	Porsche 911 GT3 R	35

PRO-AM Cup Teams

POS	TEAM	POINTS
1	Kessel Racing	256
2	Akka ASP	176
3	Rinaldi Racing	90
9	Team a-workx	45
10	IMSA Performance	35

Blancpain GT Series Sprint Cup

08.04. - 10.04.2016	Misano, ITA
07.05. - 08.05.2016	Brands Hatch, GBR
01.07. - 03.07.2016	Nürburgring, GER
26.08. - 28.08.2016	Budapest, HUN
01.10. - 02.10.2016	Barcelona, ESP

BLANCPAIN GT SERIES SPRINT CUP

An excellent fourth place overall for Didi Gonzales and Sebastian Asch in the Pro-Am class. A-workx also ends up fourth in the teams' standings.

„Didi Gonzales"

🇩🇪 Die Blancpain GT Series Sprint Cup tourte auf fünf schönen Rennstrecken in Italien, England, Deutschland, Ungarn und Spanien in Europa.

Die Renndistanz betrug jeweils maximal zwei Stunden. Hinter einem Ferrari und zwei Mercedes-Teams platzierten sich Didi Gonzales und Sebastian Asch auf dem guten vierten Gesamtrang. In der Teamwertung bedeutete dieses ebenfalls Rang vier für die Mannschaft von a-workx.

Obwohl auf der Kurzanbindung des Nürburgrings mit dem vierten Klassenrang das beste Saisonergebnis heraussprang, war Sebastian Asch nicht zufrieden. „Die Startaufstellung für das Hauptrennen am Sonntag ergibt sich aus dem Zieleinlauf des Qualirennens am Samstag. Da wir nach technischen Problemen samstags nicht mitfahren konnten, bedeutete dieses den letzten Startplatz. Bei so einem starken Feld ist das beinahe ein aussichtsloser Kampf. Wir haben uns aber nicht unterkriegen lassen und trotzdem gekämpft. Rang vier war der Lohn dafür, aber nicht das Ergebnis, welches wir uns nach den vielversprechenden Testfahrten gewünscht hatten. Immerhin wissen wir jetzt aber, was möglich gewesen wäre."

🇬🇧 The Blancpain GT Series Sprint Cup staged races at five of the best race tracks in Italy, the UK, Germany, Hungary and Spain. The maximum race distance was two hours. Behind one Ferrari and two Mercedes teams, Didi Gonzales and Sebastian Asch finished a strong fourth place overall. In the teams' standings, this also meant fourth place for the a-workx team.

Although fourth place in class at the Nürburgring sprint circuit was the best season result, Sebastian Asch wasn't happy: "The grid positions for the main race on Sunday are based on the finishing order of the qualifying race on Saturday. Because we were unable to race on Saturday due to technical issues, this meant last place on the grid. In such a strong field, that is an almost impossible task. However, we didn't give up and still fought for it. Fourth place was our reward, but not the result we had hoped for after the promising test sessions. At least, we know what could have been."

Blancpain GT Series Sprint Cup

PRO-AM Drivers

POS	DRIVER	TEAM	CAR	POINTS
1	Michal Broniszewski, Giacomo Piccini	Kessel Racing	Ferrari 488 GT3	143
2	Morgan Moullin-Traffort, Jean-Luc Beaubelique	AKKA ASP	Mercedes AMG GT3	119
3	Christophe Bourret, Jean-Philippe Belloc	AKKA ASP	Mercedes AMG GT3	78
4	Didi Gonzales, Sebastian Asch	Team a-workx	Porsche 911 GT3 R	39

PRO-AM Cup Teams

POS	TEAM	POINTS
1	Kessel Racing	148
2	AKKA ASP	128
3	Rinaldi Racing	50
4	Team a-workx	45

„Didi Gonzales", Sebastian Asch

FIA GT WORLD CUP MACAU

Porsche came close to winning the FIA GT World Cup in the streets of Macau, but due to a stopped race and a penalty the best Porsche finally finished second.

Der FIA GT World Cup in den Straßen von Macau war ein kurzer Lauf, der vor allem durch Abbrüche und nicht einmal zwei Runden im Renntempo geprägt war. Er begann mit einem Unfall des Australiers Ricky Capo, der sein Fahrzeug in die Reifenstapel von Fisherman's Bend warf. Nach einer kurzen Safety-Car-Phase wurde das Treiben mit der roten Flagge unterbrochen. Die Wiederaufnahme des Rennens erfolgte hinter dem Safety Car, Laurens Vanthoor lag zu diesem Zeitpunkt vor den beiden Porsche-Piloten Earl Bamber und Kévin Estre. Nachdem der Heat wieder freigegeben wurde, überholte Bamber den führenden Vanthoor mit einem mutigen Manöver vor der schnellen Mandarin-Kurve, bevor der Belgier hinter der Biegung erst in die Streckenbegrenzung krachte und sich dann überschlug. Auf dem Dach rutschte er noch einige Meter weit, was schließlich für einen Abbruch des Rennens sorgte.

Philip Ching Yeung

Kévin Estre

🇬🇧 The FIA GT World Cup in the streets of Macau was a brief affair with several interruptions and not even two laps at racing speed. It all started with an accident of Australian Ricky Capo, who crashed into the tyre stacks at Fisherman's Bend. After a safety car intervention, red flags were out soon. The race got going again behind the safety car. At that time, Laurens Vanthoor was ahead of the two Porsche drivers Earl Bamber and Kévin Estre. Once the field was released again, Bamber overtook Vanthoor for the lead with a courageous move, after which the Belgian crashed into the barriers and then barrel-rolled his car after the kink. On its roof, the car slid several metres on the track, after which the race was stopped.

Although Porsche driver Bamber was in the lead at the time the red flags came out, he was only classified fourth. Firstly, the classification, as usual, was based on the order from the lap prior to the red flag and secondly, the New Zealander was given a five-seconds' time penalty because of contact with Maro Engel in the battle after the start. Thus, Vanthoor, who caused the red flag by his accident, celebrated his maiden Macau victory. Kévin Estre was classified second with his Porsche 911 GT3 R.

Privateers Philip Ma from Hong Kong and John Shen from Canada were 16th and 17th respectively with their 911s.

Sven Schnabl

Earl Bamber and Kévin Estre

Ma Ching Yeung Philip

Obwohl Porsche-Pilot Bamber zum Zeitpunkt des Abbruchs in Führung lag, wurde er letztendlich nur auf Rang vier gewertet. Zum einen erfolgte die Wertung wie üblich eine Runde vor einem Abbruch und zum anderen erhielt der Neuseeländer wegen einer Berührung im Startduell mit Maro Engel noch eine Fünf-Sekunden-Strafe. Damit durfte sich Vanthoor, dessen Unfall der Grund für den vorzeitigen Abbruch war, über seinen ersten Macau-Triumph freuen. Kévin Estre führte seinen Porsche 911 GT3 R auf den zweiten Platz des Klassements. Die Privatfahrer Philip Ma aus Hong Kong und John Shen aus Kanada belegten mit ihren 911ern die Ränge 16 und 17 und lieferten sich einen spannenden Kampf gegen die Werkswagen.

John Shen

(911): Earl Bamber - (912): Kévin Estre

Earl Bamber and Kévin Estre

FIA GT World Cup Macau

Driver Standings

POS	NO	DRIVER	Team	CAR	Laps
1	8	Laurens Vanthoor	Audi Sport Team WRT	Audi R8 LMS	4
2	912	Kévin Estre	Manthey Racing	Porsche 911 GT3 R	4
3	1	Maro Engel	Mercedes AMG Driving Academy	Mercedes AMG GT3	4
4	911	Earl Bamber	Manthey Racing	Porsche 911 GT3 R	4
16	98	Ma Ching Yeung Philip	GruppeM Racing	Porsche 911 GT3 R	4
17	68	John Shen	Modena Motorsports	Porsche 911 GT3 R	4

MIT
TOPSPEED
IN DIE LETZTE KURVE

STOSSDÄMPFER
& KUPPLUNG VON ZF

SOUVERÄNER SIEG

OB RUNDSTRECKE ODER RALLYEPISTE – ZF MACHT SIEGER
ZF.COM/MOTORSPORT

 MOTION AND MOBILITY

MOBIL 1 SUPERCUP

MOBIL 1 SUPERCUP

The two Porsche Junior drivers Sven Müller and Matteo Cairoli staged a thrilling duel for the title in which the German eventually came out on top.

(l.-r.): Matteo Cairoli, Sven Müller, Mathieu Jaminet

🇩🇪 Der Porsche Mobil 1 Supercup 2016 begann Mitte Mai in Barcelona. Auf dem Circuit de Catalunya machte Porsche-Junior Matteo Cairoli von Beginn an klar, wie sein Ziel für diese Saison lautete: Er wollte den Titel gewinnen. In Spanien war er dann auch in allen Trainings und im Rennen nicht zu bezwingen. Dabei war er sowohl im freien Training als auch im Qualifying mehr als eine halbe Sekunde schneller als der jeweils Zweitplatzierte. Und auch im Rennen konnte er sich nach gewonnenem Sprint zur ersten Kurve gleich vom Feld absetzen. Aus Umlauf eins kam der in Diensten von Fach Auto Tech stehende Italiener mit einem Vorsprung von 1,7 Sekunden zurück. Auch wenn der Einsatz des Safety Cars seinen Vorteil wieder schrumpfen ließ, war Cairoli der Sieg nicht mehr zu nehmen. Hinter dem 20-Jährigen aus Como reihten sich mit Sven Müller und Mathieu Jaminet zwei weitere Porsche-Junioren ein, als Vierter sah Ben Barker die Zielflagge. Der 25-jährige Brite aus der Universitätsstadt Oxford profitierte davon, dass der von Position vier ins Rennen gegangene Michael Ammermüller einen schwachen Beginn erwischte und auf Platz acht zurückfiel. Im Laufe des Rennens arbeitete sich der Deutsche dann wieder bis auf den fünften Rang zurück. Der Schweizer Jeffrey Schmidt, der die Farben von Lechner Racing Middle East vertrat, musste sich nach einer Kollision mit Christian Engelhart mit Position sechs zufrieden geben.

Es folgte das 250. Rennen des Porsche Supercup und Monaco bot einen prächtigen Rahmen für dieses Jubiläum. Doch leider spielte das Wetter nicht mit, die Porsche-Piloten mussten ihren Lauf im strömenden Regen bestreiten. Nach zwei Runden hinter dem Safety Car wurde das Treiben freigegeben. Cairoli übernahm die Spitze und brachte die Führung mit einer fehlerfreien Leistung bis ins Ziel. Hinter ihm rutschte Klaus Bachler bei immer stärker werdendem Niederschlag in der 15. Runde in die Leit-

Jaap van Lagen

🇬🇧 The 2016 Porsche Mobil 1 Supercup season got underway at Barcelona in mid-May and from the start, Italian driver Matteo Cairoli signalled his title ambitions. At the Circuit de Barcelona Catalunya, Porsche junior driver Cairoli was unbeatable in all sessions, including the race. Driving for Fach Auto Tech, the Italian finished the opening lap with a margin of 1.7 seconds over the chasing pack. Even though a safety car intervention brought the field back together again, Cairoli managed to take victory. Behind the 20-year-old from Como, Sven Müller and Mathieu Jaminet followed, and Ben Barker finished fourth. The Oxford-based driver benefited from a poor start by Michael Ammermüller from fourth on the grid, but the German recovered to finish fifth. Swiss Jeffrey Schmidt, representing the Lechner Racing Middle East colours, had to make do with sixth following a collision with Christian Engelhart.

Monaco was the ideal setting for a milestone in the series' history; the 250th Porsche Supercup race. Although the setting was perfect, the conditions were not, and the drivers had to compete in torrential rain. After two laps behind the safety car, the field was released and Cairoli took the lead. He went on to secure his second consecutive win. Behind him, Klaus Bachler slid into the barriers on lap 15, prompting the race to be stopped. The order on the previous lap was used for the classification, so the Austrian still ended up second, although he was not eligible to score points as he was a guest driver. Thus, Ammermüller got the 18 points for second having finished third on the road. Momo-Megatron Team Partrax driver Ben Barker finished behind the German, fourth on the road and third for the points.

The Red Bull Ring was the next venue and once again, drivers had to cope with adverse conditions. This time, it rained until just before the start, but then the track started to dry out. Several drivers still slid off, which led to three safety car interventions. Unfazed, Müller won from Jaminet and Schmidt. All three had overtaken pole-sitter Cairoli right after the start, preventing the Italian from taking his third straight win.

There was rain at Silverstone, too! A shower set in as the Porsches had already lined

(10): Pepe Massot - (19): Jeffrey Schmidt

Mobil 1 Supercup

13.05. - 15.05.2016	Barcelona, ESP
26.05. - 29.05.2016	Monte-Carlo, MCO
01.07. - 03.07.2016	Spielberg, AUT
08.07. - 10.07.2016	Silverstone, GBR
22.07. - 24.07.2016	Budapest, HUN
29.07. - 31.07.2016	Hockenheim, GER
26.08. - 28.08.2016	Spa-Francorchamps, BEL
02.09. - 04.09.2016	Monza, ITA
21.10. - 23.10.2015	Austin, USA

Ryan Cullen

Organization of Porsche Mobil 1 Supercup

planken, was die Rennleitung zum Rennabbruch veranlasste. Da die Wertung laut Reglement eine Runde vor dem Abbruch erfolgt, durfte der Österreicher sich dennoch über den zweiten Platz freuen. Punkte erhielt er als Gaststarter jedoch nicht. Somit gingen die 18 Zähler für Rang zwei an Ammermüller. Ben Barker aus der Mannschaft Momo-Megatron Team Partrax kreuzte die Ziellinie knapp hinter dem 30 Jahre alten Deutschen auf Position vier, ließ sich aber 16 Zähler für Rang drei gutschreiben.

Dann ging es weiter zum Red Bull Ring. Wie an der Côte d'Azur, so mussten die Fahrer auch in Österreich mit schwierigen Wetterbedingungen zurechtkommen. Diese Mal regnete es bis kurz vor dem Start, doch dann begann die Strecke langsam abzutrocknen. Trotzdem gab es noch feuchte Stellen und somit auch einige Ausrutscher ins Kiesbett. Deshalb trat das Safety-Car in der Steiermark insgesamt dreimal in Aktion, was die Spitze

Pablo Sánchez López

foerch.com

Performance auf höchstem Niveau.

Hand drauf!

Wer im Rennsport vorne mitfahren will, muss präzise und zugleich schnell arbeiten. Bei den Boxenstopps zählt jede Sekunde, jeder Handgriff muss sitzen – genau wie in den Kfz-Werkstätten und Handwerksbetrieben.

Immer vollen Einsatz bringen. Konstant starke Leistung zeigen. So hat sich nicht nur FÖRCH Racing sondern auch FÖRCH etabliert. Ganz egal, ob auf der Rennstrecke oder im Daily Business. Als Spezialist im Direktvertrieb von Werkstatt-, Montage- und Befestigungsartikeln für das Kfz- und Bau-Handwerk bieten wir eine große Auswahl an maßgeschneiderten Produkten und betreuen über 200.000 Kunden in rund 50 Ländern weltweit mit unserem kompetenten Außendienst-Team.

FÖRCH gibt Gas, damit Sie auf touren bleiben. Hand drauf!

PORSCHE
MOBIL 1
SUPERCUP

PORSCHE
GT3 CUP
CHALLENGE
CENTRAL EUROPE

FÖRCH®

Paul Rees

Walter Lechner sen.

des Feldes aber nicht beeinflusste. Die hatte seit der Anfangsphase des Rennens Müller inne, gefolgt von Jaminet und Schmidt. Dieses Trio konnte den von der Pole Position schwach losgefahrenen Cairoli schon am Start überholen und so den dritten Sieg des Italieners in Folge verhindern.

Und auch in Silverstone blieben die Porsche-Piloten nicht vom Regen verschont. Als die Elfer schon in der Startaufstellung standen, prasselte plötzlich heftiger Niederschlag auf die britische Strecke. Nach zwei Runden hinter dem Safety-Car wurde das Rennen freigegeben. Der Franzose Jaminet behielt zunächst die Führungsposition vor Cairoli und Müller. Doch letztgenannter wollte mehr. Erst überholte er seinen Junior-Kollegen Cairoli, dann machte er sich auf die Verfolgung seines nächsten Junior-Kollegen Jaminet. Beide boten den Zuschauern einen spannenden Kampf um die erste Stelle, in dem sich Müller schließlich durchsetzen konnte. Auf nunmehr wieder abtrocknender Piste konnte der 24-Jährige sich mehr und mehr vom Feld absetzen und seinem zweiten Triumph in Folge entgegenfahren. Jaminet und Cairoli komplettierten das Siegertreppchen. Und auch bei Project 1 gab es Grund zur Freude. Die beiden Gaststarter Joshua Webster und Nick Yelloly beendeten ihren ersten Auftritt im Porsche Supercup 2016 auf den Positionen vier und fünf.

Christian Engelhart

up on the grid. After two laps behind the safety car, the field was released and the Porsche Junior drivers led the way. Jaminet initially held on to the lead from Cairoli and Müller, but the German was determined to do better. First of all, he overtook Cairoli, and then closed up to the leader. Jaminet and Müller staged a thrilling battle for the lead, in which Müller came out on top. Once in the lead, the German pulled clear and drove his second consecutive win, followed by Jaminet in second, and Cairoli. There was also joy for the Project 1 team as guest drivers Joshua Webster and Nick Yelloly finished fourth and fifth in their first Porsche Supercup race of 2016.

Bright sunshine and high temperatures welcomed the drivers at the Hungaroring. Müller showed that he can be quick in the dry as well. He pipped pole-sitter Robert Lukas at the start, but a multi-car collision in the first corner brought the safety car out. After the restart, Müller pulled a gap and went on to win, also taking the points' lead as Cairoli only finished seventh. Lukas came home second from Ammermüller.

At Hockenheim, it took two hours to determine the winner after the race. Sven

Pitlane at Red Bull Ring

Robert Lukas

Nick Yelloly

Philipp Frommenwiler

83

Paul Rees

Auf dem Hungaroring wurde der Porsche Supercup mit strahlendem Sonnenschein und sommerlichen Temperaturen empfangen und Müller zeigte, dass er nicht nur auf nassem Asphalt schnell ist. Schon am Start eroberte er die Führung vom Polen Robert Lukas, der von der besten Startposition ins Rennen ging. Als noch vor der ersten Kurve mehrere Fahrzeuge im hinteren Feld kollidierten, schickte die Rennleitung erst einmal das Safety Car auf die Strecke. Nachdem das Treiben einige Runden später wieder freigegeben wurde, konnte Leader Müller sich sofort einen Vorsprung aufbauen, den er sicher ins Ziel brachte. Damit übernahm er auch die Tabellenführung, denn Cairoli kam unweit der ungarischen Hauptstadt Budapest nicht über einen siebten Platz hinaus. Lukas freute sich nach 14 Rennrunden über den zweiten Platz vor Ammermüller. Zusammen mit Sieger Müller standen somit gleich zwei Fahrer des Lechner MSG Racing Teams auf dem Podium.

In Hockenheim wurde es dann kontrovers, der Sieger stand erst zwei Stunden nach der Zieldurchfahrt fest. Zunächst wurde Sven Müller bei seinem Heimspiel als Erster abgewinkt, doch eine Zeitstrafe warf ihn später auf den zweiten Platz zurück. Die erhielt er für ein Manöver in der Anfangsphase. Nachdem er sich am Start hinter dem führenden Cairoli einreihen musste, fuhr Müller in der folgenden Kurve einen sehr weiten Bogen. Als er wieder zurück auf die Strecke kam, überholte er seinen Rivalen. Wegen Überfahrens der Streckenbegrenzung wurde der Lechner-Pilot schließlich mit einer Strafsekunde belegt, die Cairoli wieder auf Position eins spülte. Podestplatz

Nummer drei angelte sich der 22 Jahre alte Jeffrey Schmidt, der Robert Lukas schon am Start auf die vierte Stelle verwies. Die beiden Deutschen Christian Engelhart und Michael Ammermüller komplettierten bei ihrem Heimrennen die Top-Six.

Weiter ging es Ende August in Spa-Francorchamps. Auf der als echte Herausforderung geltenden Strecke in den belgischen Ardennen konnte zunächst Müller die Führung an sich reißen. Doch Verfolger Jaminet nutzte einen kleinen Fahrfehler des Lechner-Schützlings in Runde drei sofort aus und passierte den Tabellenführer. Im Gegensatz zu Müller blieb der 21-jährige Franzose, der seine erste Saison im Porsche Supercup bestritt und im Vorjahr Zweiter des Carrera Cup France war, ohne Fehl und Tadel und belohnte sich mit seinem ersten Triumph im Supercup. Müller und MRS-Pilot Engelhart wurden auf den Plätzen zwei und drei gewertet, während Cairoli das Treppchen als Vierter knapp verpasste. Dabei wurde er auf der Strecke als Dritter abgewinkt, aber ein Verlassen der Strecke mit Vorteilsnahme – er überholte so seinen Rivalen Engelhart – brachte ihm nach dem Lauf eine Strafsekunde ein. Diese sorgte dafür, dass beide im Klassement wieder die Plätze tauschten, Engelhart also seinen dritten Rang vor Cairoli zurückbekam.

Zum achten Lauf traf sich der Supercup in Monza, wie Spa eine Strecke mit viel Motorsport-Tradition. Matteo Cairoli wollte bei seinem Heimrennen den maximalen Erfolg holen und er schaffte dies auch. Von der Pole Position gestartet, brachten ihn auch zwei Safety-Car-Phasen nicht aus der Ruhe. Am Ende war er eine halbe Sekunde vor Michael Ammermüller im Ziel. Gaststarter Mattia Drudi sorgte sogar dafür, dass gleich zwei Ein-

Robert Lukas

(50): Joshua Webster - (49): Nick Yelloly

Müller was first across the line in his home race, but a time penalty for a track limit infringement in the early stages of the race saw him dropped to second behind Cairoli in the official results. Jeffrey Schmidt, 22, was classified third after making up the position on Lukas at the start. Behind the Pole, Germans Christian Engelhart and Michael Amermüller rounded out the top six in their home race.

The action continued at Spa-Francorchamps at the end of August. Müller initially led the race on the most demanding of circuits. However, when the Lechner driver made a slight mistake on lap three, Jaminet was there to take the lead. The 21-year-old Frenchman went on to drive a faultless race and took his first Supercup race win. Müller and MRS driver Engelhart were classified second and third with Cairoli just missing out on a podium finish in fourth.

Monza was the venue for the eighth round. In his home race, Cairoli wanted to get his title bid back on course. He targeted the maximum score and that is what he achieved. Having started from pole position, he was unfazed by two safety car interventions and finished the race with a margin of half a second over second-placed Michael Ammermüller. Guest driver Mattia Drudi finished third, making it two Italians on the podium on home soil. Cairoli also benefited from a mistake by Sven Müller at the second restart. An attack on Ammermüller went wrong and Müller lost two places. He still recovered to finish fourth. For Martinet by Almeras driver Mathieu Jaminet, seventh place was enough to seal the rookie title with two races to spare.

Charlie Frijns

Dylan Pereira

The season finale was a double-header at Austin, Texas, and that brought plenty of drama. Prior to the event, Müller was only two points ahead of Cairoli and the pressure was on both of the young drivers. Boosted by his rookie title, Jaminet claimed pole position for both races. In the first race, however, Cairoli outbraked him at the first corner after the start. Later, Jaminet had to defend his position from a charging Müller, which allowed Cairoli to pull clear. On lap nine, however, the Italian's car suddenly came to a halt due to a technical issue. Jaminet inherited first place and scored his second win of the season. Müller, who had worked his way up from sixth on the grid to finish second, was now 20 points ahead of his rival. Thus, he only needed one point to seal the 2016 Porsche Supercup title.

For Cairoli, it was clear that he needed to win the final race. Accordingly, he put Jaminet under pressure throughout, but

Paul Rees

Daniele di Amato

Mathieu Jaminet

Michael Ammermüller

Andreas Leberle

heimische an der Siegerehrung teilnehmen durften, der 18-jährige Vize-Champion des Carrera Cup Italia 2015 eroberte im königlichen Park von Monza Platz drei. Dass Drudi überhaupt Dritter wurde, hatte er auch einem Fehler von Sven Müller zu verdanken. Beim Restart nach dem zweiten Safety-Car-Einsatz attackierte er seinen Landsmann Ammermüller, doch der Angriff misslang und er verlor zwei Positionen. Eine konnte er sich im Laufe der insgesamt 14 Rennrunden wiederholen und erreichte das Zieltuch so als Vierter. Drei Ränge hinter Müller wurde Mathieu Jaminet abgewinkt. Für den Fahrer des Teams Martinet by Almeras reichte dies, um sich schon zwei Läufe vor Saisonschluss die Krone des besten Rookies 2016 aufzusetzen.

Das Finale wurde mit einem Doppellauf in Austin ausgetragen und es war an Dramatik kaum zu überbieten. Müller reiste mit einem Vorteil von gerade einmal zwei Zählern auf Cairoli nach Texas, es war also noch alles offen. Zunächst aber schien der vorzeitige Rookie-Titel den Franzosen Jaminet zu beflügeln, denn er angelte sich die Pole Position für beide Rennen. Im ersten Lauf des Finalwochenendes konnte er diese allerdings nicht nutzen und ließ sich bereits in der ersten Kurve von Cairoli ausbremsen. In der Folge musste er seinen zweiten Platz gegen einen drängelnden Müller verteidigen, was Leader Cairoli nutzte, um sich mehr und mehr vom Feld abzusetzen. Doch in Umlauf neun rollte der Italiener plötzlich aus, ohne Vortrieb musste die traurige Speerspitze des Teams Fach Auto Tech vorzeitig aufgeben. Platz eins erbte Jaminet, der seinen zweiten Sieg in dieser Saison feiern durfte. Müller, der sich vom sechsten Startplatz bis auf Rang zwei vorarbeitete, hatte nun 20 Punkte Vorsprung auf seinen Rivalen um den Titel. Somit reichte ihm selbst bei einem Triumph seines Kontrahenten ein einziger Punkt aus, um den Porsche Supercup 2016 zu gewinnen.

(10): Pepe Massot - (12): Dylan Pereira

Für Cairoli war also klar, er musste den Abschlusslauf gewinnen. Dementsprechend setzte er seinen Vordermann Jaminet auch das gesamte Rennen lang unter Druck. Doch der beste Neuling des Jahres ließ sich in keinen Fehler zwingen und wurde mit seinem dritten Saisontriumph belohnt. Damit war der Kampf um den Titel unabhängig vom Resultat des Sven Müller zugunsten des Deutschen entschieden. Müllers Lechner-Teamkollege Jeffrey Schmidt beendet seine Saison mit einem dritten Rang hinter den beiden von Porsche geförderten Junioren Jaminet und Cairoli. Robert Lukas, Michael Ammermüller, Christian Engelhart und der schnelle US-Gaststarter Alec Udell klassierten sich ebenfalls noch vor dem neuen Champion Sven Müller, der gut mit seinem achten Platz leben konnte. Schließlich holte sich der ehrgeizigen Rennfahrer in den USA bereits seinen zweiten Titel, nachdem er zwei Wochen zuvor schon im Porsche Carrera Cup Deutschland siegreich war. Außerdem gewann er zusammen mit seinen Teamkollegen Michael Ammermüller und Charlie Frijns für Lechner MSG Racing auch die Teamwertung.

the rookie of the year resisted and claimed his third win of the season. Thus, Sven Müller was certain of the title, irrespective of his race result. Müller's Lechner team-mate Jeffrey Schmidt concluded his season with a third-place finish behind the two Porsche-backed junior drivers Jaminet and Cairoli. Robert Lukas, Michael Ammermüller, Christian Engelhart and US guest driver Alec Udell were also classified ahead of the new champion Sven Müller, who was still more than happy with eighth place. After all, the ambitious driver had secured his second title, having claimed the Porsche Carrera Cup Deutschland crown a fortnight earlier. Moreover, together with team-mates Michael Ammermüller and Charlie Frijns, he secured the teams' title for Lechner MSG Racing.

Zaid Ashkanani

Jeffrey Schmidt

(7): Matteo Cairoli · (2): Sven Müller

Dylan Pereira

(l.-r.): Sven Müller, Mathieu Jaminet, Matteo Cairoli

Mobil 1 Supercup

Driver Standings

POS	NO	DRIVER	NAT	TEAM	POINTS
1	2	Sven Müller	GER	Lechner MSG Racing Team	163
2	7	Matteo Cairoli	ITA	FACH AUTO TECH	151
3	22	Mathieu Jaminet	FRA	Martinet by Almeras	146
4	1	Michael Ammermüller	GER	Lechner MSG Racing Team	129
5	5	Robert Lukas	POL	FÖRCH Racing by Lukas Motorsport	118
6	19	Jeffrey Schmidt	SUI	Lechner Racing Middle East	114
7	14	Christian Engelhart	GER	MRS GT-Racing	70
8	6	Philipp Frommenwiler	SUI	FACH AUTO TECH	68
9	18	Steven Palette	FRA	Martinet by Almeras	58
10	20	Zaid Ashkanani	KUW	Lechner Racing Middle East	53
11	8	Ryan Cullen	GBR	Lechner Racing Middle East	46
12	10	Ben Barker	GBR	MOMO-Megatron Team PARTRAX	43
13	12	Dylan Pereira	LUX	MOMO-Megatron Team PARTRAX	36
14	15	Roar Lindland	NOR	MRS GT-Racing	34
15	11	Paul Rees	GBR	MOMO-Megatron Team PARTRAX	28
16	4	Patrick Eisemann	GER	FÖRCH Racing by Lukas Motorsport	21
17	10	Pepe Massot	ESP	MOMO-Megatron Team PARTRAX	14
18	14	Dennis Olsen	NOR	MRS GT-Racing	10
19	21	Thomas Laurent	FRA	Martinet by Almeras	7
20	16	John Wartique	BEL	MRS Cup-Racing	7
21	10	Jaap van Lagen	NED	MOMO-Megatron Team PARTRAX	6
22	10	Sean Hudspeth	SIN	MOMO-Megatron Team PARTRAX	6
23	9	Christopher Bauer	GER	FÖRCH Racing	6
24	23	Mikkel O. Pedersen	DEN	MRS GT-Racing	4
25	23	John Wartique*	BEL	MRS GT-Racing	4
26	21	Glauco Solieri	SUI	Martinet by Almeras	4
27	17	Christof Langer	GER	MRS Cup-Racing	2
28	3	Santiago Creel	MEX	FÖRCH Racing	2
29	16	Victor M. Jiménez Garcia	ESP	MRS Cup-Racing	0

APP-TECH Rookie Classification

POS	NO	DRIVER	NAT	TEAM	POINTS
1	22	Mathieu Jaminet	FRA	Martinet by Almeras	146
2	18	Steven Palette	FRA	Martinet by Almeras	58
3	20	Zaid Ashkanani	KUW	Lechner Racing Middle East	53
4	8	Ryan Cullen	GBR	Lechner Racing Middle East	46
5	12	Dylan Perreira	LUX	MOMO-Megatron Team PARTRAX	36
6	21	Thomas Laurent	FRA	Martinet by Alméras	7
7	23	Mikkel O. Pedersen	DEN	MRS Cup-Racing	4

Oliver Schwab

(18): Steven Palette - (37): Mattia Drudi

Team Standings

POS	TEAM	POINTS
1	Lechner MSG Racing Team	293
2	FACH AUTO TECH	221
3	Martinet by Almeras	210
4	Lechner Racing Middle East	172
5	FÖRCH Racing by Lukas Motorsport	150
6	MRS GT-Racing	124
7	MOMO-Megatron Team PARTRAX	108
8	FÖRCH Racing	30
9	MRS Cup-Racing	26

Matteo Cairoli

CARRERA CUP

CARRERA CUP DEUTSCHLAND

PORSCHE

CARRERA CUP DEUTSCHLAND

Porsche-Junior Sven Müller war der dominierende Mann im Porsche Carrera Cup Deutschland, machte die Titelentscheidung am Ende aber doch noch spannend.

Christian Engelhart

🇩🇪 Der Porsche Carrera Cup Deutschland 2016 begann in Oschersleben, dort bestritt man im Rahmen des ADAC GT Masters die ersten beiden Rennen des Jahres. Für Christian Engelhart sollte die Saison gleich mit einer Doppelbelastung anfangen, denn der Schützling des Teams MRS GT-Racing nahm parallel auch am GT Masters teil. Im ersten Durchgang des Carrera Cup raubte ihm ein Verbremser noch alle Chancen auf die Teilnahme an der Siegerehrung, im zweiten Heat hingegen schaffte der 29-Jährige als Zweiter den Sprung auf das Treppchen. Seinen Meister fand er in Sven Müller, der sich für 2016 der Mannschaft Konrad Motorsport angeschlossen hat. Der Porsche-Junior musste in der Magdeburger Börde ohne seinen Renningenieur auskommen, siegte aber trotzdem in beiden Durchgängen und durfte sich erster Tabellenführer des Jahres nennen. Neben Müller wusste auch der neue Porsche-Junior Dennis Olsen zu gefallen. Der 20-jährige Norweger, der nach drei Jahren in der Formel Renault 2.0 in den Carrera Cup wechselte und dort in den Farben von Lechner Huber Racing startete, sicherte sich einmal Platz zwei und einmal Rang drei. Und auch Nick Foster vom Team75, zweiter Neuling im Feld und zu diesem Zeitpunkt amtierender Champion des Carrera Cup Australia, stieg mit einem Podestplatz in seine erste Saison im deutschen Cup ein. David Kolkmann, Rookie im Team Project 1, konnte mit Platz fünf hinter Konrad-Mann Luca Rettenbacher seinen ersten Achtungserfolg verbuchen.

Es folgte die Reise zum Hockenheimring, der Heimstrecke des Bingeners Müller. Doch auch die Kombination Engelhart und MSR Racing hatte in der Vergangenheit immer wieder unterstrichen, dass sie besonders gerne im badischen Motodrom fährt. Mit beiden Pole Positions wollte Engelhart auch keinen Zweifel daran aufkommen lassen. Doch der Bayer aus Kösching ließ sich in beiden Durchgängen bereits am Start über-

The 2016 Porsche Carrera Cup Deutschland season got underway during the ADAC GT Masters weekend at Oschersleben. Racing for Konrad Motorsport, Porsche junior driver Sven Müller won both races, although his engineer was absent at Oschersleben. With a second and a third place, the new Porsche junior driver Dennis Olsen showed a strong performance as well. After three years in Formula Renault, the Norwegian had made the step to Porsche. Nick Foster, the second novice in the field and a graduate from the Carrera Cup Australia, in which he won the title in 2015, also started his season with a podium finish. Christian Engelhart, who pulled double duty by racing in both the Carrera Cup and the ADAC GT Masters, finished second in race two.

The next venue was the Hockenheimring, Müller's home track, but also a venue where Engelhart and MRS Racing had been strong in the past. With pole positions for both races, Engelhart wanted to make his ambitions clear. However, in both races, he was pipped at the start and had to make do with a pair of second places. Due to a malfunction of the starting lights, a flag was used to start the race. For Müller, this seemed to be less irritating than for Engelhart and Müller safely drove to victory. Jeffrey Schmidt took the spoils in the second race in the same way as Müller had the day before, pipping Engelhart at the start.

Action continued at the Red Bull Ring and in Styria, Engelhart took his first winner's trophy of the season. In the first race, he benefited from a rare mistake by pole-sitter Müller, who lined up outside his starting grid box and incurred a drive-through penalty. Engelhart inherited the lead and won from Matteo Cairoli and Jeffrey Schmidt. Müller made up for his mishap in the second race and won from Engelhart and Lua Rettenbacher, who scored his maiden podium finish. The Austrian originally was fourth across the line, but benefited from a 10-second time penalty for Cairoli, whose car had slightly moved on the starting grid. Schmidt, who had finished sixth, was excluded for unsporting behaviour on the cooling down lap.

The first half of the season came to an end at the Lausitzring at the beginning of June. Müller continued his strong performance with a pair of wins. After eight races, he already had scored six victories, although he was only eight points clear of second-placed Engelhart. The MRS driver scored a second and a fourth place at Lausitz. Australian Nick Foster stood on the podium after both races, scoring a pair of third places for his Team75 Bernhard, led by father-and-son Rüdiger and Timo Bernhard, and team-manager Klaus Graf.

Porsche Carrera Cup Deutschland

15.04. - 17.04.2016	Oschersleben, GER
06.05. - 08.05.2016	Hockenheimring, GER
20.05 - 22.05.2016	Red Bull Ring, AUT
03.06. - 05.06.2016	Lausitzring, GER
24.06. - 26.06.2016	Norisring, GER
15.07. - 17.07.2016	Zandvoort, NED
09.09. - 11.09.2016	Nürburgring, GER
14.10. - 16.10.2016	Hockenheimring, GER

The second half of the season started at the Norisring. Both races saw Müller win from Olsen and Engelhart. With his two top-three finishes at a track previously unknown to him, novice Olsen made it clear once more that he had adapted to the Porsche Cup car very well. As a result, he was on op of the rookie standings, but had to deal with strong rivals. David Kolkmann, who formed the Project 1 duo together with Briton Nick Yelloly, made this clear in Nuremberg, moving up from twelfth on the grid to fourth. He eventually finished seventh after clipping the wall.

Start at Zandvoort

(1): David Kolkmann - (2): Nicholas Yelloly

rumpeln und musste sich jeweils mit dem zweiten Rang zufrieden geben. Das erste Rennen wurde wegen einer defekten Startampel mit einer Flagge freigegeben, was Müller scheinbar weniger irritierte als Engelhart. Er brachte seine am Start errungene Führung letztendlich sicher ins Ziel. Im zweiten Heat siegte Jeffrey Schmidt, der in Oschersleben noch eine Disqualifikation hinnehmen musste, weil er die schwarze Flagge missachtete. Wie Müller tags zuvor, überholte er Engelhart schon am Start und freute sich nach Rang drei im ersten Durchgang über seinen ersten Saisonerfolg. Weiter ging es zum Red Bull Ring und in der Steiermark sollte Engelhart seinen ersten Siegerpokal in dieser Saison in Empfang nehmen. Dabei profitierte er im ersten Lauf von einem seltenen Fehler von Pole-Setter Müller, der in der Startaufstellung rund einen Meter vor seiner auf den Asphalt gezeichneten Startbox stand. Die Folge war eine Durchfahrtsstrafe, die den zu diesem Zeitpunkt führenden Konrad-Piloten ans Ende des Feldes warf. Engelhart erbte die Spitze und gewann vor Matteo Cairoli und Jeffrey Schmidt. Im zweiten Heat des Wochenendes revanchierte sich Müller und triumphierte vor Engelhart, seinem in dieser Phase ersten Verfolger in der Gesamtwertung. Als Dritter durfte Rettenbacher seinen ersten Podestplatz im Porsche Carrera Cup bejubeln. Der Österreicher sah die Zielflagge zwar nur als Vierter, aber eine 10-Sekunden-Strafe gegen den zunächst zweitplatzierten Cairoli brachte den 21-Jährigen auf den dritten Rang. Dem ein Jahr jüngeren Italiener wurde zur Last gelegt, dass er in der Startaufstellung leicht zurückrollte. Noch schlechter lief es für Schmidt, der die Ziellinie als Sechster erreichte. Der 22 Jahre alte Schweizer in Diensten von Lechner Huber Racing wurde wegen unsportlichen Verhaltens in der Auslaufrunde aus der Wertung genommen.

Anfang Juni auf dem Lausitzring wurde die erste Saisonhälfte abgeschlossen und Sven Müller zeigte sich mit einem Doppelsieg weiterhin in guter Form. Nach acht Läufen hatte er bereits sechs Triumphe auf seinem Konto und durfte sich inoffizieller Halbzeitchampion nennen. Aber auch wenn der 24-Jährige den ersten Platz der Gesamtwertung inne hatte, konnte er sich keinesfalls ausruhen, denn sein Vorsprung auf seinen ersten Jäger Christian Engelhart betrug gerade einmal acht Zähler. Der MRS-Pilot reiste mit den Rängen zwei und vier im Gepäck aus der Lausitz ins heimische Bayern zurück. Sogar zweimal auf das Podium klettern durfte der Australier Nick Foster, der seinem Team75 um Le-Mans-Sieger Timo Bernhard und Teammanager Klaus Graf zweimal Rang drei bescherte.

Der Start in die zweite Hälfte der Saison erfolgte beim Saisonhighlight auf dem Norisring und in beiden Läufen gewann Müller vor Olsen und Engelhart. Mit seinen Top-3-Zielankünften Nummer sechs und sieben auf einer für ihn bisher unbekannten Strecke bestätigte vor allem Neuling Dennis Olsen einmal mehr, dass er sich sehr gut auf den Cup-Porsche eingestellt hat. Als Belohnung hatte er in der Rookie-Wertung die Nase vorn. Doch er durfte nicht nachlassen, wenn er im Klassement für die Porsche-Neulinge auch am Ende der Saison noch Rang eins belegen wollte. Das machte in Nürnberg vor allem Rookie-Rivale David Kolkmann klar. Der ehemalige Formel-4-Starter bildete zusammen mit dem Briten Nick Yelloly das Project-1-Duo, mit dem Teamchef Hans-Bernd Kamps ein besonderes Ziel verfolgte. Er wollte zeigen, dass es möglich ist, Porsche-Neulinge ohne GT-Erfahrung innerhalb kürzester Zeit an die erweiterter Spitze des Carrera Cup zu führen. Kolkmann zeigte auf dem Norisring gute Ansätze,

Christian Engelhart

Nick Yelloly and
David Kolkmann

David Kolkmann

Jeffrey Schmidt

Drivers of Porsche Carrera Cup Deutschland

(15): Ricardo Flores - (6): Ryan Cullen - (13): Wolfgang Triller

(l.-r.): David Kolkmann, Hans-Bernd Kamps, Nick Yelloly

(2): Nicholas Yelloly · (34): Robert Lukas

(l.-r.): Christian Engelhart, Jeffrey Schmidt, Dennis Olsen

Nick Foster

kletterte nach einer starken Anfangsphase vom zwölften Startplatz bis auf Rang vier nach vorne und wehrte sich lange gegen Routinier Engelhart. Nachdem der 19-Jährige im folgenden Duell mit Schmidt die Mauer touchierte, versuchte er nur noch, seinen Renner sicher ins Ziel zu bringen. Dies schaffte er letztendlich als Siebter.

In Zandvoort war Müller wiederum nicht zu schlagen. Dabei waren beide Rennen auf der in die Nordseedünen eingebetteten Rennstrecke aus Müllers Sicht sehr ähnlich: Am Start setzte er sich jeweils gegen den von der Pole Position losgefahrenen Schmidt durch und hielt den Mann von Lechner Huber Racing beide Male knapp hinter sich. Als Dritter klassierte sich in beiden Heats Engelhart, der in der Gesamtwertung nun einen Rückstand von 24 Punkten auf Müller hatte. Einen Schritt weiter war bereits Wolfgang Triller, er sicherte sich in Zandvoort vorzeitig den Titel in der für Amateure ausgeschriebenen B-Wertung. Damit sorgte der 48-jährige Bayer gleichzeitig für den ersten Titelgewinn seines erst in diesem Jahr neu aufgestellten Teams Lechner Huber Racing. Anfang September auf dem Nürburgring ging es in die entscheidende Phase des Porsche Carrera Cup Deutschland. Doch kurz vor dem Gastspiel in der Eifel trennten sich die Wege von Foster und Team75, was die Mannschaft aus dem Saarland zum Anlass nahm, Michael Ammermüller einen Start zu ermöglichen. Ohne vorherige gemeinsame Testfahrten fand man gleich eine gute Basis und Ammermüller stellte seinen 911er auf die Startplätze eins und zwei. Noch besser machte es der 30-jährige Cup-Routinier dann in den folgenden Rennen, die er beide gewann. Es waren die ersten Saisonsiege für seine Mannschaft Team75, die in diesem Jahr außerdem auf Rookie Marek Böckmann vertraute. Für Müller hingegen gab es auf dem Nürburgring keinen Grund zum Feiern. Dem Tabellenführer, der ursprünglich beide Pole Positions holte, wurden nach dem Qualifying alle Zeiten gestrichen, weil sein Auto zu leicht war. Aus der letzten Startreihe machte er das Beste aus seiner Situation und angelte sich mit den Positionen acht und sechs immerhin ein paar Punkte. Aber auch Engelhart hatte kein problemfreies Wochenende und konnte somit nicht von den Sorgen des

Robert Lukas

Müller again proved to be unbeatable at Zandvoort. From his perspective, both races at the circuit in the dunes on the North Sea coast were similar: at the start, he pipped Schmidt, who was on pole for both races, and then managed to keep the Lechner Huber Racing driver at bay throughout the distance. In both races, Engelhart came third. Wolfgang Triller already sealed the title in the B standings for amateur drivers. Thus, the 48-year-old Bavarian secured the maiden title win for the Lechner Huber Racing team following its new formation for this year.

The competition entered its decisive stage at the Nürburgring in early September. Just before the Eifel round, Foster and Team75 split up, after which the team decided to let Michael Ammermüller race. Without any previous testing, a good set up was found straight away and Ammermüller put his Porsche in first and second place on the grid for the two races. In competition, he did even better as he managed to win both rac-

es. For the Team75, also running rookie driver Marek Böckmann, these were the first two wins of the season. Müller, on the other hand, had no reason to celebrate at the Nürburgring. Originally, he was on pole for both races, but had his times taken away as his car was found to be underweight. From the back of the grid, he still scored a few points with eighth and sixth place. Third for Nick Yelloly in race 1 was the first podium finish of the year for Hans-Bernd Kamps's Project 1 team. Foster also scored a podium finish in the first outing with his new team Konrad Motorsport. Dennis Olsen secured the rookie title.

The season finale took place at the Hockenheimring in mid-October. Prior to the finale, favourite Sven Müller was twelve points clear of Engelhart. In the first race, everything still went well for Müller, who finished second behind Schmidt and ahead of Engelhart. Thus, he had a 14-point margin before the deciding second and final race. In the duel

Sven Müller

Team Lechner Huber Racing

Sven Müller profitieren. Nach Platz zwei im ersten Durchgang musste er sich wegen technischer Probleme an seinem Porsche in Heat zwei mit Rang fünf zufrieden geben. Freude herrschte hingegen im Zelt von Project 1, die Truppe um Hans-Bernd Kamps feierte ihren ersten Podestplatz des Jahres. Der 25 Jahre alte Brite Nick Yelloly kreuzte mit seinem gelben Renner im ersten Lauf auf Position drei die Ziellinie. Und auch der ein Jahr jüngere Foster konnte bei seinem ersten Start mit seinem neuen Team Konrad Motorsport einen Podiumsrang bejubeln. Noch lauter war der Jubel nur bei Dennis Olsen, der sich vorzeitig den Titel des besten Rookies sicherte. Lechner Huber Racing durfte vor Ende der Saison also bereits den zweiten Titelgewinn feiern.

Mitte Oktober stieg das Finale auf dem Hockenheimring und Favorit Sven Müller reiste mit einem Vorsprung von zwölf Zählern auf Christian Engelhart an. Im ersten Heat lief noch alles glatt für Porsche-Junior Müller, er belegte hinter Schmidt und vor Engelhart den zweiten Platz. Damit hatte er vor dem entscheidenden Lauf einen Vorteil von 14 Punkten auf seinen ersten Verfolger. Und doch sollte es noch einmal spannend

werden. Im Duell mit Schmidt um die Spitzenposition gab es eine Berührung der beiden Rivalen. Die Rennleitung gab Müller die Schuld an der Kollision, die das Ende von Schmidt Rennen bedeutete und bat ihn zu einer Durchfahrtsstrafe. Während sein Titelkontrahent Engelhart letztendlich einem sicheren Sieg entgegenfuhr, musste Müller sich zunächst auf Platz 13 einreihen. Aber der Konrad-Fahrer blieb auch in dieser schwierigen Situation ruhig, arbeitete sich wieder bis auf den fünften Rang nach vorne und sicherte sich so den ersten Titelgewinn in seiner Karriere. Außerdem setzte sich die Konrad-Mannschaft, für die in dieser Saison neben Müller auch Ryan Cullen, Nick Foster, Luca Rettenbacher, Roland van de Laar und Philipp Sager – teils nur für ein Rennen – starteten, in der Teamwertung äußerst knapp gegen Lechner Huber Racing durch. Am Ende hatte das deutsche Team des Österreichers Franz Konrad gerade einmal acht Punkte mehr gesammelt als die österreichische Truppe, in der in diesem Jahr erstmals Christoph Huber als Teamchef fungierte.

Nick Foster

Vom GT-Neuling aufs Podium innerhalb einer Saison

Das Fast Track Racing Center gratuliert dem Rookie Team Deutsche Post by Project 1 zu der erfolgreichen Saison 2016 im Porsche Carrera Cup Deutschland!

Nach der Rekord-Saison 2015, in der das Team fünf von sechs möglichen Titeln in den Porsche Cups geholt hat, hat es sich in diesem Jahr an eine neue Herausforderung gewagt: Es wollte beweisen, dass es mit der richtigen Ausbildung absolute Rookies im GT-Sport aufs Podium bringen kann — und das innerhalb kürzester Zeit.

Die Project-1-Piloten Nick Yelloly und David Kolkmann saßen Anfang des Jahres 2016 zum ersten Mal in ihrem Leben in einem GT-Fahrzeug. Ab diesem Zeitpunkt wurden sie vom Fast Track Racing Center intensiv ausgebildet. Zum Programm gehörte die Stärkung folgender Komponenten:

- körperliche Fitness
- mentale Stärke
- technisches Wissen
- praktische Erfahrung
- Fahrstil

Diese Kombination und die Zusammenarbeit mit renommierten Sportmedizinern, Mental-Coaches und Ingenieuren ist das Erfolgsrezept des Fast Track Racing Centers. Mit dieser Hilfe konnte Project 1 sein Versprechen am siebten Rennwochenende wahrmachen und hat es mit Nick Yelloly aufs Podium geschafft.

optimized to win

www.ftrc.de

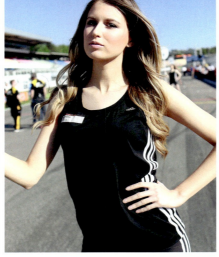

VINTAGE DESIGN

Original Magnesium Felgendesign mit gefräßtem Stern aus Aluminium. Gefertigt von BBS nach modernsten Standards und von uns individuell abgestimmt auf Ihren Porsche 964, 964 RS, 964 Cup, 993 C2, 993 C4 oder 993 RS.

Exklusiv nur bei

fischertechnic
BBS *rennsportfelgen*

www.fischertechnic.com

Porsche Carrera Cup Deutschland

Driver Standings A

POS	NO	DRIVER	NAT	TEAM	POINTS
1	7	Sven Müller	GER	Konrad Motorsport	271
2	14	Christian Engelhart	GER	MRS GT-Racing	263
3	21	Dennis Olsen	NOR	Team Lechner Huber Racing	218
4	10	Jeffrey Schmidt	SUI	Team Huber Lechner Racing	192
5	17	Nick Foster	AUS	Konrad Motorsport	186
6	2	Nicholas Yelloly	GBR	Rookie Team Deutsche Post by Project 1	161
7	1	David Kolkmann	GER	Rookie Team Deutsche Post by Project 1	154
8	8	Luca Rettenbacher	AUT	Konrad Motorsport	153
9	18	Marek Böckmann	GER	KÜS Team75 Bernhard	103
10	6	Ryan Cullen	GBR	Konrad Motorsport	91
11	17	Michael Ammermüller	GER	KÜS Team75 Bernhard	40
12	17	Matteo Cairoli	ITA	KÜS Team75 Bernhard	28
13	15	Dylan Pereira	LUX	MRS GT-Racing	13

Driver Standings B

POS	NO	DRIVER	NAT	TEAM	POINTS
1	13	Wolfgang Triller	GER	Team Huber Lechner Racing	310
2	9	Wolf Nathan	NED	Team Huber Lechner Racing	234
3	15	Ricardo Flores Ramirez	PER	MRS GT-Racing	156
4	15	Siegfried Venema	GER	MRS GT-Racing	34

Team Standings

POS	TEAM	POINTS
1	Konrad Motorsport	419
2	Team Lechner Huber Racing	411
3	MRS GT-Racing	342
4	KÜS Team75 Bernhard	320
5	Rookie Team Deutsche Post Projekt1	319
6	Team Huber Lechner Racing	191

for the lead, Schmidt and Müller collided. Müller was blamed and was called in for a drive-through penalty. While his rival Engelhart drove an undisputed victory home, Müller rejoined the race in 13th place, but then steadily worked his way up to fifth, enough to secure the first title of his career. Moreover, Konrad Motorsport, which also ran cars for Ryan Cullen, Nick Foster, Luca Rettenbacher, Ronald van de Laar and Philipp Sager won the teams' title, beating Lechner Huber Racing by the tiny margin of eight points.

Sven Müller

CARRERA CUP FRANCE

PORSCHE
CARRERA CUP FRANCE

École d'excellence

Vincent Beltoise

🇩🇪 Für Mathieu Jaminet verlief die Saison 2016 nahezu optimal: Von zwölf Rennen im Porsche Carrera Cup France gewann er elf, nur einmal war mit dem italienischen Porsche-Junior Matteo Cairoli ein nicht punkteberechtigter Gastfahrer schneller. Diese überzeugende Leistung brachte ihm den Titel in seinem heimischen Carrera Cup.

Der Porsche Carrera Cup France machte 2016 Station in Barcelona, in Spa-Francorchamps, in Zandvoort, in Imola, in Le Mans und zum Finale in Le Castellet. Doch wo auch immer die Serie auftrat, Porsche-Junior Mathieu Jaminet war der Mann, den es zu schlagen galt. Und auch im Porsche Mobil 1 Supercup, der im Rahmen der Formel 1 ausgetragen wurde, konnte er mit insgesamt sechs Podestplätzen sein Talent zeigen. Im internationalen Cup sicherte er sich nach zwei Siegen beim Saisonfinale in Austin den Pokal für den besten Neuling des Jahres.

Die Leistung des für das Team Martinet by Ameras startenden Nachwuchsrennfahrers animierte auch seine Rivalen aus dem französischen Cup, sich immer weiter zu verbessern. Vize-Champion Joffrey de Narda entwickelte sich beispielsweise zu einem Muster an Konstanz, die Speerspitze der Mannschaft Sébastien Loeb Racing angelte sich neun Podestplätze. Als Belohnung wurde der 21-Jährige vom Carrera Cup France für die internationale Porsche-Juniorsichtung ausgewählt und durfte für 2017 auf eine Förderung hoffen, wie sie in diesem Jahr bereits Mathieu Jaminet erhielt.

Doch de Narda war nicht der einzige, der Jaminet herausforderte, auch vier junge Rookies stellten sich dem französischen Wettbewerb über zwölf Läufe: Alexandre Jouannem vom Team Tsunami RT, Thomas Laurent aus der Mannschaft Martinet by Almeras, Julien Andlauer von Saintéloc und Florian Latorre aus der Equipe des mehrfachen Rallye-Weltmeisters Sébastien Loeb beweisen in dieser Saison, dass sie ebenfalls gut mit

Mathieu Jaminet

Pierre Piron

Joffrey de Narda

Porsche Carrera Cup France

22.04. - 24.04.2016	Barcelona, ESP
05.07. - 07.07.2016	Spa-Francorchamps, BEL
25.06. - 26.06.2016	Zandvoort, NED
09.09. - 11.09.2016	Le Mans, FRA
30.09. - 02.10.2016	Imola, ITA
28.10. - 30.10.2016	Le Castellet, FRA

🇬🇧 As he stepped down from the Paul Ricard podium in his race suit bearing the Porsche Motorsport Junior Programme logo and arms overflowing with trophies, Mathieu Jaminet knew he had achieved everything that could have been expected of him in 2016. From 12 starts in the Porsche Carrera Cup France, he claimed an astonishing clean sweep of victories and pole positions and no fewer than ten fastest laps Wherever the championship travelled, one man stood head and shoulders above the opposition. Taking full advantage of the programme created by Porsche to foster the development of promising young drivers, Mathieu Jaminet lapped up the testing miles – and the victories. Untouchable on home turf, he similarly excelled on international appearances in the Porsche Mobil 1 Supercup. In Formula 1's grands prix curtain-raisers, the Martinet by Almeras ace scored six podium finishes, three pole positions, three fastest laps and the Rookie of the Year title. The final four outings yielded his breakthrough success and two further triumphs, cementing his status as the driver to beat over the second half of the season.

Those results were the product of a relentless work ethic. After narrowly missing out on the Porsche Carrera Cup France laurels to Maxime Jousse at the end of his rookie year in the category, Jaminet elected to join the Martinet by Almeras outfit for a busy 22-race campaign behind the wheel of the Porsche 911 GT3 Cup. Sascha Maassen – his mentor on the Porsche Motorsport Junior Programme – his team manager Philippe Almeras and his engineer Benjamin Floch all played a part in Jaminet's path towards the top of the podium.

dem Porsche 911 GT3 Cup zurechtkamen. Der erst 19 Jahre alte Latorre eroberte vor dem zwei Jahre jüngeren Andlauer und dem 18-jährigen Laurent den Titel des besten Rookies des Jahres und kletterte in der Fahrerwertung bis auf den dritten Rang nach vorne. Der 22-jährige Jouannem, letztendlich Vierter der Rookie-Klasse, verhinderte, dass Champion Jaminet in allen Rennen die schnellste Rennrunde an sich riss. Andlauer und Laurent reihten sich in der Fahrerwertung schließlich auf den Positionen fünf und sechs hinter dem 26-jährigen Vincent Beltoise ein.

In der internen Gentleman-Wertung schickte Sébastien Loeb Racing ebenfalls heiße Eisen ins Feuer. Christophe Lapierre und Roar Lindland stritten sich schon in Vorjahr um den Sieg in der B-Wertung, die in diesem Jahr zum vierten Mal innerhalb der vergangenen fünf Jahre an die 51 Jahre alten Franzosen ging. Zwar gewann der 39-jährige Norweger Lindland beim Saisonauftakt in Barcelona beide Läufe und auch in Spa-Francorchamps ging noch ein Rennen auf sein Konto, doch dann drehte Lapierre auf. In Zandvoort und Le Mans reihte er vier Triumphe aneinander und auch der ähnlich erfolgreiche Endspurt von Nicolas Misslin konnte ihn nicht mehr bremsen. Der 34-Jährige aus Marseille schob sich durch seine vier Erfolge in Imola und Le Castellet immerhin noch auf den zweiten Platz der Abschlusstabelle nach vorne, er hatte am Ende des Jahres einen Vorsprung von zwei Zählern auf den drittplatzierten Lindland. Der Ukrainer Olexander Gaïdaï sowie die beiden Belgier Pierre Piron und Wim Meulders beendeten die Saison auf den Positionen vier bis sechs der B-Wertung.

In der Teamwertung setzte sich letztendlich die Mannschaft Martinet by Almeras durch und verwies Sébastien Loeb Racing, Saintéloc und Tsunami RT auf die Ränge zwei bis vier.

Denis Papin

(11): Roar Lindland - (14): Koen Wauters - (911): Christophe Lapierre

Start at Spa-Francorchamps

As the season progressed, only Matteo Cairoli succeeded in beating him – at Spa-Fran-corchamps in Belgium – and even then, he was not eligible to score points. Jaminet duly ascended the highest step on the rostrum once more.

Eventual runner-up Joffrey de Narda was a particular stand-out performer and, al-though he did not win a race, the Sébastien Loeb Racing driver was the model of consistency as he reached the podium on nine occasions out of 12. Although not quite hitting the same lofty heights as Jaminet, de Narda nonetheless dug deep and pro-duced strong performances at all six rounds on the 2016 Porsche Carrera Cup France calendar. His autumn selection to compete for a place on the Porsche Motorsport Junior Programme was just reward for his sterling effort and excellent results.

De Narda, however, was not the only thorn in Jaminet's side this year, with Vincent Beltoise and Saintéloc rapidly getting to grips with the Porsche 911 GT3 Cup car and several young stars also emerging in the series. Having sprung to attention during the Porsche Carrera Cup France Junior Programme scouting campaign, Alexandre Jouan-nem (Tsunami RT), Thomas Laurent (Martinet by Almeras), Julien Andlauer (Saintéloc) and Florian Latorre (Sébastien Loeb Racing) all similarly left their mark. Just as he had done the previous autumn, Latorre prevailed in this extremely high-calibre contest as the 19-year-old – already named Espoir Porsche Carrera Cup France – secured the Rookie spoils.

Alexandre Jouannem

(22): Sylvain Noel - (12): Jörn Schmidt-Staade
(17): Jürgen Van Hover

Florian Latorre

Mathieu Jaminet and Team

Roland Bervillé

Nicolas Misslin

This 'awesome foursome' wasted no time in making names for themselves, with Latorre finishing a superb third in the overall standings, Jouannem proving to be one of only two drivers to deny Jaminet a full house of fastest laps and 17-year-old Andlauer frequently staking his claim to be the champion's closest rival on pace. All four got a handle on the Porsche 911 GT3 Cup car impressively quickly, allowing them to regularly give Jaminet a run for his money. With a season's learning under their belts, they will doubtless be title protagonists in 2017 should they return.

They will also have the opportunity to continue refining their skills on the pan-European stage under the guidance and tutelage of their more experienced team-mates. In each team, the 'B' drivers are able to impart their advice while simultaneously picking up fresh tips from their younger counterparts.

Sébastien Loeb Racing stablemates Christophe Lapierre and Roar Lindland reprised their frenetic scrap for supremacy in the 'B' category this season. After being pipped to the title by Jean Glorieux in 2014, Lapierre and Lindland locked out the top two spots a year later, in the Frenchman's favour. The Norwegian duly entered 2016 targeting his first French crown as he dovetailed his efforts with a parallel assault on the Porsche Mobil 1 Supercup. However, despite netting a brace of victories in Barcelona and then winning again at Spa-Francorchamps, he was powerless to stop his team-mate, as Lapierre sped to four consecutive triumphs at Zandvoort and Le Mans over the course of an all-conquering summer. Even Nicolas Misslin's outstanding end to the campaign – as he split the two pre-season favourites in the final classification – and a series of excellent performances by Ukraine's Oleksandr Gaïdaï could not prevent the defending champion from scooping the spoils for the fourth time in five years in the B series. That matched Henry Hassid's achievement between 2007 and 2011, and leaves Lapierre with a new record to chase heading into 2017...

During the season, the 14 regular Porsche Carrera Cup France drivers had the chance to discover or rediscover some of Europe's most iconic circuits. At Barcelona in Spain, Spa-Francorchamps in Belgium, Zandvoort in the Netherlands, Imola in Italy and Le Mans and Paul Ricard in France, contenders in France's fastest single-make series were able to measure themselves against a number of high-profile 'wild card' entries. Porsche Motorsport Junior Programme member Matteo Cairoli, Jaap van Lagen – a winner on the international stage – Porsche Club Motorsport protagonists and front-runners from the Porsche GT3 Cup Challenge Benelux swelled grid sizes to as many as 28 Porsche 911 GT3 Cup cars on more than one occasion.

What's more, 2017 is already shaping up to be every bit as thrilling and intense, in true Porsche style. The calendar will follow a similar theme to the successful 2016 schedule and will see competitors travel to La Sarthe once again – only this time, they will be performing as the support act to the legendary Le Mans 24 Hours!

Porsche Carrera Cup France

Overall Classification

POS	NO	DRIVER	NAT	TEAM	POINTS
1	48	Mathieu Jaminet	FRA	Martinet by Almeras	262
2	9	Joffrey de Narda	FRA	Sébastien Loeb Racing	176
3	10	Florian Latorre	FRA	Sébastien Loeb Racing	160
4	7	Vincent Beltoise	FRA	Saintéloc	152
5	555	Julien Andlauer	FRA	Saintéloc	147
6	85	Thomas Laurent	FRA	Martinet by Almeras	112
7	911	Christophe Lapierre	FRA	Sébastien Loeb Racing	98
8	55	Nicolas Misslin	FRA	Martinet by Almeras	96
9	11	Roar Lindland	NOR	Sébastien Loeb Racing	83
10	47	Alexandre Jouannem	FRA	Tsunami RT	77
11	13	Oleksandr Gaidai	UKR	Tsunami RT	65
12	20	Pierre Piron	BEL	Mediacom	44
13	8	Carlos Rivas	LUX	Speed Lover	27
14	88	Wim Meulders	BEL	Speed Lover	25

Gentlemen Classification

POS	NO	DRIVER	NAT	TEAM	POINTS
1	911	Christophe Lapierre	FRA	Sébastien Loeb Racing	189
2	55	Nicolas Misslin	FRA	Martinet by Almeras	183
3	11	Roar Lindland	FRA	Sébastien Loeb Racing	181
4	13	Oleksandr Gaidai	UKR	Tsunami RT	150
5	20	Pierre Piron	BEL	Mediacom	112
6	88	Wim Meulders	BEL	Speed Lover	69
7	8	Carlos Rivas	LUX	Speed Lover	61

Rookies Classification

POS	NO	DRIVER	NAT	TEAM	POINTS
1	10	Florian Latorre	FRA	Sébastien Loeb Racing	221
2	555	Julien Andlauer	FRA	Saintéloc	199
3	85	Thomas Laurent	FRA	Martinet by Almeras	184
4	47	Alexandre Jouannem	FRA	Tsunami RT	119

Teams Classification

POS	TEAM	POINTS
1	Martinet By Alméras	374
2	Sébastien Loeb Racing	336
3	Saintéloc	299
4	Tsunami RT	142
5	Speed Lover	52
6	Mediacom	44

CARRERA CUP ITALIA

PORSCHE CARRERA CUP ITALIA

Cóme Ledogar (Tsunami RT – Centro Porsche Padova) è il campione dell'edizione del decennale

Côme Ledogar

🇩🇪 Bei der zehnten Ausgabe des Porsche Carrera Cup Italia setzte sich mit Côme Ledogar ein Franzose durch. Der für das Team Tsunami RT – Centro Porsche Padova startende Rennfahrer aus Lyon holte sieben Saisonsiege und stritt sich vor allem mit Mattia Drudi um den Titel. Erst beim Saisonfinale in Mugello fiel die Entscheidung zu Gunsten des Franzosen. Der talentierte Italiener vom Team Dinamic Motorsport – Centro Porsche Modena musste sich letztendlich mit Position zwei in der Abschlusstabelle zufrieden geben.

Neben den beiden Protagonisten Ledogar und Drudi wussten sich aber auch andere Starter in den Vordergrund zu schieben. Einer dieser Gruppe hieß Alessio Rovera. Der für die Mannschaft Ebimotors – Centro Porsche Verona startende Italiener kletterte bei jeder Veranstaltung einmal auf das Treppchen. Somit erlebte er in Monza, in Imola, in Misano, in Mugello, in Vallelunga, wiederum in Imola und abermals in Vallelunga jeweils eine Siegerehrung inklusive Champagnerdusche. Konstant auf vorderen Positionen klassierten sich in dieser Saison auch der Kanadier Mikael Grenier vom Team Tsunami RT – Centro Porsche Padova, der Italiener Daniele Di Amato aus der Mannschaft Dinamic Motorsport sowie der ebenfalls aus Italien stammende Enrico Fulgenzi, der 2013 den Titel im Porsche Carrera Cup Italia gewinnen konnte und nun die Farben der Truppe TAM Racing – Centro Porsche Latina vertrat.

Im Michelin Cup, der für Gentleman-Fahrer reserviert ist, setzte sich Alex De Giacomi durch. Der Pilot von Dinamic Motorsport machte den Titel erst beim Saisonfinale in Mugello klar. Sein härtester Rivale Marco Cassarà aus der Mannschaft Ghinzani Arco Motorsport – Centro Porsche di Roma reihte sich am Ende auf Rang zwei der Gentleman-Wertung ein.

(l.-r.): Mikael Grenier, Alessio Rovera, Simone Iaquinta, Daniele Di Amato, Mattia Drudi

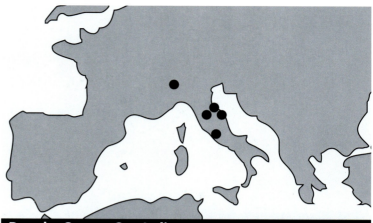

Porsche Carrera Cup Italia

30.04. - 01.05.2016	Monza, ITA
28.05. - 29.05.2016	Imola, ITA
11.06. - 12.06.2016	Misano, ITA
16.07. - 17.07.2016	Mugello, ITA
10.09. - 11.09.2016	Vallelunga, ITA
24.09 - 25.09.2016	Imola, ITA
15.10. - 16.10.2016	Mugello, ITA

🇬🇧 The 2016 Porsche Carrera Cup Italia season marked its 10th anniversary by crowning the Frenchman Cóme Ledogar as the champion in 2016. The young Tsunami RT – Centro Porsche Padova driver reached a total of seven wins from 21 races, facing fierce rivals throughout the year.

The driver from Lyon had to duel with Mattia Drudi (Dinamic Motorsport – Centro Porsche Modena), possibly the most talented driver of the Scholarship Programme, and managed to edge his rival only at the very last round in Mugello.

Although Ledogar and Drudi were locked into their battle, there were others who seized the chance to shine in the one-series Italian Porsche championship. One was Italian Alessio Rovera (Ebimotors – Centro Porsche Verona), who scored a podium finish in each of the seven rounds of the season (Monza, Imola, Misano, Mugello, Vallelunga, Imola and Mugello).

Consistently in top positions was also the Canadian Mikael Grenier (Tsunami RT – Centro Porsche Padova) another Italian Daniele Di Amato (Dinamic Motorsport), and the 2013 champion Enrico Fulgenzi (TAM Racing – Centro Porsche Latina).

One other highlight of the season was crowning the champion of the Michelin Cup, a trophy reserved to gentlemen drivers. The title was won by Alex De Giacomi (Dinamic Motorsport) who also secured the title at the final round in Mugello. There, De Giacomi successfully defended his lead from Marco Cassarà (Ghinzani Arco Motorsport – Centri Porsche di Roma).

Alessio Rovera

(l.-r.): Mattia Drudi, Kevin Giovesi, Enrico Fulgenzi

Côme Ledogar

(81): Marco Cassará - (67): Alex De Giacomi

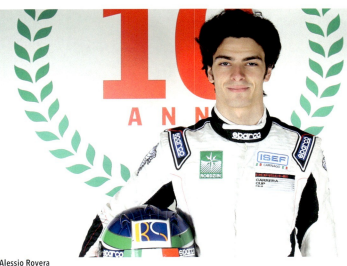

Alessio Rovera

Côme Ledogar

Alex De Giacomi

Porsche Carrera Cup Italia

Driver Standings

POS	DRIVER	POINTS
1	Côme Ledogar	227
2	Mattia Drudi	208
3	Alessio Rovera	203
4	Mikael Grenier	150
5	Daniele Di Amato	132
6	Enrico Fulgenzi	124
7	Oleksandr Gaidai	120
8	Simone Iaquinta	103
9	Eric Scalvini	91
10	Gianmarco Quaresmini	88
11	Alex De Giacomi	87
12	Marco Cassará	70
13	Kevin Giovesi	58
14	Stefano Zanini	50
15	Matteo Cairoli	43
16	Edoardo Liberati	40
17	Hans-Peter Koller	38
18	Marco Pellegrini	32
19	Livio Selva	25
	Walter Ben	25
21	Matteo Torta	24
22	Ronnie Valori	20
23	Glauco Solieri	16
24	Gianluca Giraudi	14
25	Francesca Linossi	6
26	Roberto Minetti	0

Team Dinamic

Classifica Michelin Cup

POS	DRIVER	POINTS
1	Alex De Giacomi	149
2	Marco Cassará	137
3	Stefano Zanini	106
4	Walter Ben	74
5	Marco Pellegrini	72
6	Livio Selva	55
7	Glauco Solieri	23
8	Roberto Minetti	7

Team Standings

POS	TEAM	POINTS
1	Dinamic Motorsport	323
2	Tsunami RT	306
3	Ebimotors	270
4	Ghizani Arco Motorsport	191,5
5	TAM-Racing	94
6	Dinamic	71

(12): Alessio Rovera - (3): Côme Ledogar

CARRERA CUP GREAT BRITAIN

Records tumble as Dan Cammish
and Redline Racing raise the bar

🇩🇪 Der Porsche Carrera Cup Great Britain startete Anfang April in Silverstone in seine Saison 2016, in der wieder die Klassen Pro, Pro-Am1 und Pro-Am2 ausgeschrieben waren. Fünf Rookies stritten sich zusätzlich noch um ein Preisgeld von 50.000 Britische Pfund.

In der Klasse Pro strebte Dan Cammish mit der Titelverteidigung etwas an, das es in der Geschichte des Carrera Cup Great Britain bis dahin nur zweimal gab. Doch der Schützling von Redline Racing ließ sich von dieser Statistik nicht einschüchtern, gewann zwölf der 16 Rennen und darf sich als Belohnung nun zweifacher Champion seines heimischen Carrera Cup nennen.

Auch wenn es nach einer klaren Angelegenheit für Cammish aussah, war es für den britischen Formel-Ford-Champion des Jahres 2013 kein Spaziergang. Vor allem im ersten Teil der Saison war Dino Zamparelli ein nahezu ebenbürtiger Geg-

Dan Cammish

Charlie Eastwood

🇬🇧 The 2016 Porsche Carrera Cup GB season began at Silverstone, the home of British motor racing, on a cold, bright day in March. For the first time all the teams, cars and drivers who would light up six circuits over eight weekends and 16 rounds were together in one place. The class of 2016 was a mixture of veterans, winners, newcomers and returnees spread across three categories – Pro, Pro-Am1 and Pro-Am2. In addition, the Rookie championship had five young guns aiming for the generous £50,000 prize.
Ahead of a season that saw the competitors once again race alongside the World Endurance Championship, the big question was: can anyone beat Dan Cammish, the driver who took 11 wins from 16 races to secure the 2015 title?

Pro

In just his second Porsche Carrera Cup GB season, Dan Cammish and the Redline Racing team soaked up the immense pressure that comes with defending a title and fought off stiff competition to secure back to back titles - a feat achieved only twice before. In a season where hundredths rather than tenths made the difference, Cammish stamped his authority on the championship by storming to a record 12 wins.
However, the title was harder-fought than pure statistics show. The pace throughout the grid in 2016 was intense, one lap record was broken by over half a second, and double 2015 race winner Dino Zamparelli with the GT Marques team fought Cammish hard all the way.
He took a win and three fastest laps from the first four races, and a weekend at Croft that brought two more wins and fastest laps moved him to within three points of the championship lead by the mid-point of the season. When the flag fell at the end of the final race, Zamparelli had claimed 11 podiums, five fastest laps and three wins, but this was not enough to counter a winning streak from Cammish that covered seven of the last eight races. Fittingly, Cammish took Redline Racing's 100th Porsche Carrera Cup GB victory at Snetterton – another record.
While all eyes were on the captivating duel to head the championship, the initial advantage of familiarity enjoyed by the returning drivers was slowly but surely being eroded by the newcomers. As their experience built, Tom Oliphant (Team Redline), Alessandro Latif (GT Marques), Lewis Plato (Team Redline) and Charlie Eastwood (Redline Racing) all made their presence felt.
As the Porsche GB 2016 / 2017 Scholar, Eastwood carried a great weight of expectation on his shoulders. He certainly didn't disappoint, finishing on the overall podium

Porsche Carrera Cup Great Britain	
01.04. - 03.04.2016	Brands Hatch, GBR
14.04. - 17.04.2016	Silverstone, GBR
03.06. - 05.06.2016	Oulton Park, GBR
17.06. - 19.06.2016	Croft, GBR
29.07. - 31.07.2016	Snetterton, GBR
12.08. - 14.08.2016	Knockhill, GBR
16.09. - 18.09.2016	Silverstone, GBR
30.09. - 02.10.2016	Brands Hatch, GBR

Champion Dan Cammish

Tom Oliphant

ner. So sprangen für den Schützling des Teams GT Marques in den ersten vier Läufen ein Sieg und drei zweite Plätze raus, bevor er mit einem Doppelsieg plus zwei schnellsten Rennrunden in Croft zur Saisonmitte bis auf drei Zähler an den in der Tabelle führenden Cammish rankam. Am Ende des Jahres konnte der 24-Jährige aus Bristol auf drei Triumphe und elf Podestplätze zurückblicken. Doch diese Leistung reichte für den Titel nicht aus, denn sein Kontrahent Cammish war vor allem in der zweiten Saisonhälfte nahezu unbezwingbar. Sieben der letzten acht Saisonrennen gingen an den 27 Jahre alten Rennfahrer aus Leeds, der in Snetterton zudem den umjubelten 100. Sieg seines Teams Redline im Porsche Carrera Cup GB eroberte.

Aber auch die Neulinge im Starterfeld wussten zu überzeugen, allen voran Charlie Eastwood. Auf dem von Porsche unterstützen Rookie lasteten vor Saisonbeginn viele Erwartungen, doch der 21 Jahre alte Ire enttäuschte nicht. Zehn der 16 Läufe beendete er auf einem Podestplatz und durfte sich am Schluss nicht nur über den dritten Rang der Pro-Abschlusstabelle, sondern auch über den Gewinn der Rookie-Wertung freuen. Highlight seiner Saison waren dabei seine erste Pole Position und sein erster Triumph beim Saisonfinale in Brands Hatch.

John McCullagh

Charlie Eastwood

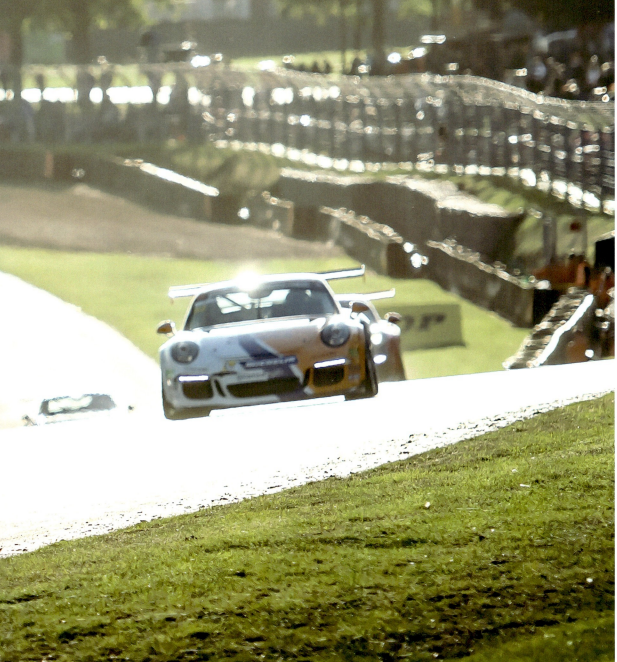

in 10 of the 16 races, setting a lap record at Snetterton and securing the Rookie championship. Eastwood's performance steadily and surely climbed him to third overall in the championship and culminated in his first pole position and win at the penultimate round.

As for the returning drivers, 2011 Pro-Am1 champion and 2013 overall runner-up Jonas Gelzinis (Juta Racing) brought his spectacular style all the way from Lithuania to earn a second place at Croft, scene of his first win of 2013. Always at the heart of the action, 2015 Rookie champion Tom Sharp (IDL Racing) provided some of the closest racing of the season as he fought Oliphant for fourth in the championship. Oliphant proved a master of overtaking, showing consistent speed and finding opportunities where seemingly none existed. His reward was a first Porsche podium and fourth in the championship.

On his way to fifth overall, at Oulton Park former race winner Stephen Jelley (Team Parker Racing) very nearly added his name to the exclusive list of 2016 race winners. Only bad luck pushed him off the top step into a result that was one of five strong podium finishes for the seasoned campaigner.

Thomas Jennings

Dan McKay

Dino Zamparelli

Tautvydas Barstys

Tom Oliphant

(l.-r.): Stephen Jelly, Dino Zamparelli, Jonas Gelzinis

Hinter Eastwood klassierte sich in der Fahrerwertung Tom Oliphant vor Stephen Jelley und Tom Sharp, dem besten Rookie des Vorjahres.

In der Klasse Pro-Am1 erlebten die Zuschauer den Titelkampf des aus dem schottischen Edinburgh stammenden Bruderpaares Euan und Dan McKay. Letztendlich sprach die Konstanz auf hohem Niveau in diesem Familienduell für den jüngeren Bruder Euan – der 21-Jährige kletterte allein zwölfmal in Folge auf das Podest und war dabei nie schlechter als Zweiter. Dan hatte keinen einfachen Start in die Saison mit vier Nullern in den ersten acht Läufen, fand dann aber seine Form und beendete die letzten acht Durchgänge ausnahmslos auf einem Podestrang. Dieser Schlussspurt verhalf ihm noch zur zweiten Position der Pro-Am1-Wertung. Als Vierter der Abschlusstabelle hinter Rookie Sean Hudspeth durfte sich John McCullagh, 2015 Sieger der Klasse Pro-Am2, über einen gelungenen Aufstieg in die Pro-Am1-Kategorie freuen. Der 52-Jährige war zudem der einzige Starter seiner Klasse, der in allen 16 Rennen die Ziellinie erreichte.

In der Klasse Pro-Am2 wurde somit ein Nachfolger des im Vorjahr siegreichen McCullagh gesucht. In der knappsten Wertung des diesjährigen Carrera Cup GB setzte sich der fast zwei Meter große Tautvydas Barstys vom Team Juta Racing durch. Unter anderem vier Siege und elf Zielankünfte in den Top 3 brachten ihm nach 16 Heats 138 Punkte auf sein Konto. Das waren gerade einmal acht Zähler mehr als sein ebenfalls viermal siegreicher Rivale Peter Kyle-Henney gesammelt hat. Weitere sechs Punkte hinter dem Vize-Champion wurde Mark Radcliffe notiert. Der Neuling, der für das ebenfalls erstmals im Cup startende Team Intersport Racing fuhr, freute sich zwar über die meisten Klassensiege, musste sich letztendlich aber seinen Rivalen Barstys und Kyle-Henney geschlagen geben.

Lewis Plato

Alessandro Latif

Pro-Am1

The story of Pro-Am1 in 2016 was one of an amazing – and unique in the championship's history – sibling rivalry. Such was their pace that a McKay took fastest lap in all but two of the rounds. Twice over the course of the season Euan and Dan posted lap times identical to the nearest thousandth of a second.

In the end it was an outstanding run of results – twelve consecutive podium finishes, none lower than second – that took Euan McKay and IN2 Racing to the 2016 Pro-Am1 title. After a challenging start to his season, Dan McKay (IN2 Racing) converted his pace into results and over the last eight races was never off the podium, a performance that steadily worked him up the points table into second.

Getting his season off to the best start though was the reigning 2015 Pro-Am2 champion John McCullagh (Redline Racing). Stepping up a category for a fresh challenge in 2016, the 52-year-old won first time out and proved his experience as the only driver in the category to finish every race.

Also stepping up a category for 2016 was Pro-Am2 race winner Peter Jennings (G-Cat Racing), while 2014 Pro-Am1 champion Justin Sherwood (Team Parker Racing) returned from a year out to lead the category early on. However, in the end rapid Rookie Sean Hudspeth (Parr Motorsport) took third in the Pro-Am1 championship with ten podium finishes, despite being in only his third season of car racing.

Pro-Am2

Although measuring nearly two metres tall, Tautvydas Barstys only just stood clear at the top of the Pro-Am2 championship table after a three-way fight that lasted the whole season. Making the most of his 2015 experience, Barstys and the Juta Racing team fought off intense competition in the closest-fought category to take the 2016 title. Eleven trips to the podium, six fastest laps and four wins secured him a slender seven point advantage when the final flag fell.

One of the three in contention for the title was Peter Kyle-Henney (Parr Motorsport). Returning for his first full season since 2014 when he placed second in the category, and having only started racing in 2013, Kyle-Henney fended off third-placed Mark Radcliffe with four class wins and six fastest laps to match his 2014 result.

2016 was an impressive debut season for Radcliffe and the Intersport Racing team. Despite lacking his competitors' experience, Radcliffe claimed three fastest laps, eleven podiums and seven wins – the most of any driver in the category – to lead the championship at several stages during the season.

Also impressing alongside newcomer Barrie Baxter (Redline Racing) and the experienced Rupert Martin (Team Parker Racing) was veteran Shamus Jennings (G-Cat Racing) with seven podiums and one category win, Iain Dockerill (Asset Advantage Racing) with six podiums, and Peter Parsons (Car Loan Centre) who achieved his first Porsche podium in the last race.

(81): Euan McKay - (30): Peter Jennings

Tom Sharp Goodwood Festival of Speed

(l.-r.): Tom Sharp, Dan Cammish, Charlie Eastwood

(49): Rupert Marten - (23): Iain Dockerill - (31): Thomas Jennings

Charlie Eastwood

Porsche Carrera Cup Great Britain

Driver Standings

POS	NO	DRIVER	TEAM	POINTS
1	1	Dan Cammish	Redline Racing	313
2	88	Dino Zamparelli	GT Marques	257
3	28	Charlie Eastwood	Redline Racing	246
4	15	Tom Oliphant	Team Redline	199
5	5	Stephen Jelley	Team Parker Racing	180
6	10	Tom Sharp	IDL Racing	174
7	8	Jonas Gelzinis	Juta Racing	150
8	77	Lewis Plato	Team Redline	133
9	81	Euan McKay	IN2 Racing	92
10	19	Alessandro Latif	GT Marques	83
11	91	Dan McKay	IN2 Racing	71
12	29	Sean Hudspeth	Parr Motorsport	60
13	7	Justin Sherwood	Team Parker Racing	54
14	32	Dan Lloyd	IN2 Racing	48
15	33	John McCullagh	Redline Racing	43
16	45	Bradley Ellis	Team Parker Racing	17
17	13	Tautvydas Barstys	Juta Racing	14
	22	Peter Kyle-Henney	Parr Motorsport	14
19	30	Peter Jennings	G-Cat Racing	13
20	76	Greg Caton	G-Cat Racing	11
21	17	Mark Radcliffe	Intersport Racing	10
22	23	Iain Dockerill	Asset Advance Racing	4
23	31	Thomas Jennings	G-Cat Racing	2
24	46	Adrian Barwick	Team Parker Racing	0
25	44	Barrie Baxter	Redline Racing	0
26	49	Rupert Martin	Team Parker Racing	0
27	4	Peter Parsons	The Car Loan Centre	0
28	2	Mark Cowne	IN2 Racing	0
29	34	Salih Yokuc	IN2 Racing	0

Driver Standings Pro-AM1

POS	NO	DRIVER	TEAM	POINTS
1	81	Euan McKay	IN2 Racing	161
2	91	Dan McKay	IN2 Racing	117
3	29	Sean Hudspeth	Parr Motorsport	113
4	33	John McCullagh	Redline Racing	108
5	7	Justin Sherwood	Team Parker Racing	105
6	30	Peter Jennings	G-Cat Racing	60
7	76	Greg Caton	G-Cat Racing	16

Driver Standings Pro-AM2

POS	NO	DRIVER	TEAM	POINTS
1	13	Tautvydas Barstys	Juta Racing	138
2	17	Peter Kyle-Henney	Parr Motorsport	130
3	22	Mark Radcliffe	Intersport Racing	124
4	23	Thomas Jennings	G-Cat Racing	102
5	31	Iain Dockerill	Asset Advantage Racing	91
6	44	Barrie Baxter	Redline Racing	80
7	49	Rupert Martin	Team Parker Racing	60
8	4	Peter Parsons	The Car Loan Centre	47
9	46	Adrian Barwick	The Parker Racing	31
10	34	Salih Yoluc	IN2 Racing	4
	2	Mark Cowne	IN2 Racing	4
12	33	John McCullagh	Redline Racing	2

Driver Standings Rookie

POS	NO	DRIVER	TEAM	POINTS
1	28	Charlie Eastwood	Redline Racing	246
2	77	Lewis Plato	Team Redline	133
3	81	Euan McKay	IN2 Racing	92
4	19	Alessandro Latif	GT Marques	83
5	29	Sean Hudspeth	Parr Motorsport	60

Driver Standings Pro

POS	NO	DRIVER	TEAM	POINTS
1	1	Dan Cammish	Redline Racing	313
2	88	Dino Zamparelli	GT Marques	257
3	28	Charlie Eastwood	Redline Racing	246
4	15	Tom Oliphant	Team Redline	199
5	5	Stephen Jelley	Team Parker Racing	180
6	10	Tom Sharp	IDL Racing	174
7	8	Jonas Gelzinis	Juta Racing	150
8	77	Lewis Plato	Team Redline	133
9	19	Alessandro Latif	GT Marques	83
10	32	Dan Lloyd	IN2 Racing	48
11	45	Bradley Ellis	Team Parker Racing	17

Team Standings

POS	TEAM	POINTS
1	Redline Racing	559
2	GT Marques	340
3	Team Redline	332
4	Team Parker Racing	234
5	IDL Racing	174
6	Juta Racing	166
7	IN2 Racing	163
8	Parr Motorsport	74
9	G-Cat Racing	26
10	Intersport Racing	10
11	Asset Advantage Racing	4
12	The Car Loan Centre	0

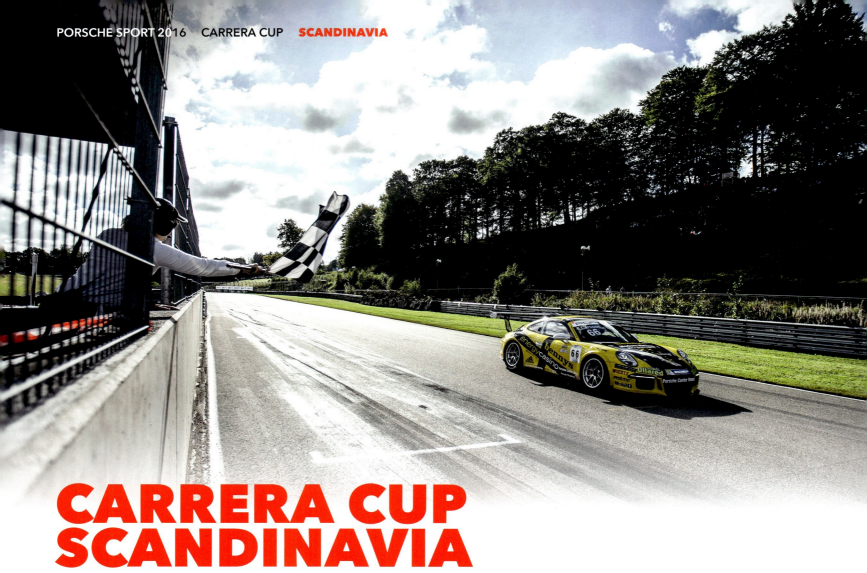

CARRERA CUP SCANDINAVIA

Tredje gången gillt för Fredrik Larsson – mästare i generationskamp mot 20 år yngre Philip Morin

Philip Morin

🇩🇪 Sieben Rennwochenenden und 13 Läufe standen auf dem Programm des Porsche Carrera Cup Scandinavia und am Ende setzte sich der Schwede Fredrik Larsson vom Team Benny durch. Er beendete die Saison beim Finale in Knutstorp mit einem Sieg und einem zweiten Platz, während Philip Morin, sein Hauptgegner im Titelkampf, Zweiter und Vierter wurde. Da Larsson zudem noch einen Zwei-Punkte-Vorsprung mitbrachte, war ihm der Titel nicht mehr zu nehmen.

Vor sechs Jahren verpasste Fredrik Larsson den Titel im Carrera Cup Scandinavia noch äußerst knapp, als ihm zehn Triumphe in 16 Rennen nicht reichten, weil er einen Nuller zu viel auf seinem Konto hatte. Später fuhr er in der STCC, der Top-Rennserie in Schweden, um 2016 sein Comeback im Carrera Cup zu geben. Dort fand sich der 40-Jährige schnell in einem Kampf der Generationen wieder, denn er stritt mit dem gerade einmal halb so alten Philip Morin um den Titel.

Magnus Öhman

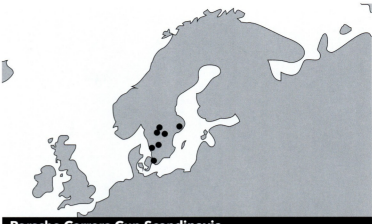

Porsche Carrera Cup Scandinavia

01.05.2016	Skövde, SWE
26.05.2016	Mantrop, SWE
19.06.2016	Anderstorp, SWE
10.09.2016	Falkenberg, SWE
14.08.2016	Karlskoga, SWE
03.09.2016	Solvalla, SWE
24.09.2016	Ring Knutstorp, SWE

🇬🇧 From the start it was clear that a new champion would be crowned in 2016 as Johan Kristoffersson, who won every race of 2015 on his way to the title, didn't take part in the 2016 Porsche Carrera Cup Scandinavia. The question was, who, among the many drivers in the large field, would it be: the previous champions Jocke Mangs or Oscar Palm, or Fredrik Larsson returning from STCC, Philip Morin, Robin Hansson or Lukas Sundahl, or any of the debutants, Henric Skoog or Pontus Fredricsson?

Seven race weekends and thirteen action-packed heats later, Fredrik Larsson from Team Bennys could raise his arms aloft after securing the title at the very last race of the season. Larsson signed off with a win and a second place at Knutstorp while his title rival, Philip Morin, driving for Cirkus Karlsson Racing, finished second and fourth. Just two points separated the drivers, in Larssons favour ahead of the finale. After his successful season ending, Larsson could at last call himself a champion, eight points ahead of Morin. Jocke Mangs, teammate of Larsson, finished third in the championship for the second year in a row.

Fredrik Larsson

Robin Hansson

Jocke Mangs

Mats Karlsson
Jocke Mangs

Das Duell Larsson gegen Morin deutete sich schon Anfang Mai beim Auftakt auf dem Flugplatz von Skövde an, als beide jeweils einen ersten und einen zweiten Platz nach Hause brachten. Und obwohl das Nachwuchstalent Morin alles von ihm abverlangte, setzte sich der erfahrene Larsson letztendlich durch. Dabei hatte er am Ende des Jahres nicht nur die meisten Punkte gesammelt, sondern auch die meisten Siege, die meisten Podestplätze und die meisten schnellsten Rennrunden auf seiner Habenseite. Einzig in der Statistik der meisten Pole Positions hatte der junge Herausforderer vom Team Cirkus Karlsson Racing die Nase vorn.

Neben den Titelkampf gab es noch weitere Höhepunkte in einer spannenden Saison des Porsche Carrera Cup Scandinavia. Da war beispielsweise das Duell um die Spitze beim zweiten Nachtrennen Ende Mai in Mantorp Park. Robin Hansson jagte den führenden Philip Morin, bis beide sich plötzlich touchierten. Während Hansson ohne Probleme weiterfuhr, konnte Morin einen Dreher nicht verhindern und verlor dabei viel Zeit. Dieser Zwischenfall wurde nach dem Rennen genau untersucht und die Stewards kamen zu der Erkenntnis, dass die Schuld beim ursprünglich als Sieger abgewinkten Hansson liege. Wegen unfairer Fahrweise addierten sie 15 Sekunden auf seine gefahrene Zeit, was ihn hinter Morin auf den vierten Platz zurückwarf. Den ersten Rang erbte Larsson.

Oscar Palm

Robin Hansson, Fragus BR Motorsport, Henric Skoog, PFI Racing and Oscar Palm, teammate of Hansson, all had a shot at a top-three spot but had to settle for fourth, fifth and sixth place respectively in the championship. Lukas Sundahl, who set a personal best this year with a podium finish in the finale, a feat he managed last year finale too, placed seventh in the points table, not far behind Palm.

Magnus Öhman, Mtech Competition, closely followed by teammate Thomas Karlsson, was best of the rest. TV celebrity, Mats Karlsson, Cirkus Karlsson Racing, rounded up the top ten in a championship that fielded sixteen drivers taking part in all races and another four drivers who participated in several events.

Larsson's title had been a long time coming. In 2010 he won ten out of sixteen races but a zero in the points column ruined his dreams of scoring gold that time.

Philip Morin

This year he followed all the way through even though Philip Morin put up a serious challenge, in what was a true battle of the generations. The seasoned veteran Larsson, from Falkenberg, turned forty during the season, Morin, from Luleå way up north in Sweden, turned twenty years old.

Despite Morin's challenge there was no question that Larsson deserved the title. He headed not only the points table, he was also ahead in the other main statistical categories. He had the most wins (5), most podiums (9) and fastest laps (7). The only category where Larsson wasn't on top was in qualifying where Morin, unchallenged, was the strongest with three qualifying wins in Q1 and four wins in Q2. Morin was second behind Larsson in the other categories: wins (3), podiums (8) and fastest laps (3). Other winners, besides Larsson and Morin, was Jocke Mangs, Robin Hansson and Lars-Bertil Rantzow. Last year, both Mangs and Hansson challenged Kristoffersson several times without being able to grab a single win, this year they managed two wins each and took the podium at six other occasions.

Rantzow, who's driving for Mtech Competition, and is as old as his starting number, 56, had to cancel the two first race weekends due to illness. Having warmed up with a fourth and a seventh place in Anderstorp, Rantzow won the first, rain-soaked, exciting heat in Falkenberg.

Thomas Karlsson

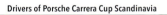

Drivers of Porsche Carrera Cup Scandinavia

Die Schlussphase des zweiten Laufs Mitte Juni auf der ehemaligen Formel-1-Piste von Anderstorp gilt als die aufregendste letzte Runde des Jahres. Nach einer Safe-ty-Car-Phase hatten die Piloten nur noch einen Umlauf Zeit, sich nach vorne zu ar-beiten, dann sollte die Zielflagge fallen. Diesen kurzen, aber intensiven Sprint über gut vier Kilometer bis zur Ziellinie gewann Philip Morin, der die Führung trotz seiner drängelnden Rivalen Fredrik Larsson, Robin Hansson, Henric Skoog und Lukas Sundahl erfolgreich verteidigte. Diese fünf Fahrer trennten im Ziel weniger als eine Sekunde. Beim Finale Ende September in Knutstorp präsentierte sich Larsson schließlich noch einmal in großer Form. In beiden Heats ging er zwar nur vom dritten Startplatz ins Ren-nen, überholte seinen direkten Titelkonkurrenten Morin aber in beiden Durchgängen

und freute sich über die Positionen eins und zwei. Am Ende der Saison hatte er einen Vorsprung von acht Zählern auf Vize-Champion Philip Morin.

Und auch das neue Qualifying-Format sollte von Beginn an ein Erfolg sein. Ab diesem Jahr gingen die besten zehn Piloten des ersten Zeittrainings in ein zweites Qualifying, um die Startpositionen eins bis zehn auszufahren. In Skövde trennten den Ersten nur 0,719 Sekunden vom Zehnten, in Karlskoga betrug der Abstand vom Schnellsten zum Fünftplatzierten winzige 0,071 Sekunden. Robin Hansson, der für die Mannschaft Fra-gus BR Motorsport an den Start ging, sicherte sich in diesem engsten Qualifying des Jahres die Pole Position, indem er gerade einmal 0,007 Sekunden schneller war als Jocke Mangs.

Anssi-Jukka Kasi

(14): Mats Karlsson - (3): Jocke Mangs

Philip Morin

(l.-r.): Oscar Palm, Jocke Mangs, Hendric Skoog

Larsson and Morin featured in the leading roles already in the season premiere at Skövde Airport at the turn of April/May. On the airfield circuit, hosting STCC and its accompanying support categories for the second year in a row, they took a win each and also shared the second places. Behind the top duo, newcomer Henric Skoog surprised with two third places.

There were plenty of highlights in the 2016 season of Porsche Carrera Cup Scandinavia. Before the season started, a new qualifying system was put in place together with a new points distribution system. Qualifying was now run in two sessions, Q1 and Q2, where the former session decided starting positions in Heat 1 – and starting positions from ninth place down to last place in Heat 2. The eight best drivers from Q1 duked it out in Q2 to sort out the starting order between the top eight in Heat 2. The changes were meant to give the drivers even more of a challenge – and to give the spectators a more spectacular show – and that was exactly what happened. The decision to change the points distribution and reward the top fifteen drivers was also successful. "Due to the great interest in the championship, we wanted to give more drivers the possibility to collect points. That's why we are adapting our points distribution scale to the same model used in Porsche Mobil1 Supercup and Porsche Carrera Cup Germany," said the Sporting Director, Thomas Johansson, a few weeks ahead of the opening race weekend.

Johan Andersson

Fredrik Larsson

During the second night race at Mantorp Park, Robin Hansson was chasing the leader, Morin, when they touched on the main straight. While Hansson could continue, Morin spun and lost a lot of valuable time. Later, after having crossed the finishing line, Hansson was given a time penalty and slid down to fifth place, just behind Morin. The second heat in Anderstorp offered the spectators the most thrilling race to the finish line of the season when the safety car released the field with just one lap to go. Philip Morin kept a cool head in the restart and kept his lead until the chequered flag, but he was chased all the way to the end by Larsson, Hansson, Skoog and Sundahl. Fredrik Larsson gave the season finals the touch of a master's hand. Despite very tough conditions, starting from third spot in both heats, he showed his class by overtaking Morin two times and he could secure the title with a win and a second place.

However, the season was also marred by a couple of very heavy crashes which resulted in several cars having their bodies replaced. In the season opener, Mats Karlsson, was unfortunate when something broke in the front of the car and sent him into the wall with considerable force. He was then hit by two competitors who had no chance of avoiding him. But the scariest crash of the season happened to Johan Andersson in the qualifying in Falkenberg. Andersson was hospitalized with head injuries but could luckily leave the hospital a week and a half later. However, he had to abandon the season prematurely.

(l.-r.) Henric Skoog, Pontus Fredricsson, Philip Morin, Lukas Sundahl, Robin Hansson

Porsche Carrera Cup Scandinavia
Driver Standings

POS	NO	DRIVER	TEAM	POINTS
1	66	Fredrik Larsson	Team bennys	211
2	86	Philip Morin	Cirkus Karlsson Racing	203
3	3	Jocke Mangs	Team bennys	183
4	31	Robin Hansson	Fragus BR Motorsport	168
5	20	Henric Skoog	PFI Racing	162
6	2	Oscar Palm	Fragus BR Motorsport	150
7	4	Lukas Sundahl	Sundahl Racing	140
8	21	Magnus Öhman	Mtech Competition	87
9	9	Thomas Karlsson	Mtech Competition	85
10	14	Mats Karlsson	Cirkus Karlsson Racing	75
11	11	Pontus Fredricsson	Ricknaes MotorSport	59
12	88	Anssi-Jukka Kasi	Steber Racing	48
13	52	Kenneth Pantzar	PFI Racing	42
14	99	Ingvar Mattsson	Mattssons Fasteners	37
15	92	Anton Marklund	Marklund Motorsport	29
16	7	Johan Andersson	PFI Racing	19
17	56	Lars-Bertil Rantzow (guest)	Mtech Competition	0
18	25	Peter Eriksson (guest)	Hyllinge MS	0
19	80	Robin Sundkvist (guest)	Haksun Racing	0
20	42	Thomas Solberg (guest)	Jaffa Racing Norge	0

CARRERA CUP ASIA

PORSCHE
CARRERA CUP ASIA

Once again proving its position as Asia's top one-make series, 2016 was a year of firsts for the Porsche Carrera Cup Asia. A stellar field of talented drivers brought intense competition during the 14th season as the Porsche Carrera Cup Asia travelled to new locations and forged fresh partnerships across the region.

(77): Cui Yue - (19): Zhang Da Sheng - (10): Andrew Tang

Andrew Tang

Der Porsche Carrera Cup Asia unterstrich auch in diesem Jahr wieder einmal, das er der stärkste Markenpokal in Asien ist. Am Ende setzte sich der erst 18 Jahre alte Nico Menzel durch und verdiente sich als jüngster Champion des Carrera Cup Asia einen Platz in den Geschichtsbüchern. In der B-Klasse siegte der 29-jährige Yuan Bo.

Die 14. Saison des Carrera Cup Asia begann in Shanghai. Maxime Jousse gelang im Rahmen der Formel 1 ein perfekter Start in das Jahr, er angelte sich zwei Start/Ziel-Siege und holte sich zudem auch beide Pole Positions. Nico Menzel reihte sich in beiden Läufen als Zweiter ein. In der Klasse B waren einmal Yuan Bo und einmal Vutthikorn Inthraphuvasesk ganz vorne zu finden. Das Duell dieser beiden sollte sich über die gesamte Saison ziehen.

Für die Rennen drei und vier reisten die Teams und Fahrer des Carrera Cup Asia nach Japan. In Fuji konnte vor allem Porsche China Junior Andrew Tang begeistern, indem er im ersten Durchgang seinen ersten Sieg eroberte. In Heat zwei musste er nur dem 25 Jahre alten Maxime Jousse den Vortritt lassen. Der sieben Jahre jüngere Deutsche Nico Menzel setzte indes seine konstante Leistung auf hohem Niveau fort und verbuchte einen zweiten und einen dritten Platz.

In der B-Kategorie freute sich Yuan Bo über zwei Siegerpokale.

Neben den beiden regulären Läufen trafen sich auf der legendären Strecke am Mount Fuji in einem dritten Vergleich Vertreter des asiatischen und des japanischen Carrera Cup zu einem Einladungsrennen. Maxime Jousse sah von den insgesamt 34 gestarteten Porsche-Piloten als Erster die Zielflagge.

Junior Andrew Tang präsentierte sich auch am nächsten Schauplatz in Thailand in guter Form und entschied den ersten Heat in Burinam für sich. Das zweite Rennen des

(l.-r.): Michael Dreiser, Wayne Shen, Yuey Tan, Vutthikorn Inthraphuvasal, John Shen

🏁 With five drivers entering the final weekend as potential champions, the final two races proved intense as drivers went all-out at their shot for glory. In the end, only two drivers could claim the titles. It was a historic achievement for Team PICC Starchase's Nico Menzel who became the youngest Porsche Carrera Cup Asia Overall Champion at the age of 18, while Class-B saw top honors bestowed to Yuan Bo after the Absolute Racing driver fought fiercely throughout the season.

It was a long journey to the tension-filled finale, beginning with the test days in Shanghai in March. Kamlung Racing's Maxime Jousse made a solid start to the season. He enjoyed a perfect weekend, starting from pole position in both races, and taking two lights-to-flag victories as the season kicked-off with a support race with Formula 1. But even in the first stages of the season, Menzel showed his mettle with two second-place victories. In Class-B, Round 1 and 2 foreshadowed what would become a season rivalry between Absolute Racing's Yuan Bo and est Cola Thailand's Vutthikorn Inthraphuvasask, with sparks flying straight off the line. Yuan Bo took the first win for Class-B in Round 1, with Inthraphuvasak winning Round 2.

The drivers arrived to scenic Fuji International Circuit for Rounds 3 and 4. Porsche China Junior Team's Andrew Tang wowed spectators by taking his first win of the season in Round 3 and a second place behind Jousse in Round 4. Menzel continued his consistent form, achieving a second and third place respectively as Yuan Bo continued his challenge in Class-B, winning both races. Making the weekend truly unforgettable was an invitational that saw drivers from Porsche Carrera Cup Asia join Porsche Carrera Cup Japan to form a 34 car grid – one of the largest in the series' history – in a friendly but competitive race that saw another Jousse victory!

(10): Andrew Tang - (68): Maxime Jousse - (88): Mitchell Gilbert

Porsche Carrera Cup Asia

15.04. - 17.04.2016	Shanghai, CHN
03.06. - 05.06.2016	Fuji, JAP
08.07. - 10.07.2016	Chang, THA
26.08. - 28.08.2016	Sydney, AUS
16.09. - 18.09.2016	Marina Bay, SGP
30.09. - 02.11.2016	Sepang, MYS
04.11. - 06.11.2016	Shanghai, CHN

Paul Tresidder

(l.-r.): Maxime Jousse, Earl Bamber, Nico Menzel – (front l.-r.): Dr. Frank-Steffen Walliser, Franz Jung, Dr. Manfred Braeunl

Dr. Manfred Braeunl

Maxime Jousse

Wochenendes endete mit einem Triumph des kanadischen Gastfahrers Scott Hargrove, der etatmäßig in der Porsche GT3 Cup Challenge Canada fuhr. Nico Menzel musste sich erstmals in diesem Jahr mit Positionen hinter dem Podestplätzen zufrieden geben, der Deutsche vom PICC Team StarChase brachte die Ränge fünf und vier nach Hause.

Yuan Bo fügte seinem Konto zwei weitere Erfolge in der Klasse B hinzu.

Erstmals in der Geschichte des PCC Asia standen zwei Läufe in Australien im Kalender. Der in Kuala Lumpur geborene Australier Mitchell Gilbert, der für das Team Absolute Racing an den Start ging, fühlte sich im Sydney Motorsport Park besonders wohl und kreuzte die Ziellinie in beiden Durchgängen als Erster. Weniger optimal lief es für die beiden Titelaspiranten Nico Menzel und Maxime Jousse, die jeweils einmal das Ziel nicht erreichten.

Organization of
Porsche Carrera Cup Asia

Tang continued to exceed expectations as the drivers descended on Buriram, Thailand for Rounds 5 and 6. Once again, the Porsche China Junior won the first of the weekend's races, sealing a spot at the top of the standings. Travelling all the way from Canada, guest driver and promising young Porsche driver Scott Hargrove, driving for OpenRoad Racing, won Round 6. During both races, Menzel finished mid-pack, fifth in Round 5 and fourth in Round 6, while Yuan Bo scored his fourth consecutive win after a runaway performance in Round 6.

Making the 2016 particularly memorable was the Porsche Carrera Cup Asia's trip to Sydney Motorsport Park, Australia for the first time in the competition's 14-year history. It was in Australia that Absolute Racing's Mitchell Gilbert set the stage for his ultimate podium spot in Australia, winning both races as drama on the track saw Menzel unable to finish Round 7 and Jousse unable to finish Round 8. Inthraphuvasak put an end to Yuan Bo's five-win streak in Round 8 after taking first place for Class-B, with Bo unable to finish

Mitchell Gilbert

Cui Yue

Nico Menzel

Nico Menzel

Martin Ragginger

Vutthikorn Inthraphuvasesk beendete unterdessen die fünf Rennen andauernde Siegesserie seines B-Konkurrenten Yuan Bo, als er in Heat zwei des Australien-Wochenendes als Sieger abgewinkt wurde. Bo hingegen schied vorzeitig aus.

Schließlich stand auch beim Gastspiel auf dem fünften Kontinent wiederum ein Einladungsrennen auf dem Plan – dieses Mal gemeinsam mit den Startern des Porsche Carrera Cup Australia. Bester Vertreter der Asiaten war dabei Yuan Bo.

Beim zweiten Auftritt des Cup im Rahmenprogramm der Formel 1 war der österreichische Routinier Martin Ragginger aus dem Team Porsche Holding dann unschlagbar. In Singapur verwies er Nico Menzel und Maxime Jousse auf die Plätze zwei und drei.

Eine starke Saisonleistung erlaubte Maxime Jousse, bis zum zweitletzten Meeting in Malaysia die Spitze der Fahrerwertung zu behaupten. Erst in der Schlussphase der Saison gelang es Nico Menzel, den Franzosen vom ersten Platz zu verdrängen. Dies schaffte der Sohn des ehemaligen PCC-Asia-Champion Christian Menzel, indem er in Malaysia siegte, während sich sein Rivale mit einem einzigen Punkt zufriedengeben musste. Damit durfte Menzel als Tabellenführer ins finale Rennwochenende des Jahres 2016 gehen.

Zhang Da Sheng

Li Chao and Zhang Dasheng

the race. Rounding out a sun-filled race-weekend alongside the Porsche Carrera Cup Australia was the second invitational of the season – making it the first time Porsche Carrera Cup Asia participated in two invitationals in one season. After finishing highest among the Porsche Carrera Cup Asia drivers in both invitationals, Yuan Bo was awarded a fully-sponsored entry into the Suzuka Grand Prix weekend in Japan.

As the series' approached the final races of the season, it was clear that 2016's line-up of formidable drivers were going to make this a close tournament. The season's second Formula 1 support race in Singapore saw Porsche Carrera Cup Asia veteran Martin Ragginger of Team Porsche Holding take first, with Menzel in second and Jousse in third.

Strong podium finishes, despite the misfortune in other races, had allowed Maxime Jousse to maintain the lead in the tables leading up to Malaysia - but in a last minute development at the penultimate race weekend, Menzel overtook Kamlung Racing's Jousse in Round 10 to win the race and the all-important championship lead going into the final race weekend.

With such a formidable line-up of racers, there were five drivers eligible going into

Siu Yuk Lung and Fung Yui Sum

(16): Wayne Shen - (18): Vutthikorn Inthraphuvasal

137

Doch nicht nur Menzel hatte zu diesem Zeitpunkt noch Chancen auf den Titel, auch vier weitere Piloten konnten sich noch Hoffnungen machen. Obwohl die Aussicht auf seinen ersten Titelgewinn im Automobilsport Youngster Menzel hätte nervös machen können, blieb er ruhig und lieferte beim Finale in Shanghai eine konzentrierte Leistung ab. Zwei sichere Podestplätze reichte ihm, um am Ende einer spannenden Saison acht Punkte mehr auf seinem Konto zu vereinen als sein erster Verfolger Maxime Jousse vom chinesischen Team Kamlung Racing. Mitchell Gilbert rettete den dritten Rang der Abschlusstabelle mit einem Zähler Vorsprung vor dem 22-jährigen Porsche-Junior Andrew Tang aus Singapur.

Und auch die Auseinandersetzung der B-Piloten gestaltete sich bis zum Schluss spannend. Nach Lauf elf wurde Yuan Bo eine Strafe aufgebrummt, die Vutthikorn Inthraphuvasesk Position eins schenkte. Im finalen Rennen jedoch war das Glück nicht auf der Seite des 42-jährigen Thailänders, der für die Mannschaft Est Cola Thailand an den Start ging. Ein Stein schlug in seinen Kühler und beschädigte diesen, so dass er den Heat nicht beenden konnte. Absolute-Pilot Yuan Bo siegte und feierte seinen Triumph in der B-Wertung.

Shen brothers

Francis Tjia

press conference

(99): Nico Menzel - (68): Maxime Jousse - (19): Zhang Da Sheng

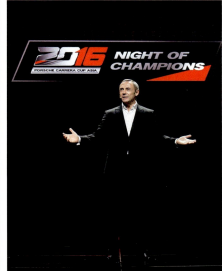

Yuan Bo

Nico Menzel

the final. Menzel transformed his lead into a championship win after two smart races during the finale in Shanghai, leaving Jousse in second place and Gilbert narrowly beating Porsche China Junior Team's Tang third – with Gilbert at 173 points and Tang at 172.

In Class-B, the season-long rivalry between Absolute Racing's Yuan Bo and est Cola Thailand's Vutthikorn Inthraphuvasak came to a climatic end after Bo suffered a huge penalty in Round 11 that all but guaranteed Inthraphuvasak's victory. But in Round 12, a rock in the radiator took Inthraphuvasak out of the race and sealed Bo as the 2016 Class-B Champion. Last year's reigning champion Yuey Tan of Team Jebsen was ousted by Wayne Shen of Modena Motorsport after a collision left Tan unable to finish Round 11.

Earl Bamber, the 2015 Le Mans 24-hour race winner for Porsche, returned to the Porsche Carrera Cup Asia finale in Shanghai. Two exciting new competition winners were crowned during the Night of Champions – the end of 2016 went out with a bang.

Porsche Carrera Cup Asia
Driver Standings A

POS	NO	DRIVER	POINTS
1	99	Nico Menzel	203
2	68	Maxime Jousse	195
3	88	Mitchell Gilbert	173
4	10	Andrew Tang	172
5	19	Zhang Da Sheng	161
6	77	Cui Yue	122
7	18	Vutthikorn Inthraphuvasak	118
8	6	Yuan Bo	114
9	86	Martin Ragginger	110
10	55	Bao Jin Long	88
11	5	Yuey Tan	79
12	16	Wayne Shen	76
13	21	Francis Tjia	57
14	78	Suttiluck Buncharoen	50
15	9	Li Chao	47
16	28	John Shen	46
17	3	Michael S.	45
18	86	Zhang ZhenDong	43
19	21	Scott Hardgrove	38
20	23	Paul Tresidder	32
21	22	Siu Yuk Lung	22
22	17	Fung Yui Sum	20
	8	Sontaya Kunplome	20
	11	Tiger Wu	20
25	22	William Bamber	19
26	2	Kenneth Lau	12
27	7	Wang Xi	10
	7	Yeo Tee Eong	10
	2	Mak Hing Tak	10
30	11	Ringo Chong	7
31	11	Jeffrey Chiang	0
	2	Samson Chang	0
	3	Shaun Varney	0
	23	Daniel Bilski	0

Porsche Carrera Cup Asia
Driver Standings B

POS	NO	DRIVER	POINTS
1	6	Yuan Bo	230
2	18	Vutthikorn Inthraphuvasak	220
3	16	Wayne Shen	182
4	5	Yuey Tan	169
5	9	Li Chao	131
	28	John Shen	131
7	21	Scott Hardgrove	125
8	78	Suttiluck Buncharoen	124
9	3	Michael S.	114
10	23	Paul Tresidder	91
11	8	Sontaya Kunplome	74
12	17	Fung Yui Sum	60
13	22	William Bamber	50
14	11	Tiger Wu	38
	2	Kenneth Lau	38
16	7	Yeo Tee Eong	29
17	7	Wang Xi	28
18	11	Jeffrey Chiang	19
19	2	Samson Chang	15
20	11	Ringo Chong	14
21	2	Mak Hing Tak	10
22	3	Shaun Varney	0
	23	Daniel Bilski	0

Nico Menzel is honored
as champion 2016

CARRERA CUP JAPAN

ポルシェ カレラカップ ジャパン（PCCJ）の 2016 シーズンは全 10 戦で行なわれ、開幕戦岡山国際サーキット優勝からポイントランキング首位を譲らなかった、参戦 4 年目の #78 近藤翼が第9戦鈴鹿サーキットでの優勝で、念願のシリーズチャンピオンを獲得。ジェントルマンクラスは 2014 年に同クラスを制している #7 星野敏が同じく第 9 戦で今季 6 勝目を挙げ、2 度目の戴冠を果たした。

Parc fermé at Suzuka

🇩🇪 Der Porsche Carrera Cup Japan ging 2016 in sein 16. Jahr und wieder war neben der Gesamtwertung auch eine separate Gentlemen-Wertung ausgeschrieben.

Die Saison startete in Okayama. Im ersten Lauf sprintete Tsubasa Kondo von der Pole Position als Erster in die erste Kurve und setzte sich gleich von seinem Verfolger Yuya Sakamoto ab. Sein erster Sieg seit zwei Jahren war nie in Gefahr. Hinter Sakamoto sah Neuling Yuichi Mikasa die Zielflagge als Dritter.

Kondo begann auch Heat zwei von der besten Startposition, aber dieses Mal fand er sich zunächst in einem Duell mit Sakamoto wieder. Als dieser Kondos Tempo nicht mehr mitgehen konnte, sah es nach einem sicheren Doppelerfolg für den Leader aus. Doch plötzlich musste er seine Geschwindigkeit aufgrund eines schleichenden Platt-fußes drosseln, was Sakamoto wieder in Schlagdistanz brachte. Seinen ersten Platz konnte Kondo trotzdem retten.

In der Gentlemen-Klasse freuten sich Tsuyoshi Tajima und Satoshi Hoshino über jeweils einen Siegerpokal.

Die folgenden sechs Rennen fanden alle in Fuji statt. Im ersten dieser Durchgänge erlebten die Zuschauer einen engen Kampf zwischen Kondo und Mikasa. Als Kondo ein Fehler unterlief, nutzte Mikasa seine Chance, überholte ihn und feierte seinen ersten Triumph im japanischen Carrera Cup. Einen Lauf später konnte sich der führende Kondo schnell vom Feld absetzen, weil sich seine beiden Verfolger Mikasa und Saka-moto um den zweiten Rang stritten. Die Zielflagge erreichte das Trio schließlich in der Reihenfolge Kondo vor Mikasa und Sakamoto.

Bei den Gentlemen bejubelte Masaru Hamasaki seinen ersten Erfolg in dieser Klasse, nachdem der von der Pole Position ins Rennen gestartete Hoshino bereits in Runde

Ikari GOTO

Tsubasa KONDO

Satoshi HOSHINO & Team

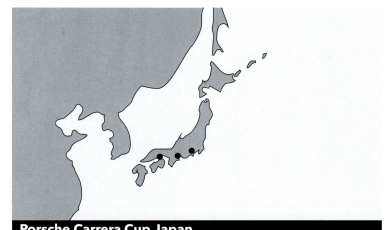

Porsche Carrera Cup Japan

09.04. - 10.04.2016	Okayama, JPN
03.05. - 04.05.2016	Fuji, JPN
04.06. - 05.06.2016	Fuji, JPN
06.08. - 07.08.2016	Fuji, JPN
27.08. - 28.08.2016	Suzuka, JPN
07.10. - 09.10.2016	Suzuka, JPN

🇬🇧 The Porsche Carrera Cup Japan (PCCJ) consists of two categories that compete separately but race together. In the Overall Class all the entrants, including many professional drivers, battle for the title. Within the field there is also the Gentlemen's Class, where the entrants over the age of 35 and who are not professional drivers fight for the best amateur driver's title.

The Gentlemen's class this season featured a raft of new drivers, and the competition was as fierce as had been expected. The newcomers included several with ample racing experience and impressive results in other categories. As expected, newcomers and seasoned PCCJ entrants set excellent lap times during the official pre-season test and everyone went into the season full of expectation.

As last year it was Okayama that hosted the opening race, alongside the Super GT race at the circuit. Tsubasa Kondo, starting from pole position, had a wonderful start and pulled away from second-placed place Yuya Sakamoto and the rest of the contenders, leading the race from green lights to chequered flag to score his first victory in two years. Sakamoto came in second while one of the newcomers, Yuichi Mikasa finished third.

Kondo was on pole for the second race too, but for the first half of the race he was forced to defend from Sakamoto. Eventually Sakamoto dropped back, leaving Kondo seemingly safe in the lead, but he started to lose performance too, with flat spots on his tyres. That allowed Sakamoto to pull back to within a tantalising second of Kondo, but he got no closer. With two race wins in the opening two races, Kondo was off to the best possible start.

Drivers of Porsche Carrera Cup Japan and Porsche Carrera Cup Asia

Start at Fuji (PCCJ and PCCA)

eins ausfiel. In Heat zwei kreuzte Hoshino als Klassenbester die Ziellinie.

Die Saisonrennen fünf und sechs wurden zusammen mit dem Porsche Carrera Cup Asia abgehalten, wo Tsubasa Kondo seinen vierten und fünften Saisonsieg nach Hause brachte. Damit baute er seinen Vorsprung in der Fahrerwertung weiter aus.

In der Gentlemen-Klasse teilten sich Hoshino und Uchiyama die Siege. Für Letztgenannten war es der erste Erfolg in der Saison 2016.

Bei 30 Grad Luft- und mehr als 45 Grad Asphalttemperatur wurden die nächsten Wettfahrten des Jahres ausgetragen und Takei, 2015 Champion der Gentlemen-Wertung, lieferte bei diesen Bedingungen seine beste Saisonvorstellung ab. Am Start schon kletterte er vom vierten auf den dritten Rang nach vorne, um Kondo in Umlauf fünf von der ersten

(98): Ikari GOTO - (32): Hideki NAGAI - (25): Kiyoshi UCHIYAMA

Meanwhile in the Gentlemen's Class, pole sitter Satoshi Hoshino lost the lead with excessive wheelspin, and the 2013 Class champion Tsuyoshi Tajima took advantage to go on and win the first race. Hoshino made no such error in the second race, and took a perfect pole-to-flag win. So two former driver's champions shared the victories in the first two races.

The Fuji Speedway hosted the next six races. The first of those, the third race of the year, turned into a close-fought contest between Kondo and Mikasa, who was consistently improving both himself and his car. Eventually Kondo made a mistake and Mikasa seized the chance, taking the lead. Kondo wasn't finished, however, and late in the race pulled back onto the tail of the Mikasa's Porsche to challenge, although could not find a way past. It was a memorable result for Mikasa as it was his first PCCJ victory in his first season.

In the fourth race, while Sakamoto and Mikasa were fighting hard for second place, Kondo stretched his lead ahead of them. After overcoming Mikasa for second place, Sakamoto fought hard to catch Kondo and came within a second, but that was as close as he got. Kondo won, making his tally three wins out of four races.

Meanwhile, in the Gentlemen's Class, Masaru Hamasaki took victory after pole-sitter Hoshino withdrew after the first lap. It was Hamasaki first victory in the class, in his second PCCJ season. The fourth race went to Hoshino after a heated battle against Kiyoshi Uchiyama. This put Hoshino at the head of the drivers' championship table in the Gentlemen's class.

Paul IP

Yuichi MIKASA

Organization of Porsche Carrera Cup Japan & GT3 Cup Challenge Japan

Stelle zu verdrängen. Nachdem dieser wegen einer Strafe sogar noch weiter zurückfiel, machte Hoshino Jagd auf den Führenden. Doch der ließ sich nicht beirren und eroberte seinen Premierensieg im Porsche Carrera Cup Japan. Hinter dem zweitplatzierten Hoshino, der gleichzeitig die Gentlemen-Kategorie für sich entschied, wurde der zweitbeste Gentleman Nagai auf Position drei gewertet.

Ein Rennen später zeigte Kondo sich gut erholt und gewann vor Mikasa und Hoshino, der abermals bester Gentleman war.

Beim folgenden Meeting in Suzuka hatten sowohl Kondo als auch Hoshino die Chance, jeweils vorzeitig den Titel ihrer Klasse zu holen. Kondo, der als Leader der Fahrerwertung zur japanischen Formel-1-Strecke kam, hätte im neunten Saisonlauf ein fünfter Platz gereicht, während Hoshino die Ziellinie vor seinem Kontrahenten Tajima hätte erreichen müssen.

Aufgrund der nassen Strecke wurde das Feld mit dem Safety Car auf die Reise geschickt. Als das Treiben nach zwei Runden dann freigegeben wurde, baute sich Kondo sich sofort einen Vorsprung auf. Doch kurze Zeit später setzte der Niederschlag wieder ein und wurde stetig stärker. Die logische Folge war der erneute Einsatz des Safety Car, das das Feld bis zur Zieldurchfahrt anführte. Damit war auch klar: Tsubasa Kondo war der neue Champion des Porsche Carrera Cup Japan.

In der Klasse der Gentlemen siegte Satoshi Hoshino, was auch ihm den vorzeitigen Titelgewinn bescherte.

Beim zehnten und letzten Lauf des Jahres sicherte Kondo sich seine zehnte Pole Position. Und auch im Rennen war er einmal mehr nicht zu bezwingen, was seine Bilanz auf acht Saisontriumphe hochschraubte. Mikasa und Hoshino komplettierten das finale Siegerpodium des Jahres 2016. Der beste Gentleman der Saison eroberte so seinen vierten Podestplatz in Folge und seinen siebten Erfolg in seiner Klasse.

Podium at Suzuka (l.-r.): Yuichi MIKASA, Tsubasa KONDO, Satoshi HOSHINO

Start at Fuji

(l.-r.): Satoshi HOSHINO, Tsuyoshi TAJIMA, Hideki NAGAI

As last year, races five and six, the third and fourth rounds of the PCCJ Series, were co-organized with the Porsche Carrera Asia (PCCA) Series. The international atmosphere added a special energy to the event.

As the lights turned to green on the fifth race of the season, Kondo opened a lead over Mikasa, Sakamoto, and Shinji Takei who were fighting hard for second. And Kondo kept that lead all the way to the chequered flag, his fourth win of the season to further extend his lead in the championship.

Hoshino quickly recovered a poor start and scored the Gentlemen's class victory. Then in the closing stages of race six of the Gentlemen's class, Uchiyama caught up with Hoshino, finally overtaking him for the win. It was his first victory this year and second in the Gentlemen's Class.

The seventh and eighth races were held in the heat of early August, with air temperatures of nearly 30 degrees centigrade and the track surface hitting 45 degrees. In race seven, the 2015 Gentlemen's Class driver's champion, Takei absolutely exploded. At the start he moved from fourth to third, then on lap five took the lead from Kondo, who then surrendered second place due to a penalty. Takei was pushed by a hard-charging Hoshino, but he held off and scored his first win in the PCCJ. Hoshino came in second while Hideki Nagai took third after a close four-car battle.

Kondo came back strongly to win the eighth race, bringing his season's tally up to six wins. Mikasa came in second while Hoshino took third place by prevailing in a close battle with Takei, celebrating a place on the podium in successive races.

In the Gentlemen's Class, Hoshino won the seventh race and remarkably was second in the overall race, while Nagai, finished a career-high second in the Gentlemen's Class and third in the overall race. The newcomer Shin-yo Sano came in third, his first time on the podium. For his fifth victory of the season, Hoshino won the Gentlemen's Class in the eighth race.

(l.-r.): Hideki NAGAI, Satoshi HOSHINO, Shinyo SANO

Shinji TAKEI

149

(19): Hiroaki NAGAI - (9): Shinji TAKEI - (24): Go HAYATO

So in this tightly-contested season, the driver's championships for both the Overall title and the Gentlemen's Class could be decided in the upcoming ninth race, held at the Suzuka Circuit.

Kondo successfully secured pole position in the qualifying session, and with that advantage things looked good for him. But wet conditions were expected for the race day, throwing everyone's predictions somewhat into disarray.

By the time the race started, the rain was gone but the track surface remained wet enough that the race started behind the safety car, which stayed out for two laps before the flag was waved to commence racing. The highly motivated Kondo aggressively attacked the course, opening a gap ahead of Takei in second. But shortly after, the rain started again and grew heavier. After the downpour forced two drivers off the track, the safety car came out again. The seven-second margin created by Kondo was gone, but the safety car led the all the contenders to the chequered flag. That gave Kondo the race, and with it he captured the PCCJ driver's championship for the first time.

After the official start Hoshino, who was on pole in the Gentlemen's class, led rest of the contenders including Go Max, who started from second place. He gave chase but drove with great care. While they were watching the weather and track conditions and noting their rivals' performances, the renewed rain brought out the safety car all the way to the line. And so Hoshino was secure with his second Gentlemen's Class driver's championship.

As last year, the tenth and final race was the support for this year's Formula One Japanese Grand Prix at Suzuka. Again Kondo took pole position, thus establishing the milestone of sitting on pole for every one of the 10-race 2016 PCCJ Series. In the race itself, Kondo took an early lead and was well on the way to another win when an accident happened behind him, and the safety car led all the machines to the end. Kondo again received the flag, finishing the season with an impressive total of eight out of 10 victories. Mikasa finished second, and Hoshino third, pitting him on the podium for the fourth time in a row.

That performance also gave Hoshino first in class for the Gentlemen, recording his seventh victory for the season. Ikari Goto, competing in his second season of the championship, finished in second, which was the highest finish for him in the series. The final driver's ranking was therefore secured. Overall Champion was Kondo, followed by Mikasa, Hoshino, Takei, Sakamoto, and Tajima in sixth. In the Gentlemen's Class, champion was Hoshino, followed by Tajima, Goto, Uchiyama, Go Max, and Nagai in sixth.

Kondo, the delighted and proud 2016 PCCJ Series driver's champion, commented, "It was an absolute 'must' for me to win the title. I was so glad to do so while everyone was expecting it."

Hoshino, the 2016 PCCJ Gentlemen's Class champion, emphasized that coming out on top was a combination of driver and team. "It's so fulfilling to win the title I have aimed so hard at. I kept up my physical training, and the team kept building its overall strength. The title is the result of all that."

Masanori YONEKURA

Porsche Carrera Cup Japan

Driver Standings

POS	NO	DRIVER	POINTS
1	78	Tsubasa KONDO	183
2	14	Yuichi MIKASA	152
3	7	Satoshi HOSHINO	121
4	9	Shinji TAKEI	113
5	36	Yuya SAKAMOTO	104
6	2	Tsuyoshi TAJIMA	81
7	98	IKARI GOTO	77
8	32	Hideki NAGAI	62
9	25	Kiyoshi UCHIYAMA	62
10	24	Go Hayato (G0 Max)	60
11	99	Shinyo SANO	59
12	77	Masaru HAMASAKI	56
13	47	TAD JUN JUN	45
14	6	Masanori YONEKURA	40
15	66	Lee Brian	29
16	51	Paul IP	27
17	10	Makio SAITO	25
18	23	Naoki HATTORI	16
19	19	Yuri HAYASHI	12
20	19	Hiroaki NAGAI	8
21	23	Tomoyuki TAKIZAWA	7
22	51	NAORYU	6
23	19	Kenji KOBAYASHI	3
24	52	Tsugio HARUYAMA	1
25	36	Takaaki USAMI	1

Gentlemen Driver Standings

POS	NO	DRIVER	POINTS
1	7	Satoshi HOSHINO	176
2	2	Tsuyoshi TAJIMA	136
3	98	IKARI GOTO	117
4	25	Kiyoshi UCHIYAMA	109
5	24	Go Hayato (G0 Max)	103
6	32	Hideki NAGAI	101
7	99	Shinyo SANO	93
8	77	Masaru HAMASAKI	87
9	47	TAD JUN JUN	81
10	6	Masanori YONEKURA	77
11	66	Lee Brian	63
12	10	Makio SAITO	60
13	51	Paul IP	55
14	19	Yuri HAYASHI	22
15	52	Tsugio HARUYAMA	21
16	23	Tomoyuki TAKIZAWA	18
17	36	Takaaki USAMI	11
18	51	NAORYU	9

Team Standings

POS	TEAM	POINTS
1	TOEI WITH NK RACING	139
2	BINGO RACING	138
3	911 Service	128
4	ARN RACING	85

CARRERA CUP AUSTRALIA

The 2016 season of Porsche Carrera Cup Australia had it all – exciting racing, spectacular events and the rise of a star that epitomises the strength of Porsche one-make racing in Australia.

Tony Bates and Matt Campbell

Im diesjährigen Porsche Carrera Cup Australia stellte sich Matt Campbell, Vize-Champion des Vorjahres, schnell als ein heißer Anwärter auf die vorderen Plätze heraus, er triumphierte bereits im ersten Lauf in Adelaide. Im zweiten Heat kollidierte er mit Alex Davison, was Ash Walsh nutzte und gewann. In Durchgang drei sah Nick McBride zwar als Erster die Zielflagge, doch wegen einer Fünf-Sekunden-Strafe aufgrund eines Frühstarts fiel er auf den dritten Rang hinter Michael Almond und Campbell zurück.

Es folgte der Auftritt im Rahmen der Formel 1 im Albert Park von Melbourne. Vier Rennen standen auf dem Programm – drei davon gewann Davison, eins ging an Campbell. Beim Porsche Rennsport Event in Sydney war dann Campbell der bestimmende Fahrer. Und weil seine Rivalen nicht übermäßig punkten konnten, übernahm er auch gleich die Spitze der Fahrerwertung. In Darwin kreuzte Davison wenig später zweimal als Erster die Ziellinie und saugte sich wieder bis auf 4,5 Zähler an Tabellenführer Campbell ran. Doch dann setzte dieser zu einer starken zweiten Saisonhälfte an, die gemeinsam mit dem Porsche Carrera Cup Asia Ende August in Sydney begann. In den ersten beiden Heats siegte Campbell jeweils vor David Wall, bevor zwei Rennen folgten, in denen sich der Carrera Cup Australia die Strecke mit den Piloten des asiatischen Cup teilte. Im ersten Lauf stritten sich die Starter der Klasse B und der Challenge-Kategorie um die Pokale, im zweiten fuhren die Profis gegeneinander. Dabei war vor allem das Rennen der Klasse B / Challenge, das der Australier Stephen Grove knapp vor dem Chinesen Yuan Bo gewann, eines der spannendsten der gesamten Saison. Bei den Profis war Campbell nicht zu schlagen. Zusammen mit McBride und Davison standen nur Teilnehmer des australischen Carrera Cup auf dem Siegertreppchen.

Matt Campbell and team

For a number of reasons, the 2016 season of Porsche Carrera Cup Australia was probably the most anticipated yet, though eventually one driver stood out among the rest. Australia's premier one-make series saw the welcome return of past champion Alex Davison and former front-runners Dean Fiore and David Wall – a trio with a combined 51 Carrera Cup Australia race wins. Also entering the series were former Supercars star Ash Walsh, reigning World Time Attack champion Garth Walden and young GT3 Cup Challenge graduates Dylan O'Keeffe and James Abela. Joining these newcomers were those continuing in the championship – Michael Almond, Nick McBride, Duvashen Padayachee and Fraser Ross. They were looking to capitalise on their experience while Steven Richards was also eager to win back the series title he had lost just the season prior.

The semi-professional class, the TAG Heuer Carrera Challenge, was also looking strong. Reigning champion Shane Smollen was keen to defend his Challenge title, though he had to hold back the 2014 class champion Stephen Grove and Tony Bates. The ever-improving James Bergmuller, Marc Cini and Adrian Mastronardo were also searching for Challenge glory.

Porsche Carrera Cup Australia

03.03. - 06.03.2016	Adelaide Parklands, AUS
17.03. - 20.03.2016	Albert Park, AUS
29.04. - 01.05.2016	Sydney Motorsport Park, AUS
17.06. - 19.06.2016	Hidden Ralley Raceway, AUS
26.08. - 28.08.2016	Sydney Motorsport Park, AUS
16.09. - 18.09.2016	Sandown 500, AUS
06.10. - 09.10.2016	Mount Panorama, AUS
21.10. - 23.10.2016	Gold Coast, AUS

Marc Cini

Matt Campbell

Alex Davison

Der reiste Mitte September nach Sandown, wo Campbell die ersten beiden Läufe für sich entschied. Im dritten Heat riss ihn ein Getriebeproblem aus dem Rennen und Davison erbte Platz eins vor dem ehemaligen Champion Steven Richards.

In Bathurst meldete Campbell sich dann erfolgreich zurück, indem er alle drei Durchgänge als Erster abschloss. Und als er dann auch noch im ersten Lauf des Finalwochenendes an der Gold Coast siegte, war ihm der Titel im Porsche Carrera Cup Australia nicht mehr zu nehmen. Doch auch als Champion ließ der 21-Jährige nicht locker und holte sich im zweitletzten Heat des Jahres noch einmal den größten Pokal. Der Triumph im Saisonabschlussrennen ging an Davison.

In der Klasse TAG Heuer Carrera Challenge startete Tony Bates mit einem Sieg beim ersten Meeting in die Saison. Auch wenn er keinen weiteren Erfolg hinzufügen konnte, war seine Konstanz am Ende ausschlaggebend dafür, dass er seinen ersten Titel in der Challenge-Klasse feiern durfte.

Steven Richards

(77): Nick McBride - (7): Matt Campbell - (360): Fraser Ross

And then there was Matt Campbell. The GT3 Cup Challenge graduate entered Carrera Cup as one to watch in 2015 and ultimately finished the season with six wins. Campbell didn't disappoint from the season's outset, winning race one in Adelaide. A race two clash with Davison allowed newcomer Ash Walsh to take victory. With Walsh hitting the wall at turn three on the opening lap of the final race, Nick McBride led, though a five second time penalty for a jump start allowed local ace Michael Almond to sneak home for a popular race three win. McBride won the round from Almond and Campbell.

The series then ventured to Albert Park as a Formula 1 support category and staged four races across the four-day event. Campbell claimed race one while Davison won the final three races. Davison and Campbell were now tied on points, equal in second behind series leader McBride.

The annual Pro-Am returned to Sydney Motorsport Park for the Porsche Rennsport Australia event. Campbell and highly esteemed semi-professional Geoff Emery claimed a clean sweep in an event highlighted by the addition of Shane van Gisbergen, a leading Supercars racer who entertained with a blistering performance around the Sydney circuit. The tables turned at Darwin where round winner Davison reduced the gap to Campbell to just 4.5 points before Campbell started his phenomenal second half of the season.

The championship descended on Sydney Motorsport Park for the second time in 2016, joined at the New South Wales venue by Porsche Carrera Cup Asia. Campbell won the opening two Carrera Cup Australia races with David Wall second in each. The series then combined for two spectacular joint races; the first saw all Class B and Challenge ranked racers go head-to-head. Thereafter, all professionally-ranked drivers would compete for regional glory.

David Wall

Drivers of Porsche Carrera Cup Australia and Porsche Carrera Cup Asia

The Class B/Challenge battle was one of the best races of the season. Stephen Grove started on pole position and took an early lead, but as the race progressed, Carrera Cup Asia racer Yuan Bo chased down the Australian and, by the final lap, was challenging. Grove held off the Chinese racer for a popular win for the local championship.

Campbell battled with Maxime Jousse at the start of the outright race. McBride soon jumped to second in pursuit of Campbell, but was unable to challenge for the lead by the finish. Davison finished third from Walsh and Jousse in fifth.

The series moved to Sandown, which saw a familiar face at the front; Campbell again won the opening two races. A clean sweep looked certain before a gearbox drama forced him out of the final race, handing the win to Davison.

Campbell then dominated the Bathurst round – three race wins – before winning the opening race at the Gold Coast finale, which secured him the 2016 title. He went on to win race two while placing third in the final race of the season, won by Davison.

Not only was Campbell's race pace superior in 2016, the 21-year-old scored pole position in the seven straight events, a new record for the championship.

Matt Campbell

Tony Bates

The TAG Heuer Carrera Challenge class was Tony Bates's to lose from the opening round, where he scored his third consecutive clean sweep at the Clipsal 500.

Stephen Grove then bounced back from a race three DNF in Adelaide to win at the Formula 1 Australian Grand Prix. James Bergmuller, partnered by Garth Tander, then took the Rennsport round win, followed by Shane Smollen's triumph at the Darwin round. Bates held the class lead mid-season, after four different drivers had won the first four rounds.

Grove then won in Sydney, ahead of the Sandown round where, incredibly, Bergmuller, Grove and Cini all finished the weekend at the top of the round standings on 144 points; Bergmuller taking the round win due to finishing the highest in the final race. Bergmuller then snared his third round win of the season at Bathurst before Grove clean swept the season finale.

While only taking one round win for the season, Bates never yielded the class lead from the opening race, taking a long awaited Challenge title in his fifth season in the championship, placing ahead of Bergmuller and Grove.

Porsche Carrera Cup Australia had two deserving champions in 2016. Bates used his strong consistency to finally conquer the TAG Heuer Carrera Challenge. Meanwhile, Campbell didn't disappoint, living up to the hefty expectations placed upon him. The newly crowned outright champion was a tremendous example of how Australia's Porsche Motorsport Pyramid can promote young careers while highlighting Porsche Carrera Cup Australia as one of the most competitive and entertaining motor racing series in the region.

(l.-r.): Alex Davison, Matt Campbell, Michael Almond

Porsche Carrera Cup Australia
Driver Standings

POS	DRIVER	POINTS
1	Matt Campbell	1204,5
2	Alex Davison	1074
3	David Wall	993
4	Nick McBride	941
5	Steven Richards	898,5
6	Ash Walsh	706
7	Michael Almond	676,5
8	Dean Fiore	544
9	Duvashen Padayachee	504
10	Dylan O'Keeffe	435
11	Fraser Ross	421,5
12	James Abela	417,5
13	Tony Bates	383,5
14	James Bergmuller	372
15	Garth Walden	361,5
16	Stephen Grove	294,5
17	Shane Smollen	288
18	Adrian Mastronardo	263
19	Marc Cini	246,5
20	Shane van Gisbergen	117
21	Scott Taylor	84

(l.-r.): Nick McBride, Alex Davison, Steven Richards

Tag Heuer Carrera Cup Challenge

POS	DRIVER	POINTS
1	Tony Bates	1155,5
2	James Bergmuller	1069,5
3	Stephen Grove	1032
4	Shane Smollen	912
5	Adrian Mastronardo	906,5
6	Marc Cini	881,5
7	Scott Taylor	293

(l.-r.): Steve Keil, Tony Bates, James Bergmuller, Matt Campbell, Scott Taylor, David Wall

GT3 CUP CHALLENGE

GT3 CUP CHALLENGE MIDDLE EAST

GT3 CUP CHALLENGE BENELUX

GT3 CUP CHALLENGE BRASIL

GT3 CUP CHALLENGE AUSTRALIA

GT3 CUP CHALLENGE JAPAN

GT3 CUP CHALLENGE SCANDINAVIA

GT3 CUP CHALLENGE SUISSE

GT3 CUP CHALLENGE FINLAND

GT3 CUP CHALLENGE CENTRAL EUROPE

ULTRA 94 GT3 CUP CHALLENGE CANADA BY YOKOHAMA

GT3 CUP CHALLENGE USA BY YOKOHAMA

GT3 CUP CHALLENGE
MIDDLE EAST

PORSCHE
GT3 CUP
CHALLENGE
MIDDLE EAST

IN PARTNERSHIP WITH

LechneRacing

Season 7 of the Porsche GT3 Cup Challenge
Middle East continues to act as the perfect
platform to develop young regional drivers.

(21): Magnus Öhman - (4): Hamad Al Khalifa

🇩🇪 Die siebte Saison der von Lechner Racing gegründeten und organisierten Porsche GT3 Cup Challenge Middle East begann Ende November 2015 im Rahmen der FIA Langstrecken-Weltmeisterschaft WEC auf dem Bahrain International Circuit. Charlie Frijns startetet von der Pole Position, konnte diese aber nicht nutzen und fiel in Runde zwei nach einem zu spät gesetzten Bremsmanöver komplett aus dem Rennen. Jeffrey Schmidt eroberte den ersten Triumph der Saison vor Ryan Cullen und Saeed Al Mehairi.

Der zweite der insgesamt zwölf Saisonläufe zeigte einen Tag später ein ganz anderes Bild, obwohl Sieger Schmidt und der zweiplatzierte Cullen ihre Positionen wiederholten. Doch hinter den beiden Frontrunnern und Zaid Ashkanani wurde vor allem um die Plätze vier bis sieben hart gekämpft. Erst in der letzten Runde war der Fight entschieden, in dem der für die Equipe Sky Dive Dubai Falcons fahrende Hasher Al Maktoum das Zieltuch als Vierter vor seinem Teamkollegen Saeed Al Mehairi und vor Charlie Frijns sah.

Für die zweite Veranstaltung reisten die Teams und Fahrer der GT3 Cup Challenge Middle East zum Reem International Circuit nach Saudi Arabien. Nach einem guten Start im ersten Heat versuchte Frijns alles, den Abstand auf den auf Rang zwei fahrenden Ashkanani möglichst klein zu halten, um Druck auf den 22-Jährigen auszuüben. Der in Katar lebende Niederländer vom Team Frijns Structural Steel ME musste sich schließlich zwar hinter dem Kuwaiti anstellen, freute sich aber dennoch über seinen ersten Podestplatz der Saison. Vorne bejubelte der 22-jährige Schweizer Schmidt seinen dritten Triumph in Folge.

Und auch im vierten Heat war der Eidgenosse nicht zu schlagen und baute seine Serie auf nunmehr vier Erfolge aus. In der Gesamtwertung hatte der Neuling in der GT3 Cup

(l.-r.): Zaid Ashkanani,
Jeffrey Schmidt, Ryan Cullen

Wolfgang Triller

Dennis Olsen

Walter Lechner sen. and Isa Bin Abdullah al Khalifa

Christoph Huber

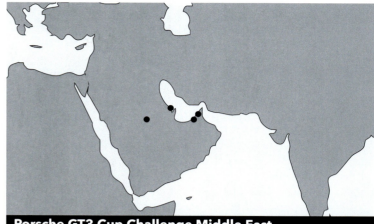

Porsche GT3 Cup Challenge Middle East

20.11. - 21.11.2016	Bahrain, BHR
04.12. - 05.12.2016	Reem, SAU
21.01. - 24.01.2016	Yas Marina Circuit, UAE
29.01. - 30.01.2016	Dubai, UAE
18.02. - 19.02.2016	Dubai, UAE
04.03. - 05.03.2016	Bahrain, BHR

🏴 Season seven of the Porsche GT3 Cup Challenge Middle East started at the Bahrain International Circuit, and from the start it was clear that a new breed of young drivers would be shining lights this season. Jeffrey Schmidt ran out as the season champion, but the grid was clearly full of talented young drivers that will stage some more excellent racing in the future.

Charlie Frijns was on pole for the opening race, but his night ended on lap two as the Qatar-based driver misjudged his braking and retired, handing the result to Schmidt who opened his season account with victory. The second of the 12-race championship was held as part of the FIA World Endurance Championship (WEC) final round. Ireland's Ryan Cullen took the win after 12 laps, but those holding onto fourth, fifth, sixth and seventh places enjoyed a tough fight. The midfield dogfight was finally set-

Challenge Middle East bereits einen Vorsprung von 14 Zählern auf der 25 Jahre alten Iren Cullen, der zu diesem Zeitpunkt Position zwei einnahm.

Im Januar 2016 traf man sich auf dem Yas Marina Circuit wieder. Schmidt konnte seine gute Form über die Weihnachtstage halten, war auch auf der Formel-1-Strecke von Abu Dhabi nicht zu bezwingen und angelte sich seine Siegerpokale Nummer fünf und sechs. Im ersten Heat wurde Bandar Alesayi als Zweiter vor Ashkanani abgewinkt.

Einen Durchgang später komplettierten Ashkanani und Frijns das Siegertreppchen neben den für Al Nabooda Racing startenden Schmidt. Dabei setzte Frijns sich in der Schlussphase in einem heißen Rad-an-Rad-Duell gegen Abdulaziz Al Faisal durch und verwies den ehemaligen Champion der GT3 Cup Challenge Middle East auf den vierten Rang.

Die zweite Saisonhälfte wurde in Dubai eingeläutet. Jeffrey Schmidt holte sich einmal mehr die beste Startposition vor seinem Teamkollegen Zaid Ashkanani. Dieser wollte Schmidt nach einem nicht optimalen Beginn des Schweizers in Kurve eins angreifen, doch die Attacke misslang. Er drehte sich und riss dabei den in der Fahrerwertung Führenden aus dem Rennen. Ashkanani hingegen sah die Zielflagge letztendlich als Siebter und nahm so immerhin noch 14 Zähler mit. Der erste Ausfall von Dauersieger Schmidt bedeutete auch, dass es einen neuen Gewinner geben musste. Ryan Cullen nutzte die Gunst der Stunde und kreuzte die Ziellinie als Erster vor Abdulaziz Al Faisal. Im zweiten Lauf gelang die Durchfahrt der ersten Biegung besser, Charlie Frijns führte in der Anfangsphase vor Schmidt und Al Faisal. Doch schon in Umlauf zwei unterlief dem Leader ein Fahrfehler und Schmidt übernahm die Spitze. Diese brachte er vor Frijns und Cullen sicher ins Ziel.

Jaber Al Khalifa

Podium at Dubai

Podium at Bahrain

Saud Al Faisal

Auch das zweitletzte Rennwochenende fand in Dubai statt und Schmidt addierte zu seiner Saisonbilanz zwei weitere Triumphe. Im ersten Heat setzte sich Ashkanani im Kampf um den zweiten Platz gegen Abdulaziz Al Faisal durch.

Durchgang zwei gestaltet sich ebenfalls spannend. Hinter Dominator Schmidt freuten sich schließlich Cullen und Al Faisal über die Ränge zwei und drei. Dabei musste Cullen nach einem Dreher im ersten Rennen von hinten starten und zeigte eine tolle Aufholjagd. Ashkanani verpasste das Podium zwar, blieb in der Gesamtwertung als Zweiter aber in Lauerstellung, als die GT3 Cup Challenge Middle East zum Saisonfinale nach Bahrain aufbrach.

Dort triumphierte Ashkanani zum ersten Mal in dieser Saison und trug sich gleichzeitig als dritter Rennfahrer nach den beiden Europäern Jeffrey Schmidt und Ryan Cullen in die Siegerliste ein. Ashkananis Teamkollege Schmidt erreichte den zweiten Rang vor Charlie Frijns. Der 25-jährige Student startete zwar von der Pole Position, erkämpfte sich aber letztlich einen wohlverdienten dritten Platz hinter dem Duo aus dem Team Al Nabooda.

Im letzten Rennen der Saison lautete die Reihenfolge auf den ersten drei Positionen Cullen vor Al Faisal und Frijns. Schmidt reichte ein vierter Platz, um sich als bester Fahrer der GT3 Cup Challenge Middle East feiern zu lassen. Für ihn standen am Ende neun Erfolge zu Buche sowie ein zweiter und ein vierter Rang. Außerdem wurde sein Team Al Nabooda Racing, für das Champion Schmidt und Vize-Champion Ashkanani die Punkte holten, als beste Mannschaft der Serie ausgezeichnet.

tled on the last lap with Skydive Dubai Falcons duo of Al Maktoum fourth, Al Mehairi fifth and Frijns in sixth.

The second round of the championship took place in Saudi Arabia and was held at Reem International Circuit. Schmidt took another win, ahead of Ashkanani in second, the latter having held off the attention of Frijns throughout the 17-lap race.

The second race in Saudi Arabia saw a repeat of the opening race as Schmidt blazed from pole position on the grid to take the chequered flag and top place on the podium unchallenged. The newcomer extended his lead in the overall driver standings to 14 points. Cullen followed Schmidt over the line in second place.

In January of 2016, the championship moved to the UAE and the Yas Marina Circuit in Abu Dhabi. The first of two rac-

Isa Al Khalifa

es got underway and lap one saw Ashkanani staking a claim for the top podium spot as he squeezed past Bandar Alesayi into second behind Schmidt, who again saw the chequered flag first. Abdulaziz Al Faisal also managed to get the better of a slightly out of sorts Ryan Cullen to take fourth.

It was more of the same in the second race of the weekend as championship leader Jeffrey Schmidt powered to his sixth consecutive victory. Cullen, who missed qualifying two after a clutch problem, started from the back of the pack. However, he soared an impressive six places in the early stages at the expense of Bandar Alesayi, Magnus Ohman, Wolfgang Triller and Saud Al Faisal.

The early drama was exceeded as a thrilling bumper to bumper contest played out between Frijns and AlFaisal. With just four laps to go Frijns finally found a way past the former champion to secure an important podium spot. The series then moved to Dubai and had been billed as a glorious homecoming for Al Nabooda Racing team. Schmidt was on pole and joined on the front row of the grid by teammate Ashkanani. However at the first corner, the duo misjudged their track positions with Ashkanani spinning out and taking Schmidt with him. The unfortunate collision resulted in an early retirement for Schmidt with Ashkanani eventually finishing seventh.

Abdulaziz Al Faisal and Saud Al Faisal

Start in Dubai

Frijns was on pole for the second race, and entered Turn 1 ahead of Schmidt and Abdulaziz AlFaisal. However, he lost the lead on the second lap after locking up his brakes. Schmidt continued to extend his lead at the front with Frijns and Cullen in pursuit in second and third. AlFaisal challenged hard for fourth in a scrap with Ashkanani both drivers battling firmly but fairly, Ashkanani unwilling to give up his place.

Back to back weekends at Dubai Autodrome saw runaway leader in the driver's standings, Schmidt, again having trouble to secure a win on home soil. An action-packed race saw teammate Zaid Ashkanani narrowly clinch third place behind Saudi Arabia's Abdulaziz AlFaisal in second. The second race of the weekend saw Al Nabooda Racing secure the teams' title after a thrilling race in the closing hours of sunshine in Dubai. Despite an early scare from Cullen. Although Ashkanani missed out on a podium position, the young Kuwaiti star was still well-placed for a top-three overall finish in the driver's standings as the series headed to Bahrain for the crucial and conclusive last round

With the championship back in Bahrain for the sixth and the final round of the series, the first race saw Zaid Ashkanani win, with teammate Schmidt second and Frijns in third. Both Al Nabooda drivers safely returned their cars ahead of rivals and Ashkanani starred to claim a well-deserved first race win of the season. Frijns who started the race on pole finished a credible third after battling hard against the Al Nabooda Racing drivers on a gloriously sunny afternoon in Bahrain.

Schmidt was the star of the series this season, and won the Porsche GT3 Cup Challenge Middle East with a fourth place finish in the final round of the season for the Al Nabooda Racing team.

Hasher Al Maktoum

Wolfgang Triller

(7): Abdulaziz Al Faisal - (1): Zaid Ashkanani - (2): Jeffrey Schmidt

Podium at Yas Marina Circuit

Porsche GT3 Cup Challenge Middle East

Driver Standings

POS	NO	DRIVER	NAT	POINTS
1	2	Jeffrey Schmidt	UAE	267
2	1	Zaid Ashkanani	KUW	238
3	32	Ryan Cullen	IRL	235
4	7	Abdulaziz Al Faisal	KSA	220
5	14	Charlie Frijns	NED	211
6	73	Saud Al Faisal	KSA	166
7	913	Wolfgang Triller	GER	161
8	5	Jaber Al Khalifa	BAH	134
9	15	Rob Frijns	NED	116
10	21	Magnus Öhman	SWE	102
11	9	Saeed Al Mehairi	UAE	69
12	11	Hasher Al Maktoum	UAE	67
13	50	Fawaz Algosaibi	KSA	48
14	12	Bandar Alesayi	KSA	38
15	33	Isa Al Khalifa	BAH	24

Team Standings

POS	TEAM	POINTS
1	Al Nabooda Racing	505
2	Al Faisal Racing	386
3	Frijns Structural Steel ME	327
4	Team Bahrain	158
5	Sky Dive Dubai Falcons	136
6	ClassicArabia Racing	86

Driver Standings Silver Category

POS	NO	DRIVER	NAT	POINTS
1	73	Saud Al Faisal	KSA	166
2	913	Wolfgang Triller	GER	161
3	12	Bandar Alesayi	KSA	38
4	33	Isa Al Khalifa	BAH	24

Driver Standings Bronze Category

POS	NO	DRIVER	NAT	POINTS
1	5	Jaber Al Khalifa	BAH	134
2	15	Rob Frijns	NED	116
3	21	Magnus Öhman	SWE	102
4	50	Fawaz Algosaibi	KSA	48

(1): Zaid Ashkanani
(2): Jeffrey Schmidt

GT3 CUP CHALLENGE
BENELUX

PORSCHE
GT3 CUP
CHALLENGE
BENELUX

"The 2016 champions were decided in the final moments of the final race at a sun drenched Paul Ricard circuit, with Dylan Derdaele becoming the overall champion and Roger Grouwels claiming the Gentlemen's class"

Dylan Derdaele war bester Teilnehmer der Porsche GT3 Cup Challenge und freute sich folglich auch über den Titel.

Vor Saisonbeginn vereinbarte die Cup Challenge Benelux eine Kooperation mit den Porsche Carrera Cups France und Central Europe, was dafür sorgte, dass die Benelux-Serie allein viermal zusammen mit dem französischen Cup fuhr. Insgesamt sechs Meetings standen auf dem Plan, an denen jeweils zwei 30-Minuten-Rennen ausgefahren wurden. Rennwochenende Nummer eins stieg im Rahmen der FIA Langstreckenweltmeisterschaft WEC in Spa-Francorchamps, wo Derdaele beide Durchgänge gewann. Einige Wochen später siegte der 24-Jährige an gleicher Stelle auch im dritten Heat des Jahres. Im verregneten zweiten Lauf beendete Alexandre Jouannem die Siegesserie des Schützlings vom Belgium Racing Team. Bemerkenswert war in Spa zudem, dass die Starter der GT3 Cup

(3): Roger Grouwels
(99): Dylan Derdaele
(37): John De Wilde

Rodrigue Gillion

Porsche GT3 Cup Challenge Benelux

06.05. - 07.05.2016	Spa-Francorchamps, BEL
11.06. - 12.06.2016	Spa Francorchamps, BEL
25.06. - 26.06.2016	Zandvoort, NED
10.09. - 11.09.2016	Le Mans, FRA
08.10. - 09.10.2016	Zandvoort, NED
29.10. - 30.10.2016	Paul Ricard, FRA

The 2016 season of the Porsche GT3 Cup Challenge Cup Benelux saw a number of changes and more than its fair share of sporting highlights. One of those was the first collaboration with the French Porsche Carrera Cup and the Central Europe Cup that resulted in huge grid numbers and exciting races. So successful was the concept that it will be repeated in 2017.

The 2016 champions were decided in the final moments of the final race at a sun drenched Paul Ricard circuit, with Dylan Derdaele becoming the overall champion and Roger Grouwels claiming the Gentlemen's class.

Six meetings, each of two 30-minute sprint races, made the structure of the fastest one-make series in the Benelux, and four of those were held in conjunction with the French Carrera Cup.

True to tradition, the season kicked off during the FIA WEC weekend at Spa-Francorchamps. Derdaele, one of the clear favourites, started the season brilliantly as he won both races. Jurgen Van Hover also enjoyed a good start with two podium places and the German newcomer Jorn Schmidt-Staade also left his mark. Several weeks later the beautiful Ardennes circuit played host to the season's second meeting and Derdaele clinched a third victory in a row. However in Sunday's rain drenched race the promising young Frenchman Alexandre Jouannem, who is studying in the Netherlands, broke through having decided to compete in both championships. It was a weekend proving the strength of collaboration again, with the competitors of the Central Europe Porsche Competition. Both championships had a fantastic weekend in the Belgian Ardennes.

Dylan Derdaele

Roger Grouwels

Challenge Central Europe an beiden Rennen teilnahmen und so für ein Feld von 34 Porsche sorgten.

Ende Juni in Zandvoort fügte Jouannem seinem Konto zwei weitere Erfolge hinzu. Auf dem kleinen Circuit Bugatti im französischen Le Mans hingegen musste der Franzose zusehen, wie die ersten Plätze in den beiden Heats an Roger Grouwels und an Derdaele gingen. Und Letztgenannter holte sich wenig später gleich beide Siegerpokale, als die Cup Challenge abermals in Zandvoort gastierte. Beim Finale in Le Castellet blieb dem Belgier in beiden Durchgängen die zweite Position hinter Jouannem. Dieser starke Endspurt vom Vorjahres-Champion der Belgian Racing Car Championship (BRCC) wurde schließlich mit dem Titelgewinn in der GT3 Cup Challenge Benelux belohnt. Auf Rang zwei der Anschlusstabelle beendete der beste Gentleman Roger Grouwels die Saison, Alexandre Jouannem reihte sich auf Position drei ein.

Dylan Derdaele

(l.-r.): Pierre Piron, Roger Grouwels, Stefan Rehkopf

Menno Van de Grijspaade

Yannick Hoogaars

(l.-r.): Dylan Derdaele, Alexandre Jouannem, John De Wilde

At the end of June, Jouannem claimed the double in Zandvoort. On the Bugatti circuit, the permanent track at Le Mans, Grouwels claimed his first win of the season, while Derdaele won the second race. The weekend in Zandvoort was one for all the Porsche fans, with demo runs of historic models, free driving in all types of Porsche and the event was run in true Porsche spirit.

However, during the last two weekends of the season Derdaele moved on up a gear, winning twice in Zandvoort and twice finishing second at Paul Ricard behind Alexandre Jouannem. That strong final push was sufficient to clinch his first title in the Porsche GT3 Cup Challenge Cup Benelux, while Roger Grouwels took the vice-champion's laurels (and champion in the Gentlemen class), with the bronze going to Alexandre Jouannem.

Also worth mentioning was Pierre Piron's fourth place, not forgetting the brilliant fifth spot in the championship for a through and through gentleman rookie, John De Wilde. He proved that competing in the legendary Porsche 911 is not only the domain of the young! Last but not least worth mentioning in order Jorn Schmidt-Staade, Stefan Rehkopf, Menno van de Grijspaarde, Koen Wauters and Jurgen van Hover who completed the top 10.

GT3 Cup Challenge Benelux

Driver Standings

POS	NO	DRIVER	TEAM	POINTS
1	99	Dylan Derdaele	BELGIUM Racing	178
2	3	Roger Grouwels	Team RaceArt	153
3	47	Alexandre Jouannem	Tsunami RT	119
4	20	Pierre Piron	Mediacom	114
5	37	John De Wilde	Speedlover	108
6	12	Jörn Schmidt-Staade	JSS Beteiligungsgesellschaft GmbH	107
7	333	Stefan Rehkopf	Stefan Rehkopf	106
8	4	Menno Van de Grijspaarede	GP-Elite	102
9	14	Koen Wauters	DVB Racing	90
10	18	Jürgen Van Hover	Speedlover	79
11	98	Yannick Hoogaars	BELGIUM Racing	67
12	2	Hans Fabri	Team RaceArt	58
13	6	Yves Noel	Car Tuning Lease Motorsport	47
14	88	Wim Meulders	Speedlover	35
15	88	Romain Degeer	Speedlover	32
16	991	Didier Van Dalen	Fach Auto Tech	26
17	271	Cenk Ceyisakar	GO Motorsports by DVB Racing	24
18	17	Andrés Danyliw	Speedlover	16
19	14	Rodrigue Gillion	DVB Racing	14
20	270	Cengiz Oguzhan	GO Motorsports by DVB Racing	14
21	5	Jesse Van Kulik	GP-Elite	12
22	17	Jean-Pierre Verhoeven	Speedlover	10
23	24	Pierre-Yves Paque	Speedlover	10
24	269	Yadel Oskan	GO Motorsports by DVB Racing	5
25	268	Arif Suyabatmaz	GO Motorsports by DVB Racing	1
26	89	Gerard Van Der Horst	Van Der Horst Motorsport	0

Driver Standings Gentlemen

POS	NO	DRIVER	TEAM	POINTS
1	3	Roger Grouwels	Team RaceArt	90,5
2	18	Jürgen Van Hover	Speedlover	73,5
3	20	Pierre Piron	Mediacom	70,5
4	37	John De Wilde	Speedlover	65,5
5	333	Stefan Rehkopf	Stefan Rehkopf	64,5
6	12	Jörn Schmidt-Staade	JSS Beteiligungsgesellschaft GmbH	63,5
7	4	Menno Van de Grijspaarede	GP-Elite	62,5
8	14	Koen Wauters	DVB Racing	59
9	88	Wim Meulders	Speedlover	43,5
10	88	Romain Degeer	Speedlover	37,5
11	2	Hans Fabri	Team RaceArt	36
12	6	Yves Noel	Car Tuning Lease Motorsport	31
13	991	Didier Van Dalen	Fach Auto Tech	16,5
14	17	Jean-Pierre Verhoeven	Speedlover	14
15	24	Pierre-Yves Paque	Speedlover	11,5
16	271	Cenk Ceyisakar	GO Motorsports by DVB Racing	15
17	17	Andrés Danyliw	Speedlover	9,5
18	270	Cengiz Oguzhan	GO Motorsports by DVB Racing	9,5
19	14	Rodrigue Gillion	DVB Racing	7,5
20	5	Jesse Van Kulik	GP-Elite	7
21	269	Yadel Oskan	GO Motorsports by DVB Racing	5
22	268	Arif Suyabatmaz	GO Motorsports by DVB Racing	1,5
23	89	Gerard Van Der Horst	Van Der Horst Motorsport	0

GT3 CUP CHALLENGE BRASIL

Porsche GT3 Cup Challenge Brasil dribla a crise transformando a série em Sul-Americana e enchendo grid no campeonato de endurance

Die Wirtschaft in Brasilien steckte 2016 in einer Krise, doch die Porsche GT3 Cup Challenge Brasil machte das Beste daraus und expandierte ins benachbarte Ausland. Zum ersten Mal in der Geschichte der Serie fuhr der brasilianische Porsche-Markenpokal auf der argentinischen Strecke Termas de Río Hondo und durfte sich sogar offiziell südamerikanische Meisterschaft nennen.

Die beste Entscheidung aber war die Installation einer zusätzlichen Endurance-Serie. Die Anzahl von neun Veranstaltungen pro Saison wurde beibehalten, doch nur sechs davon wurden dieses Mal als Sprintrennen ausgeschrieben. Dreimal stand ein Endurance-Lauf auf dem Programm, bei dem zwei oder drei Piloten gemeinsam ein 200- oder 300-Meilen-Rennen bestritten. Dabei waren die Klassen Cup (Porsche 911 GT3 Cup 991) und Challenge (Porsche 911 GT3 Cup 997 II) startberechtigt. Neben den

Cristiano Piquet   Start at Goiania

Tom Filho and Rodrigo Mello - Challenge Endurance Series Champions

2016 Overall Champions: Eloi Khouri (Challenge) and Miguel Paludo (Cup)

Porsche GT3 Cup Challenge Brasil

12.03.2016	Curitiba, BRA
23.04.2016	Termas de Río Hondo, ARG
21.05.2016	Curitiba, BRA
18.06.2016	Mogi Guaçu, BRA
06.08.2016	Interlagos, BRA
17.09.2016	Curitiba, BRA
22.10.2016	Goiânia, BRA
13.11.2016	Interlagos, BRA
26.11.2016	Interlagos, BRA

In times of crisis, some people cry, and some sell handkerchiefs. This entrepreneurial logic fits well into the 12th Porsche GT3 Cup Challenge Brasil season. The season began in challenging circumstances. Local economic difficulties right after two major sports events, the football World Cup and the Olympic Games, caused the Brazilian motorsport scene to struggle as circuits closed and sponsors stepped out. Meanwhile, the Brazilian one-make series went out and took on the challenge.

Jacarepaguá does not exist anymore? Curitiba is about to close its track? No problem. In 2016 the Brazilian series opened at the Argentinean circuit of Termas de Río Hondo, an event that left local racing teams delighted by the pack of Porsche 911 race cars. Additionally, the series received this season the seal of approval from the official South

Einzelwertungen gab es in jeder Klasse auch eine Gesamtwertung, die sich aus Sprint- und Endurance-Resultaten zusammensetzte. Der Gesamtsieger der Challenge-Klasse erhielt als Preis einen Startplatz in der Cup-Klasse 2017 und der Beste der Cup-Kategorie bekam eine Einladung zum Carrera-Cup-Lauf in Rahmen des kommenden 24-Stunden-Rennens von Le Mans.

Die Saison begann in Interlagos mit der Premiere der Endurance-Wettbewerbe. Marcelo Hahn und Allam Khodair waren nicht zu schlagen und verwiesen das Duo Miguel Paludo / Beto Gresse auf den zweiten Rang. Dass sich im Endurance-Feld der GT3 Cup Challenge Brasil mit Gastón Mazzacane, Nelson Piquet Jr., Ricardo Rosset und Ricardo Zonta allein vier ehemalige Formel-1-Piloten tummelten, unterstrich die Beliebtheit dieses neu geschaffenen Rennformats. Außerdem stellte sich Pedro Piquet, der nach zwei Formel-3-Titeln in seiner Heimat in diesem Jahr den Weg in die FIA Formel-3-Europameisterschaft fand, dem Langstreckenwettbewerb mit Porsche-Cup-Fahrzeugen.

(8): Christiano Piquet · (7): Gonzalo Huerta

Endurance Series start at São Paulo

American championship from CODASUR. However, one of the great introductions to the championship this season was the Endurance Series which was open to cars from both classes. The traditional season of nine rounds was kept, including the preliminary race in support of the Brazilian F1 Grand Prix. Six rounds were Sprint (with two 25-minute races for Cup class and one for Challenge class), and three were Endurance – with 200 and 300-mile races, with teams of two or three drivers for each car.

Compulsory pit-stop regulations opened a whole new margin of possible strategies. Not by accident, Shell joined the championship as the official fuel provider, powering all the cars of the series with its premium high-octane product, V-Power Racing.

But what caught the attention of every driver on the grid was the championship prize for the winners of 2016. With two championships going on, drivers could score points both on Sprint and Endurance races, forming an "overall" rank that combined results of all nine rounds of the season. The prize for the overall champion

Miguel Paludo

Sprint Series start at São Paulo

Alan Hellmeister and Nelson Piquet Jr.

(0): Claudio Dahruj - (7): Miguel Paludo - (16): Macelo Hahn
Organization of GT3 Cup Challenge Brasil

Aber auch die Sprintrennen boten viel Spannung. Nachdem im Jahr zuvor noch der zweifache Champion Ricardo Rosset gewann, trug sich 2016 ein neuer Name in die Liste der Champions ein. Lico Kaesemodel sicherte sich den Cup-Titel schon ein Meeting vor dem Finale, indem er bei seinem Heimspiel in Goiânia von der Pole Position aus nicht zu stoppen war und zudem noch die schnellste Rennrunde erzielte. Beim Sprint-Finale in Interlagos angelte sich Pedro Queirolo im ersten Heat den Cup-Sieg. Dank einer starken zweiten Saisonhälfte schob er sich so noch auf den dritten Platz in der Abschlusstabelle der Cup-Klasse vor. Lauf zwei ging an Neuling Werner Neugebauer, der sich nach seinem zweiten Rang im ersten Durchgang noch einmal steigern konnte. Hinter ihm begeisterte Miguel Paludo mit einer tollen Aufholjagd, die ihn vom 17. Startplatz bis auf Position drei nach vorne brachte. Er beendete die Saison als Gesamtzweiter der Sprintwertung in der Cup-Klasse.

In der Kategorie Challenge wurde der Sprint-Champion erst beim Sprint-Finale gekrönt, Cristiano Piquet holte sich den Titel vor dem Chilenen Gonzalo Huerta. Mit Marcus Vario wusste auch in dieser Klasse ein Newcomer zu begeistern, der in Interlagos seinen ersten Auftritt in der GT3 Cup Challenge Brasil absolvierte. Bei starkem Regen arbeitete er sich vom siebten Startplatz innerhalb weniger Runden bis an die Spitze vor und freute sich über den Triumph bei seinem Debüt in der Serie.

Mit einem 300-Meilen-Rennen Ende November auf der Formel-1-Piste von Interlagos endete die Saison. Als letzte Sieger des Jahres durften sich Rodrigo Baptista / Sergio Jimenez vor Nelson Piquet Jr. / Alan Hellmeister feiern lassen. Für Hellmeister reichte dies, um sich die Endurance-Krone in der Cup-Klasse aufzusetzen. Miguel Paludo belegte letztendlich Rang eins in der Gesamtwertung der Cup-Klasse, in der Sprint und Endurance gemeinsam in Wertung gingen und durfte sich auf eine Reise nach Frankreich freuen. In der Challenge war bei den Endurance-Läufen niemand besser als das Duo Tom Filho / Rodrigo Mello, der Gesamttitel dieser Klasse ging schließlich an Eloi Khouri.

Sprint Series start at Termas de Río Hondo

was a seat to race a Cup class round in 2017. And for the overall champion of Cup class, a trip to France in 2017 to race the preliminary Porsche event for the 24 Hours of Le Mans was the prize!

Since endurance regulations require two to three drivers for each car, some big names among the pool of South American driving talent were allowed to take part. Now that was a perfect mix of gentlemen and professional drivers competing with the best racing cars on the planet.

The first Endurance Series round was held at Interlagos, and yielded a victory for Marcelo Hahn and Allam Khodair, with Miguel Paludo and Beto Gresse finishing second. Among the drivers on the grid were four ex-F1 drivers (Gastón Mazzacane, Nelson Piquet Jr., Ricardo Rosset and Ricardo Zonta), two world champions (Piquet Jr., Formula E champion, and Zonta, FIA GT champion) and the holders of seven Brazilian Stock Car titles (Cacá Bueno with five and Ricardo Maurício with two). The new generation of drivers also made itself noticed: Pedro Piquet (two-time Brazilian F3 champion and for the first time sharing a racing car with his elder brother Nelson), Rodrigo

Marcelo Hahn

Alan Hellmeister

Carlos Ambrósio

Lico Kaesemodel and Ricardo Zonta

(l.-r.): Cristiano Piquet, Otavio Mesquita, Marcus Vario, Rodrigo Mello and Eloi Khouri

Christian Germano

Baptista (Blancpain GT Series driver for Audi) and Christian Hahn (F3 Brasil), winner of the Interlagos Endurance Series race within the Challenge class with Renan Guerra. While the Endurance Series was fantastic, the Sprint Series also brought some surprises. In 2015 it was all about four two-time champions battling for the unprecedented third trophy, and it was Rosset who won then, but this year heralded a new champion. Solid point-scoring at the start of the season was followed up by an impeccable penultimate round in Curitiba, and Lico Kaesemodel conquered the championship with one round to go. He sealed his victory on home soil after starting on pole and setting the fastest lap in first race, a very rare fact in the history of 12 seasons of Porsche GT3CC Brasil.

The Challenge class also had a new champion, crowned at the last Sprint round which was also the support race for Brazilian F1 Grand Prix at Interlagos. Cristiano Piquet finished on the podium at each of the races and ended with the trophy, ahead of Chilean driver Gonzalo Huerta. However, while Piquet celebrated, it was a newcomer that grabbed all the attention. Hailing from Panama, Marcus Vario impressed with his performance in heavy rain. Starting from seventh on grid, Vario appeared in the leading pack within a few laps. And in a single lap jumped from fourth to first – an overtaking sequence to be remembered.

Gonzalo Huerta

Adalberto Baptista and Ricardo Baptista

Renan Guerra and Christian Hahn

Werner Neugebauer

Allam Khodair

Darío Giustozzi

Within the Cup class, the first victory of the F1 weekend at Interlagos went to pole position starter Pedro Queirolo, consolidating a meteoric journey during the second part of the season and a final third place on the Sprint Series. The second Cup race was marked by the victory of newcomer Werner Neugebauer, but also by a brilliant performance from Miguel Paludo: the 2016 Sprint vice champion started from 17th and finished third.

The season ended in style, with a 300 miles race on the Interlagos circuit, defining the overall titles in favor of Miguel Paludo in the Cup class, and Eloi Khouri, from the Challenge class. The race was won by duo Rodrigo Baptista and Sergio Jimenez, just ahead of Nelson Piquet Jr. and Alan Hellmeister, the Endurance Series title winner in the Cup class. Within the Challenge group, victory for Nonô Figueiredo and Marcio Basso, and the Endurance Series title for teammates and friends Rodrigo Mello and Tom Filho.

As if it were not enough, the headquarters of the biggest racing team in Brazil was also redesigned. With a new mezzanine, the Porsche GT3CC garage inaugurated a new space for motorsport related events. The debut event, promoted by Porsche Brasil, was a motorsport workshop for the main automotive journalists of the country.

If 2016 saw the series flourish amidst a deep economical crisis, 2017 comes with an expectation of even more international rounds in South America and grids filled with international drivers both on Sprint and Endurance races.

Justin Allgaier and Miguel Paludo

Ricardo Baptista

(l.-r.): Lico Kaesemodel, Ricardo Zonta, Alan Hellmeister, Nelson Piquet Jr., Sergio Jimenez, Rodrigo Baptista, Allam Khodair, Marcelo Hahn, Justin Allgaier, Miguel Paludo

Porsche GT3 Cup Challenge Brasil

CUP Standings

POS	NO	DRIVER	POINTS
1	63	Lico Kaesemodel	186 (208)
2	7	Miguel Paludo	158
3	13	Pedro Queirolo	146 (150)
4	27	Ricardo Baptista	134 (148)
5	90	JP Mauro	108 (112)
6	77	Daniel Schneider	99
7	10	Adalberto Baptista	87
8	34	Maurizio Billi	82 (86)
9	18	Carlos Ambrósio	81 (84)
10	15	Marcel Visconde	80
11	16	Marcelo Hahn	71
12	99	Tom Valle	69
13	2	Marcio Basso	68 (70)
14	9	Guilherme Figueirôa	57
15	20	Esteban Gini	40
16	8	Werner Neugebauer	38
17	3	Rodrigo Baptista	32
18	88	Edu Azevedo	30
19	88	Sylvio de Barros	20
20	44	Paulo Pomelli	14
21	12	Dario Giustozzi	12
22	53	Rodolfo Toni	9
23	17	Marcelo Stallone	8
24	12	Fabio Alves	7
25	44	Beto Leite	7
26	26	Cláudio Dahruj	6
27	81	Gil Farah	5
28	19	Tom Filho	2

CUP Sport Standings

POS	NO	DRIVER	POINTS
1	18	Carlos Ambrósio	92 (97)
2	2	Marcio Basso	86 (95)
3	10	Adalberto Baptista	79
4	16	Marcelo Hahn	76
5	44	Beto Leite	10
6	81	Gil Farah	8
7	53	Rodolfo Toni	8
8	19	Tom Filho	5

CUP Master Standings

POS	NO	DRIVER	POINTS
1	34	Maurizio Billi	102 (110)
2	9	Guilherme Figueirôa	70
3	99	Tom Valle	59
4	44	Paulo Pomelli	44
5	12	Dario Giustozzi	26
6	17	Marcelo Stallone	11
7	12	Fabio Alves	10
8	26	Cláudio Dahruj	9

Challenge Standings

POS	NO	DRIVER	POINTS
1	8	Cristiano Piquet	90 (110)
2	7	Gonzalo Huerta	86 (96)
3	89	Daniel Paludo	76 (98)
4	56	Otávio Mesquita	66 (81)
5	21	Eloi Khouri	66 (88)
6	29	Rodrigo Mello	50
7	51	Christian Germano	41 (46)
8	27	Luiz Fernando Elias	40 (42)
9	50	Ramon Alcaraz	34
10	11	Márcio Mauro	32 (37)
11	12	Christian Hahn	25
12	80	Rouman Ziemkiewicz	25 (26)
13	69	Daniel Corrêa	22 (31)
14	55	Marcus Vario	20
15	38	Roberto Samed	19
16	544	Marçal Müller	18
17	88	Luiz Arruda	18 (24)
18	15	Mauricio Salla	18 (21)
19	16	Dario Giustozzi	16
20	19	Tom Filho	15
21	37	Guilherme Reischl	12
22	44	Beto Leite	10
23	53	Rodolfo Toni	6
24	78	Juan Manuel Freddi	4
25	46	Fabián Gruccio	4
26	45	Guillermo Caso	3
27	18	Carlos Larrain	2
28	31	Luca Seripieri	2
29	41	João Lemos	1
30	17	Bob Borowicz	1
31	2	Alcides Amaral	0
32	77	Francisco Horta	0
33	3	Flavio Sampaio	0
34	59	Alejandro Pimentel	0
35	23	Paulo Tavares	0

Challenge Sport Standings

POS	NO	DRIVER	POINTS
1	21	Eloi Khouri	40 (45)
2	50	Ramon Alcaraz	25
3	51	Christian Germano	24
4	27	Luiz Fernando Elias	23
5	25	Mauricio Salla	15
6	38	Roberto Samed	15
7	88	Luiz Arruda	13
8	80	Rouman Ziemkiewicz	12
9	544	Marçal Müller	10
10	37	Guilherme Reischl	9
11	16	Dario Giustozzi	9
12	44	Beto Leite	7
13	78	Juan Manuel Freddi	2
14	2	Alcides Amaral	0
15	41	João Lemos	0
16	77	Francisco Horta	

Endurance Cup Standings

POS	NO	DRIVER	POINTS
1	6	Alan Hellmeister	214
2	3	Sergio Jimenez	213
3	3	Rodrigo Baptista	213
4	16	Marcelo Hahn	184
5	16	Allam Khodair	184
6	63	Ricardo Zonta	176
7	7	Miguel Paludo	161
8	5	Nelson Piquet Jr	149
9	21	Ricardo Baptista	140
10	0	Cacá Bueno	135
11	6	Beto Valério	129
12	63	Lico Kaesemodel	121
13	99	Tom Valle	118
14	99	Daniel Serra	118
15	0	Marcelo Franco	112
16	7	Justin Allgaier	100
17	88	Edu Azevedo	99
18	88	Sylvio de Barros	99
19	0	Ricardo Rosset	95
20	0	Cláudio Dahruj	95
21	34	Maurizio Billi	94
22	34	Ricardo Mauricio	94
23	54	Werner Neugebauer	90
24	77	Daniel Schneider	90
25	8	Darío Giustozzi	77
26	77	Valdeno Brito	68
27	7	Beto Gresse	61
28	4	Felipe Fraga	56
29	13	Pedro Queirolo	55
30	0	Lucas Foresti	50
31	13	JP Mauro	50
32	21	Thiago Camilo	50
33	8	Gastón Mazzacane	48
34	5	Pedro Piquet	45
35	54	Fabio Alves	45
36	88	Antonio Pizzonia	40
37	8	Esteban Gini	32
38	1	Marcel Visconde	29
39	8	Guillermo Ortelli	29
40	90	Gabriel Casagrande	24
41	9	Guilherme Figueirôa	20
42	9	Júlio Campos	20
43	44	Paulo Pomelli	20
44	44	Diego Nunes	20
45	4	Beto Leite	18
46	52	Clemente Lunardi	14
47	52	Beto Posses	14
48	2	Márcio Basso	12
49	2	Nonô Figueiredo	12
50	81	Gil Farah	10

Endurance Challenge Standings

POS	NO	DRIVER	POINTS
1	19	Rodrigo Mello	98
2	19	Tom Filho	98
3	21	Eloi Khouri	88
4	21	Marco Cozzi	88
5	11	Nonô Figueiredo	81
6	12	Christian Hahn	80
7	12	Renan Guerra	80
8	38	Roberto Samed	72
9	38	Marcio Mauro	72
10	50	Ramon Alcaraz	69
11	69	Sérgio Maggi	61
12	69	Mau Zanella	61
13	2	Marcio Basso	55
14	27	Luiz Fernando Elias	51
15	23	Enzo Bortoleto	50
16	11	Luca Seripieri	49
17	89	Carlos Ambrósio	46
18	53	Rodolfo Toni	45
19	53	Dennis Dirani	45
20	19	Pedro Nunes	40
21	56	Otávio Mesquita	36
22	27	Rouman Ziemkiewicz	36
23	25	Mauricio Salla	34
24	50	William Freire	29
25	18	Alan Turres	29
26	55	Marcus Vario	26
27	69	Franco Giaffone	26
28	56	Cristiano Piquet	23
29	11	Beto Gresse	23
30	50	Luciano Burti	21
31	89	Daniel Paludo	17
32	25	Guilherme Reischl	15
33	27	Marçal Muller	15
34	91	Luiz Arruda	13
35	55	Matheus Iorio	0
36	17	Alcides Amaral	0
37	17	Rodrigo Hanashiro	0
38	17	Marcelo Parodi	

Overall Cup Standings

POS	NO	DRIVER	POINTS
1	7	Miguel Paludo	319

Overall Challenge Standings

POS	NO	DRIVER	POINTS
1	21	Eloi Khouri	154

GT3 CUP CHALLENGE AUSTRALIA

The racing throughout the Porsche GT3 Cup Challenge Australia presented by Pirelli field in 2016 was more intense than ever… although it was the battle at the front of the field between two future stars that pushed onlookers to the edge of their seats.

Shane Barwood

🇩🇪 Der über die gesamte Saison anhaltende Kampf zweier zukünftiger Champions bestimmte die Saison 2016 der Porsche GT3 Cup Challenge Australia. Die aufstrebenden Hamish Hardeman und Jaxon Evans mussten sich zu Saisonbeginn aber erst einmal Ryan Simpson geschlagen geben. Der Vorjahres-Champion absolvierte in Sandown einen einmaligen Auftritt in der Cup Challenge.

Im Rahmen des Events Porsche Rennsport Australia siegte Evans in allen drei Durchgängen, bevor sein Rivale Hardeman auf dem Winton Motor Raceway den gleichen Erfolg feiern konnte. Weil Evans in Rennen zwei nach einer Kollision mit Hardeman ausschied, übernahm dieser auch die Führung in der Gesamtwertung. Solchermaßen motiviert war der Australier dann auch bester Teilnehmer beim Auftritt in Sydney, musste sich in Queensland und Phillip Island jedoch seinem neuseeländischen Kontrahenten beugen. Doch auch dieser Endspurt reichte dem Piloten des Teams McElrea Racing nicht mehr aus, er blieb in der Abschlusstabelle 17 Zähler hinter Hardeman. Dabei hatte der 24-Jährige beim Finallauf auch das nötige Glück auf seine Seite, denn trotz eines schleichenden Plattfußes in den letzten Rennrunden sah er die Zielflagge. Somit beendete der Schützling des Teams Sonic Motor Racing Services jedes der 18 Saisonrennen auf dem Podium: Sechs Triumphen standen am Ende zwölf zweite Plätze entgegen. Auf Rang drei hinter Evans reihte sich Jake Klarich ein.

In der Elite-Klasse für semi-professionelle Rennfahrer holte Tim Miles den Titel vor Sam Shahin und Neuling Anthony Gilbertson. In der Klasse B schließlich, in der 911 GT3 Cup vom Typ 997 gewertet werden, war Danny Stutterd zwar der dominierende Fahrer des Jahres. Seine Abwesenheit beim Finale nutzte Shane Barwood aber, um sich kurz vor Saisonende noch an die erste Stelle der Klassenwertung zu schieben und den B-Titel zu gewinnen.

The season-long battle of two future champions highlighted the 2016 Porsche GT3 Cup Challenge Australia presented by Pirelli, which again visited some of Australia's greatest racing circuits during its six-round series.

Both Hamish Hardeman and Jaxon Evans returned to the one-make series; Evans having raced in the series' Class B in 2015 while Hardeman contested the final three rounds of 2015 in a Class A-spec 911 GT3 Cup car. The two drivers were well prepared for the battle ahead.

The season commenced at Sandown where reigning champion Ryan Simpson returned for a one-off appearance, and he picked up where he left off, clean sweeping the Victorian round.

Evans then made the most of Simpson's departure at the next round, held at the second ever Porsche Rennsport Australia event. He claimed three race wins, before Hardeman replicated the result at the following dramatic round at Winton Motor Raceway. There, contact between the two title protagonists led to a costly DNF for Evans, and the series lead was handed to Hardeman.

Hardeman won again in round four at Sydney Motorsport Park before Evans powered home with victory in the final two rounds of the season. However, that late charge wasn't enough to topple Hardeman from the top spot in the standings. It could have ended very differently, however, as a deflating tyre in the closing laps of the final race of the season almost cost Hardeman the title. A hugely consistent season saw the 24-year-old finish either first or second in every race held during the year. From 18 season races, Hardeman won six and placed second in 12.

Evans finished second ahead of Jake Klarich, who entered the season as the first ever recipient of the Jamey Blaikie Scholarship – named after the late Jamey Blaikie, the person responsible for the introduction and growth of Porsche one-make racing in Australia – and Australia's first ever local Porsche Junior. Klarich improved throughout the season, claiming 12 top-three performances, with a season-high of second place. In the series' semi-professional Elite Class, Tim Miles was the consistent front-runner throughout the season, although a horrid penultimate round almost toppled him from the top of the standings. Miles began his 2016 campaign with a round win at Sandown before David Ryan pipped him by a single point for round two victory at Sydney. Miles' teammate Jim Campbell then took his maiden round win at Winton before Miles returned to Sydney and scored victory at the fourth round.

(l.-r.): Shane Barwood, Hamish Hardeman, Tim Miles

Porsche GT3 Cup Challenge Australia

01.01. - 03.01.2016	Melbourne, AUS
29.04. - 01.05.2016	Sydney, AUS
10.06. - 12.06.2016	Winton, AUS
01.07. - 03.07.2016	Sydney, AUS
29.07. - 31.07.2016	Ipswich, AUS
09.09. - 11.09.2016	Phillip Island, AUS

Sam Shahin

(l.-r.): Shane Barwood, Michael Tsigeridis, Jaxon Evans, Ryan Simpson, Hamish Hardeman, Tim Miles, Danny Stutterd, Sam Shahin, John Goodacre

Hamish Hardeman

Jake Klarich

Hamish Hardeman

Jaxon Evans

(l.-r.): Brendan Cook, Tim Miles, Hamish Hardeman, Anthony Gilbertson, Jaxon Evans, Jake Klarich, Shane Barwood, Sam Shahin

Miles then suffered a dreadful weekend at the Queensland Raceway round, failing to finish the final two races of the weekend. This left the door wide open for Sam Shahin to score his maiden round win in his third season in the series. A snapped throttle cable in the closing moments of race three ended his race, podium hopes and chance of moving into Elite Class title contention entering the Phillip Island finale. There, Miles secured the title with race two victory.

Shahin placed second in the Elite Class for the season ahead of newcomer Anthony Gilbertson, who placed third in his debut season.

Former Class B runner Brian Finn placed fourth in the Elite Class in his first season in the Class A division ahead of the constantly improving Ross McGregor, David Ryan, Winton round winner Jim Campbell, Queensland local Tony Martin, Michael Stillwell and John Goodacre, who was the first driver to reach 100 race starts when he lined up on the grid at the opening Sandown round.

Class B, a classification for first generation 911 GT3 Cup (Type 997) cars, was dominated by Danny Stutterd, however his absence from the final round allowed Shane Barwood to steal the class lead at the end of the season to claim his maiden title. Stutterd finished second from series regular Michael Tsigeridis and West Australian Neville Stewart in fourth.

While the battle at the front of the Porsche GT3 Cup Challenge Australia presented by Pirelli field was the best seen in years, the quality and intensity of racing in all three classes in 2016 exemplified why the one-make series is one of the most entertaining and enjoyable sport car series in the region.

GT3 Cup Challenge Australia

Driver Standings

POS	NO	DRIVER	POINTS
1	10	Hamish Hardeman	488
2	91	Jaxon Evans	471
3	95	Jake Klarich	311
4	4	Tim Miles	286
5	13	Sam Shahin	264
6	19	Anthony Gilbertson	234
7	82	Brian Finn	206
8	72	Jim Campbell	144
9	30	David Ryan	142
10	99	Ross McGregor	136
11	1	Ryan Simpson	93
12	6	Michael Stillwell	96
13	32	Danny Stutterd	74
14	21	Shane Barwood	72
15	9	Tony Martin	57
16	66	John Goodacre	46
17	34	John Morriss	46
18	12	Brendan Cook	42
19	222	Scott Taylor	32
20	16	Chris Stillwell	26
21	34	Phil Morriss	22
22	69	Richard Gartner	18
23	17	Mike Vati	16
24	81	Michael Tsigeridis	15
25	90	Sven Burchatz	28
26	8	Neville Stewart	9

Driver Standings Professional Class

POS	NO	DRIVER	POINTS
1	10	Hamish Hardeman	488
2	91	Jaxon Evans	474
3	95	Jake Klarich	327
4	1	Ryan Simpson	93

Driver Standings Elite Class

POS	NO	DRIVER	POINTS
1	4	Tim Miles	426
2	13	Sam Shahin	376
3	19	Anthony Gilbertson	356
4	82	Brian Finn	312
5	99	Ross McGregor	248
6	30	David Ryan	212
7	72	Jim Campbell	211
8	9	Tony Martin	154
9	6	Michael Stillwell	152
10	66	John Goodacre	68
11	34	John Morriss	65
12	34	Phil Morriss	46
13	16	Chris Stillwell	44
14	17	Mike Vati	40
15	90	Sven Burchatz	38

Driver Standings Class B

POS	NO	DRIVER	POINTS
1	21	Shane Barwood	377
2	32	Danny Stutterd	335
3	81	Michael Tsigeridis	171
4	8	Neville Stewart	118
5	12	Brendan Cook	117
6	69	Richard Gartner	88
7	222	Scott Taylor	84

Tim Miles and
McElrea Racing-team

GT3 CUP CHALLENGE JAPAN

MY10〜MY13 と MY01〜MY09 で区分された 911 GT3 Cup で競う
「カップクラス」を中心に、ほかさまざまなレーシングポルシェの
参加が可能な「オープンクラス」と共に熱い戦いを繰り広げた
2016 年は、国内のサーキットを舞台に 5 大会 10 レースが開催
された。ハイレベルな戦いから 5 勝を挙げてカテゴリー I を制した
#86 福田幸平がシリーズチャンピオンに輝き、カテゴリー II は着実に
ポイントを積み上げた #31 小川勝人がチャンピオンの栄冠を手にした。

(86): Kohei FUKUDA - (77): MUSASHI

🇩🇪 Die Porsche GT3 Cup Challenge Japan bestand auch in diesem Jahr wieder aus drei Klassen. In der ersten Kategorie starteten Porsche 911 GT3 Cup der Baujahre 2010 bis 2013, in der Klasse zwei wurden die Cup-Modelle der Baujahre 2001 bis 2009 zusammengefasst und in der Open-Klasse waren Porsche-Fahrzeuge der LM-GT2, FIA GT2, Super GT Serie oder ähnlicher Rennserien erlaubt.

In Kategorie eins stritten sich Koudai Fukuda und Tsubasa Mekaru um den Titel. Den Auftaktlauf in Fuji gewann Mekaru, während Heat zwei am gleichen Tag nach einem Fahrfehler seines Rivalen an Fukuda ging. In Okayama eroberte Fukuda wenig später seine Saisonerfolge Nummer zwei und drei, bevor sich Mekaru auf dem Twin Ring in Motegi beide Triumphe angelte. In Sugo war Fukuda wieder an der Reihe und fügte seinem Konto einen weiteren Erfolg hinzu. Seinen vorzeitigen Titelgewinn verhinderte Try Nakao, der im zweiten Durchgang von Sugo seinen ersten Sieg in der GT3 Cup Challenge Japan feierte. Somit fiel die Entscheidung erst beim Finale in Fuji, wo sich mit Masa Taga ein weiterer neuer Name in die Siegerliste eintrug. Titelfavorit Fukuda reichte auch ein fünfter Rang, um sich neuer Champion der Porsche GT3 Cup Challenge Japan nennen zu dürfen. Das für ihn bedeutungslose letzte Rennen des Jahres gewann er dann von der Pole Position aus und bestätigte seine dominierende Stellung im diesjährigen Cup.

In Kategorie zwei setzte sich Katsuhito Ogawa dank einer konstanten Saisonleistung durch. Und bester, weil einziger Starter der Open-Klasse war Teruo, der alle Läufe bestritt und so die maximale Punktzahl einstrich.

(l.-r.): Aquira Stanley, Kohei FUKUDA, Try NAKAO

Kohei FUKUDA

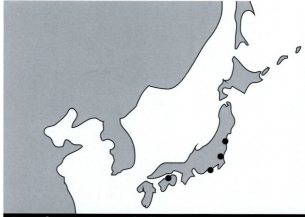

Start in Fuji

🏴 The 10-round Porsche GT3 Cup Challenge Japan has established itself as a stepping-stone to the Carrera Cup Japan Series. The GT3CC consisted of three classes: Category I was for Porsche GT3 Cup cars that raced between 2010-2013; Category II for those that raced in the same cup from 2001-2009; and is the open class, which was contested by cars from the LM-GT2, FIA GT2 and the Super GT series, among others. For the first time, all of the cars raced on Michelin tyres.

Category I saw a fight between Kouhei Fukuda, challenging the series for his third year, and Tsubasa Mekaru, who came from the Junior Formula racing series and also raced in F3.

The opening rounds were held at Fuji Speedway. Mekaru dominated the opening race but in the second, he made a small mistake and was overtaken by Fukuda, who held on to the finish for the win.

Mekaru missed the third race, held at the Okayama International Circuit, and Fukuda made the most of his rival's absence, starting the first race from pole and taking victory. Fukuda was beaten to pole position for the second race by last year's champion, Aquira Stanley, but quickly assumed his position at the head of the field, and held on to take his third successive win.

Mekaru struck back in the following rounds held at the Twin Ring Motegi, winning both races before the series moved on Sugo. With Mekaru again absent, Fukuda won the first of two races, and it was possible to settle the title in the second, but he was denied by Try Nakao, who recorded his first pole position and he held the lead to the chequered flag.

And so the series decider took place at the Fuji Speedway. Masa Taga won the ninth race of the season from pole. However, by coming in fifth, Fukuda earned enough points to capture the series title. Fukuda wrapped up the series by winning the final race from lights to flag, a fitting performance from the new champion.

Four drivers battled for the driver's championship title of the Category II. And in the end, Katsuhito Ogawa took the title by piling up the points consistently. In the Open Class, the only entrant, Teruo became the champion by completing all the races from start to finish.

Porsche GT3 Cup Challenge Japan

Driver Standings Cup Class Category I

POS	NO	DRIVER	POINTS
1	86	Kohei FUKUDA	122
2	5	Try NAKAO	99
3	11	Fukujirou	70
4	32	Hideki NAGAI	67
5	77	MUSASHI	60
6	21	Tsubasa MEKARU	58
7	84	Masa TAGA	46
8	12	Aquira Stanley	46
9	66	Nao	38
10	7	Tatsuya HOSHINO	19
11	22	Koyama Masaya	17
12	2	Takeshi KITAI	17
13	23	Kotaro MATSUBUCHI	14
14	88	Mitsu KUNIMI	10
15	21	Kenji KOBAYASHI	8
16	73	Atsushi SUZUKI	5
17	17	Takashi NANATSUYA	3
18	36	SKY Chen	1
19	23	Tomoyuki TAKIZAWA	0
20	75	Hiromi NANGO	0

Koichiro SUZAKI

Driver Standings Cup Class Category II

POS	NO	DRIVER	POINTS
1	31	Katsuhito OGAWA	108
2	50	Koichiro SUZAKI	88
3	00	Ai MIURA	30
4	00	Yasuhisa SHIMASHITA	28

Driver Standings Open Class

POS	NO	DRIVER	POINTS
1	13	TEROU	60

GT3 CUP CHALLENGE
SCANDINAVIA

PORSCHE
GT3 CUP
CHALLENGE
SCANDINAVIA

Robin Sundkvist bröt norsk segersvit –
avgjorde duellen mot Solberg i finalen

🇩🇪 In den vergangenen beiden Jahren gewann jeweils ein Norweger die Porsche GT3 Cup Challenge Scandinavia, doch dieses Mal war der Schwede Robin Sundkvist nicht zu schlagen.

Nachdem die Saison 2015 nur aus einer Veranstaltung bestand, wurde der Kalender in diesem Jahr auf vier Events ausgeweitet. Zum Auftakt in Rudskogen nutze der Norweger Thomas Solberg seinen Heimvorteil und gewann beide Durchgänge. Das gab ihm in der Gesamtwertung einen Vorsprung von 19 Zählern auf seinen ersten Verfolger Sundkvist. Doch dieser durfte bei den restlichen Rennen den Heimvorteil genießen. Zuerst ging es nach Anderstorp, wo Solberg und Sundkvist sich jeweils einen Sieg und einen dritten Platz angelten. Als Zweiter in beiden Heats wurde Olympiareiter und Hobby-Motorsportler Peter Eriksson abgewinkt.

In Karlskoga triumphierte Sundkvist in beiden Läufen und sammelte auch alle Bonuspunkte für die Pole-Positions und schnellsten Rennrunden ein. Die Belohnung war die Übernahme der ersten Position in der Fahrerwertung, sein Vorsprung war mit drei Zählern allerdings nicht sehr komfortabel.

In Lauf eins des Finalwochenendes in Mantorp Park fuhr Sundkvist dann einem scheinbar sicheren Triumph entgegen, bis ihm drei Runden vor Schluss ein Fahrfehler unterlief und er seinem Kontrahenten Solberg den Sieg überlassen musste. Nun hatte der Norweger seinerseits einen Vorteil von drei Punkten und es stand nur noch ein Heat aus. Und in diesem setzte Solberg sich zunächst in Führung. Doch plötzlich bekam der Leader Probleme mit seinem Getriebe und musste Sundkvist passieren lassen. Der Schwede sah die Zielflagge letztendlich als Erster und freute sich über den Titelgewinn in der GT3 Cup Challenge Scandinavia.

Thomas Solberg

(l.-r.): Morten Scheel, Franck Århage, Robin Sundkvist, Thomas Solberg, Magnus Berggren

After two successive Norwegian titles, it was finally a Swede who won the 2016 Porsche GT3 Cup Challenge Scandinavia. Robin Sundkvist of Haksun Racing secured the gold in the Mantorp Park final.

This year, four race weekends made up the season and the first race was held at Rudskogen Motorcenter in Norway. No fewer than 11 drivers started the race, and Thomas Solberg, the 2014 champion, took the spoils. The Jaffa Racing Norge driver took two wins and pulled out a nineteen-point lead ahead of Sundkvist.

For the second race at Anderstorp Raceway, the GT3 Cup Challenge cars shared the weekend with Porsche Carrera Cup Scandinavia. Sundkvist and Solberg took a win and a third place each. Second place went to the Olympic and World Championship equestrian Peter Eriksson who also has a great love for auto racing in his spare time. Solberg went into the third race with a fifteen-point lead ahead of Sundkvist, but Sundkvist won both heats – finishing twelfth and ninth overall – ahead of Solberg. He also scored all of the bonus points awarded to pole position and fastest laps and overtook Solberg in the standings.

With a three-point gap, Sundkvist headed to Mantorp Park where the GT3 drivers shared the track with the Swedish GT series. In qualifying, made up of two sessions, Sundkvist and Solberg scored a bonus point each by grabbing a pole position each. Sundkvist took the command in the first heat but with just three laps to go, he out-braked himself in the next to last corner and Solberg inherited an important win.

The Norwegian had returned in the championship lead with one heat to go, but it was with a narrow margin of just three points which meant that whoever crossed the finish line first would be the new champion. Solberg made great start from his pole position and quickly managed to build a considerable gap to Sundkvist. "I had a brain fade early on in the race and pushed the pit speed button instead of the radio button on the long straight," said Sundkvist. "I lost a lot of ground to Solberg and then had to chase him down due to that mistake."

Sundkvist got unexpected help in chasing Solberg down when the gearbox started to act up on the Norwegian. Problems with downshifting meant that Solberg had to concede the lead.

"I guess you could say I was beaten on the finishing line, but hats off to Robin, it's been an honest and good fight between the two of us this season," said Solberg.

Porsche GT3 Cup Challenge Scandinavia

21.05.2016	Rudskogen, NOR
18.06. - 19.06.2016	Anderstorp, SWE
13.08. - 14.08.2016	Karlskoga, SWE
01.10. - 02.10.2016	Mantrop Park, SWE

Franck Århage

Robin Sundkvist

Porsche GT3 Cup Challenge Scandinavia

Driver Standings

POS	DRIVER	POINTS
1	Robin Sundkvist	178
2	Thomas Solberg	173
3	Peter Eriksson	66
4	Magnus Berggren	30
5	Franck Århage	27
6	Hallgeir Lie	18
7	Gisle Valen	18
8	Stig A. Borge	0
9	Werner Isaksen	0
10	Odd-Rune Nærsnes	0
11	Ole William Nærsnes	0
12	Per Øyvind Seeberg	0

GT3 CUP CHALLENGE SUISSE

PORSCHE
**GT3 CUP
CHALLENGE**
SUISSE

Jean-Paul von Burg vom Team ANT Performance eroberte auch in dieser Saison den Titel in der Porsche GT3 Cup Challenge Suisse – Vize-Titel für Ernst Keller.

Luca Casella

🇩🇪 Auch 2016 dominierte mit Dauersieger Jean-Paul von Burg ein bekannter Name in der Porsche GT3 Cup Challenge Suisse. Schon beim Saisonauftakt in Imola machte er klar, dass er der Mann ist, den es zu schlagen gilt; auf dem legendären Autodromo Enzo e Dino Ferrari war er sowohl im verregneten Sprint als auch im 100-Meilen-Endurance-Rennen bester GT3-Cup-Pilot. Ernst Keller sah jeweils als Zweiter die Zielflagge, konnte diese Reihenfolge ein Rennwochenende später in Le Castellet aber bereits umdrehen. Dabei überholte er von Burg im Sprint erst in der letzten Runde, während er im längeren Endurance-Lauf dank eines frühen Boxenstopps in Führung ging. In Mugello und Dijon, den beiden folgenden Schauplätzen, standen jeweils zwei Sprints auf dem Programm, die van Burg gewann. Erst beim Auftritt Mitte September in Magny Cours konnte Ernst Keller sich wieder in die Siegerliste eintragen, im Sprint erreichte er 0,363 Sekunden vor seinem Dauerrivalen Jean-Paul von Burg das Ziel. Dieser revanchierte sich im nachfolgenden 100-Meilen-Rennen, dem dritten in dieser Saison. Dabei profitierte er auf nasser Strecke von einem frühen Dreher seines Rivalen, der dadurch ans Ende des Feldes zurückfiel. Keller kämpfte sich zwar wieder bis auf den zweiten Rang nach vorne, von Burgs Erfolg konnte er aber nicht mehr in Gefahr bringen. Beim Saisonfinale in Misano legte von Burg schließlich noch zwei Triumphe nach und durfte seine erfolgreiche Titelverteidigung feiern. Ernst Keller sicherte sich Position zwei der Abschlusstabelle vor Patrick Schmalz und Rémi Terrail.

René Auinger

🏁 Jean-Paul von Burg pretty much dominated the 2016 Porsche GT3 Cup Challenge Suisse, winning multiple times on his way to the title. He started the season with a win at the season-opening race at Imola, taking the chequered flag in the rain-affected sprint race, and the 100-mile endurance event also. Ernst Keller finished second on both occasions, but at the next race in Le Castellet, he reversed the order, taking both victories. In the sprint race, he left it to the last lap to overtake von Burg, but in the endurance race it was slightly easier, pitting earlier than his rival, which gave him an advantage that he held to the flag. Mugello and Dijon hosted the next two sprint races, and von Burg returned to the winner's step on the podium. Only at Magny Cours in mid-September did Ernst Keller win again. In the sprint, he crossed the finish line 0.363 seconds ahead of his title rival. Von Burg restored the order in the subsequent 100-mile race, the third of the season. There, he benefited from an early spin by his opponent, who dropped back to last as a result. Keller worked his way up to finish second again, but couldn't do anything to prevent von Burg from winning. In the season finale at Misano, von Burg added another pair of wins and successfully defended his title. Keller secured runner-up spot from Patrick Schmalz and Rémi Terrail.

Ernst Keller

Porsche GT3 Cup Challenge Suisse

Driver Standings

POS	DRIVER	POINTS
1	Jean Paul Von Burg	273
2	Ernst Keller	261
3	Patrick Schmalz	219
4	Rémi Terrail	207
5	Benoît Bitschnau	137
	Luca Casella	137
7	Marc Schelling	112
	Marco Saachet	112
9	Philippe Morf	104
10	Oliver Ditzler	91
11	Jean Rémy Roussel	77
	Bruno Widmer	77
13	Peter Fischer	75
14	Franco Piergiovanni	66
15	Christian Pfefflé	34
16	Chaligné Stefan	31

Oliver Ditzler

GT3 CUP CHALLENGE FINLAND

Virolainen Raimo Kulli teki historiaa Suomen Porsche Carrera Cupissa: Hän on ensimmäinen ei-suomalainen tittelin voittaja tässä upeassa sarjassa.

Starting grid at Ahvenisto

Die Saison 2016 der Porsche GT3 Cup Challenge Finland bot wieder einmal hochklassigen Rennsport. Zum ersten Mal in der Geschichte des finnischen Porsche-Markenpokals schrieb sich ein nicht aus Finnland stammender Rennfahrer in die Teilnehmerliste ein, der Este Raimo Kulli stellte sich dem finnischen Wettbewerb. Auf dem Ahvenisto Circuit ging es los. Im ersten Lauf auf der als Spa-Francorchamps von Finnland bezeichneten Piste stritten sich Raimo Kulli und Johan Westergård um den Sieg, der schließlich an Kulli ging. Hinter Westergård sah Tom Nylund als Dritter die Zielflagge. Im zweiten Heat des Auftaktwochenendes gewann Emil Westman vor seinem Teamkollegen Raimo Niemi und vor Kulli. Der Botniaring war Schauplatz des zweiten Meetings, bei dem die Piloten schon im Qualifying mit starkem Regen zurechtkommen mussten. Kein Problem für den 19-jährigen Westman, der beide verreg-

Organization of Porsche Finland

🇬🇧 The 2016 GT3 Cup Challenge was again a show of great racing and memorable events. For the first time in the series' history, a driver from outside the Finnish borders participated in the shape of Estonian Raimo Kulli. Alongside him, of course, there was an excellent line up of Flying Finns ready to fight for the precious championship points. The season started at the famous Ahvenisto Circuit near Hameenlinna. The Spa-Francorchamps of Finland offered spectacular surroundings to kick off the season. At the very first start there was a huge battle between Raimo Kulli and Johan Westergård. When the chequered flag fell, it was Kulli who crossed the finish line first, ahead of Westergård and Tom Nylund in third. In the second race, Emil Westman took the victory, ahead of his team mate Raimo Niemi and Kulli. Botniaring hosted the second round of the season and what a round it was! A heavy monsoon hit the circuit during qualifying, but there was a driver who actually seemed to love the conditions as

Porsche GT3 Cup Challenge Finland

25.05.2016	Ahvenisto, FIN
18.06.2016	Botniaring, FIN
02.07.2016	Pärnu, EST
16.07.2016	Botniaring, FIN
27.08.2016	Alastro, FIN

(l.-r): Raimo Niemi, Emil Westman, Raimo Kulli, Johan Westergard, Roope Rinne-Laturi, Clas Palmberg, Tom Nylund

Starting grid at Ahvenisto

Tommi Haru

Alastro

Start at Botniaring

nete Durchgänge für sich entschied. Für die dritte Veranstaltung reisten die Teams und Fahrer nach Pärnu in Estland. Auf seiner Heimstrecke sicherte Kulli sich beide Siegerpokale. Im ersten Rennen begleiteten ihn Westergård und Nylund zur Siegerehrung, im zweiten Heat erreichten Westergård und Westman die Positionen zwei und drei. Letztgenannter hatte nach sechs Läufen die Führung in der Fahrerwertung inne, Rang zwei belegte zu diesem Zeitpunkt Raimo Niemi.

Für die nächsten beiden Durchgänge führte der Weg wieder zum Botniaring, doch dieses Mal empfing er die Protagonisten der GT3 Cup Challenge Finland mit sommerlichen Temperaturen und strahlender Sonne. Raimo Kulli kam am besten mit den perfekten Bedingungen zurecht und war in beiden Heats unschlagbar. Sein stärkster Titelrivale Emil Westman sammelte mit zwei zweiten Plätzen jedoch ebenfalls viele Punkte. Das Finale fand in Alastaro statt und Westman ging als Tabellenführer in dieses. Doch sein erster Verfolger Kulli wollte alles geben, ihm die Spitzenposition in der Gesamtwertung noch abzujagen. Die Siege in beiden Rennen sicherte sich jedoch Johan Westergård. Westman wurde als Zweiter und als Dritter abgewinkt, was ihm zum Titelgewinn reichte. Der talentierte Teenager trug sich mit diesem Triumph als jüngster Champion in die Geschichte der Porsche GT3 Cup Challenge Finland ein.

Tom Nylund

Emil Westman

19-year-old Westman won both races. For the third event of the season the drivers and teams travelled to Kulli's home track Pärnu in Estonia. Kulli clearly enjoyed driving in front of his home crowd as he won both races; in the first Westergård was second and Nylund third, in the second Westergård took second from Westman. After Pärnu and six starts, Westman was leading the championship by 28 points from Niemi.

The fourth race took place again in Botniaring, where this time it was sunny and warm. Excitement was palpable as the Finnish MotoGP star Mika Kallio participated in one of the support races in a GT3 Cup Porsche. Kallio enjoyed his first experience behind the wheel of a Porsche racing car. In the races, Kulli dominated both starts and took important points. However, his main rival in the championship, Westman, was able to secure good points, finishing second twice.

For the season finale, the series landed at Alastaro Circuit. Westman had a healthy gap in the championship ahead of Kulli who needed full points, while Westman needed a top four finish. Johan Westergård won both races to finish his season in style. In the championship battle that meant that Kulli wasn't able to catch Westman, who anyway finished on the podium to secure the title. In all, we saw a great season in Finland with the youngest champion in the series' history!

Tommi Haru

Raimo Niemi

GT3 Cup Challenge Finland

Driver Standings

POS	NO	DRIVER	TEAM	POINTS
1	31	Emil Westman	Relaa Racing	285
2	47	Raimo Niemi	Relaa Racing	268
3	36	Tom Nylund	Wasa GT3 Racing	253
4	41	Raimo Kulli	Est1Race	253
5	39	Julle Laivola	Maarakennus M.Laivola	248
6	42	Daniel Skurnik	D-Sports Racing Team	226
7	30	Clas Palmberg	LMS Racing	221
8	32	Tommi Haru	Maarakennus M.Laivola	171
9	313	Johan Westergård	Wasa GT3 Racing	170,5
10	25	Mikko Autio	Relaa Racing	36
11	23	Oliver Tiirmaa	Relaa Racing	32
12	46	Juha Nisula	Relaa Racing	32
13	40	Toni Niemelä		16

Team Standings

POS	TEAM	POINTS
1	Relaa Racing	283,5
2	Wasa GT3 Racing	250,5
3	Maarakennus M. Laivola	201,5

GT3 CUP CHALLENGE CENTRAL EUROPE

PORSCHE

PLATINUM
GT3 CUP
CHALLENGE
CENTRAL EUROPE

Piąty sezon Porsche Platinum GT3 Cup Challenge Central Europe obfitował w scenariusze, których przewidzieć nie mogli najwięksi znawcy wyścigów. W pucharowej stawce zawodników pojawiło się kilku młodych kierowców, którzy mimo niewielkiego doświadczenia za kierownicą Porsche już w pierwszych eliminacjach pokazali wysokie tempo. Ich walka z doświadczonymi zawodnikami była ozdobą tegorocznego sezonu.

Patrick Eisemann

🇩🇪 Die fünfte Saison der Porsche Platinum GT3 Cup Challenge Central Europe 2016 bestand aus acht Meetings, an denen jeweils zwei Rennen ausgetragen wurden. Los ging es im April auf dem Slovakiaring. Debütant Jędrzej Szcześniak überholte schon in der ersten Kurve nach dem Start den von der Pole Position losgefahrenen Patrick Eisemann und übernahm die Spitze. Doch in der letzten Runde unterlief dem Leader ein Fehler und er schied aus. Platz eins erbte daraufhin der ebenfalls neu in die Cup Challenge eingestiegene Piotr Parys, der von Marcin Jaros und Mariusz Urbański zur Siegerehrung begleitet wurde. Im zweiten Lauf stritt sich der erst 16 Jahre alte Parys rundenlang mit Eisemann um Rang eins, bis sich der Pole schließlich durchsetzen konnte und seinem zweiten Triumph entgegenfuhr.

Schauplatz der zweiten Veranstaltung war Posen in Polen, wo Jaros sich im ersten Durchgang mit einem Fehlstart alle Chancen auf ein gutes Resultat nahm. Auch der Beginn von Parys war nicht optimal, für den Sieg vor Szcześniak und Urbański reichte er aber dennoch. Dieses Trio kämpfte auch ein Rennen später um die ersten Positionen, es wurde schließlich in der Reihenfolge Parys vor Jaros und Szcześniak abgewinkt. Dann folgte erstmals in der Geschichte des zentraleuropäischen Porsche-Markenpokals eine Reise nach Spa-Francorchamps, wo man das dritte Rennwochenende gemeinsam mit der GT3 Cup Challenge Benelux absolvierte. Für Szcześniak, Jaros und Marcin Jedliński war Durchgang eins nach einer Kollision bereits im ersten Umlauf beendet, während Youngster Parys als Zweiter das Zieltuch sah. Da Sieger Dylan Derdaele für die Cup Challenge Central Europe nicht punktberechtigt war, strich Parys zum fünften Mal in Folge die volle Punktzahl ein. Piotr Wójcik und Urbański wurden auf den Positionen zwei und drei des zentraleuropäischen Klassements gewertet. In Heat

Dominik Kotarba-Majkute

Marcin Jaros

Santiago Creel

Porsche GT3 Cup Challenge Central Europe

15.04. - 17.04.2016	Slovakiaring, SVK
06.05. - 08.05.2016	Tor Poznan, POL
10.06. - 12.06.2016	Spa-Francorchamps, BEL
24.06. - 26.06.2016	Pannoniaring, HUN
15.07. - 17.07.2016	Lausitzring, GER
19.08. - 21.08.2016	Slovakiaring, SVK
09.09. - 11.09.2016	Brno, CZE
23.09. - 25.09.2016	Hungaroring, HUN

🇬🇧 The fifth season of the Porsche Platinum GT3 Cup Challenge Central Europe had a wealth of possibilities which even the experts could not foresee. There was a fantastic mix of youth and experience behind the wheel of the Porsche GT3 cars, and despite the lack of experience for the youngsters, the fight between them and the more established competitors was a wonderful spectacle.

The Porsche GT3 Carrera Cup Central Europe consisted of eight rounds, each including practice, qualifying and two races. The action began at the Slovakiaring in April. In the first race Jędrzej Szcześniak, making his debut, at the first corner overtook Patrick Eisemann who had started from pole position. He led the field for almost the entire race, but on the final lap he left the track, and did not even post a finish! The win was claimed by Piotr Parys, at the time aged just 16, and who was also making his debut in the cup. Marcin Jaros and Mariusz Urbański filled the remaining steps on the podium. In the second race the fight for the first place between Eisemann and Parys raged until

Dylan Derdaele

zwei auf der Ardennen-Achterbahn zeigte Dauersieger Parys eine beeindruckende Aufholjagd, die ihn vom 20. Startplatz bis auf Position drei brachte. Das reichte, um abermals bester Starter seiner Cup Challenge zu sein.

Doch ein Meeting später riss die Siegesserie des jungen Polen, er musste sich im zweiten Lauf auf dem Pannoniaring in Ungarn mit Rang zwei hinter seinem Rivalen Jedliński zufrieden geben. Der eroberte die Führung bereits am Start und verteidigte sie bis ins Ziel. Ein Rennen zuvor an gleicher Stelle gab es noch das bekannte Bild mit Parys an der Spitze des Feldes. Der führte zu Saisonhalbzeit auch klar die Fahrerwertung in der GT3 Cup Challenge Central Europe an.

Die zweite Saisonhälfte begann auf dem EuroSpeedway Lausitz. Schon kurz nach dem Start überholte Marcin Jaros Gaststarter Christopher Bauer, der sich in der Folge mit Piotr Parys um die zweite Stelle duellierte. Nachdem Parys den routinierten Deutschen passiert hatte, machte er Jagd auf den führenden Jaros. Und auch der konnte den schnellen Teenager nicht aufhalten, so dass dieser seinen achten Erfolg des Jahres feiern durfte. Lauf zwei beim Deutschland-Gastspiel fand im Regen statt, doch Parys stellte auch dies vor keine echten Probleme. Er führte vom Start bis zum Ziel und gewann vor Bauer, der als Gast keine Punkte erhielt. Somit gingen die Zähler für Platz zwei an Jaros.

Im August reisten die Teams und Fahrer der GT3 Cup Challenge Central Europe zum Slovakiaring, wo bereits der Auftakt der Saison stattfand. Am Samstag bei strahlendem Sonnenschein war Parys einmal mehr nicht zu bezwingen. Einen Tag später begann es vor dem Start zu regnen, doch der Niederschlag hörte kurz nach Beginn des Rennens wieder auf. Das war die Chance für Bauer, der als einziger im Starterfeld auf Trockenreifen setzte. Er kreuzte die Ziellinie als Erster vor Parys, der aufgrund von Bauers Gastfahrerstatus die maximale Punktzahl erhielt. Das reichte ihm, um sich als jüngster Champion der GT3 Cup Challenge Eastern Europe zu krönen.

Nachdem der Titelträger bereits gefunden war, ging es in den letzten vier Heats des Jahres noch darum, den Vize-Champion zu ermitteln. Marcin Jaros, Marcin Jedliński und Mariusz Urbański brachten sich in Brünn bei einem erneuten Doppelsieg von Piotr Parys in Stellung, um beim Finale noch alle Möglichkeiten auf den zweiten Platz der Abschlusstabelle zu haben.

Das Finalwochenende stieg im September auf dem Hungaroring. Auf dem Formel-1-Kurs vor den Toren der ungarischen Hauptstadt Budapest staubte Parys bei einem Doppelsieg von Gaststarter Robert Lukas abermals zweimal 20 Punkte ab. Jedliński erreichte den Zielstrich in beiden Durchgängen hinter diesem Duo, was ihm schließlich Rang zwei in der Fahrerwertung brachte. Rookie Jaros beendete seine erste Saison in der GT3 Cup Challenge Central Europe auf Position drei des Abschlussklassements.

(77): Marcin Jedliński

the seventh lap, when the Pole overtook the German and that was the decisive move. The second cup round took place on the Poznań circuit. In the first race Marcin Jaros made a false start, and thus he ruled out any chance of a good result. Parys also started badly, although he was able to defend his lead and took victory ahead of Jędrzej Szcześniak in second and Mariusz Urbański in third. In the second race Parys, Jaros and Szcześniak were again competing for the leading positions and they crossed the finish line in that order.

For the first time in the history of Porsche Platinum GT3 CCCE the series went to the legendary circuit of Spa-Francorchamps in Belgium. Linking with the Porsche GT3 Cup Challenge Benelux, a healthy grid of more than 40 cars lined up at the start. Additionally, the Ardennes region, famous for its changeable weather, lived up to expectations. On the first lap a collision eliminated Szcześniak, Jaros and Marcin Jedliński from the race. Parys finished in second place, yielding only to Dylan Derdaele (not classified in GT3 CCCE) and for the fifth time therefore scored a full set of points. Piotr Wójcik finished second, Mariusz Urbański third. The three cars that crashed out of the first race were unable to start the second of the two races that weekend. Parys, however, achieved the seemingly impossible, moving up from a starting position of 20th to claim the final place on the podium, and therefore scored maximum points in the Central European series. Wójcik and Urbański also started well, and moved up to the second and third place in the general classification of the series.

The winning streak of Parys was interrupted in the fourth round organized on the Pannonia-Ring Hungrian track when Jedliński took victory. The 2015 vice-champion took the lead at the start and despite fierce competition, successfully defended his lead. The podium was completed by Jaros who finished third. The day earlier Parys had scored another win, and at the half way point of the season led the standings ahead of Urbański and Jaros.

The next round took place on Germany's Euro-Speedway Lausitz. Jaros passed Christofer Bauer at the first corner, and Bauer then fought for the second place with Parys. The series leader passed the experienced German driver and closed on the leading Jaros, who was determined to hold onto his lead. However, on lap nine Parys squeezed ahead of the Lukas Motorsport driver and held on to take the win. Bauer was starting as a guest driver, and ultimately finished third behind Wójcik on the podium. The second race took place in the changeable weather conditions. Parys stayed calm and led from lights to flag. Bauer took second place after a tremendous drive. However, on the podium it was the drivers eligible for the championship only, meaning that the champagne was sprayed by Jaros as the second placed driver, and Marcin Jedliński as the third.

The next race was in August at the Slovakia Ring. For the tenth time in this season Parys competed fiercely with Jaros and came out ahead. After fantastic driving, third place was taken by Jedliński who finished less than five seconds behind. Saturday's race took place in bright sunshine, but it began to rain before the Sunday race. The rain had stopped shortly after the start and Bauer, the only driver on slick tires, drove to a well-earned win. Parys enjoyed himself the most, however. Thanks to his eleventh victory the young competitor became the youngest champion in the history of Porsche GT3 CCCE.

In the final two races, held at the Automotodrom Brno and the Hungaroring, there was fierce competition for the runner up positions in the championship. Jaros, Jedliński and Urbański fought hard throughout the two races. During the September final at the Hungaroring, it was Jedliński who defended the vice-champion title. Third place was taken by debutant Marcin Jaros. The two last races were won by Robert Lukas, starting as a visitor, although the full set of points belonged to Parys, unbeatable in 15 out of 16 races of the series. Thus, it was the 17-year-old driver who proved that he deserved fully the championship title.

Piotr Parys & Förch Racing Team

(l.-r.): Piotr Wójcik, Piotr Parys, Mariusz Urbanski

Porsche GT3 Cup Challenge Central Europe

General Classification

POS	NO	DRIVER	POINTS
1	119	Piotr Parys	280
2	77	Marcin Jedliński	206
3	69	Marcin Jaros	204
4	48	Mariusz Urbanski	190
5	6	Piotr Wójcik	150
6	5	Stanisław Jedliński	124
7	13	Dietmar Pucher	115
8	3	Juliusz Syty	114
9	23	Dominik Kotarba-Majkutewicz	113
10	25	Robert Kępka	100
11	11	Wiesław Lukas	70
12	7	Jędrzej Szczęśniak	55
13	501	Radoslaw Kordecki	19
14	2	Andrzej Lewandowski	14
15	25	Maciej Kepka	7
16	4	Bartosz Opiola	0

Classification S

POS	NO	DRIVER	POINTS
1	5	Stanisław Jedliński	58
2	3	Juliusz Syty	51,5
3	25	Robert Kępka	50
4	11	Wiesław Lukas	30
5	25	Maciej Kepka	0

Dietmar Pucher

Robert Kępka

(3): Juliusz Syty - (50): Igor Walilko

Mariusz Urbanski

GT3 CUP CHALLENGE CANADA

PORSCHE
ULTRA 94
GT3 CUP CHALLENGE
CANADA
BY YOKOHAMA

TITLE PARTNER
ULTRA94

Morad Caps Comeback by Winning Exciting Title Duel in Porsche GT3 Canada

Valerie Chiasson

🇩🇪 Manchmal kann es im Motorsport schneller gehen als man zu träumen wagt. Das erlebte auch Daniel Morad: Im Mai 2015 noch ohne Cockpit, war er 16 Monate später gefeierter Champion der Ultra 94 Porsche GT3 Cup Challenge Canada by Yokohama. Der Kanadier war im Formelsport auf dem Weg nach oben, bis er die nötigen Sponsorengelder nicht mehr auftreiben konnte. Nach einer Pause erfolgte im Mai vergangenen Jahres im Team Alegra Motorsports / Porsche Center Oakville ein Neustart in der GT3 Cup Challenge Canada. Trotz fehlender Erfahrung in einem geschlossenen Rennwagen eroberte der ehemalige Kart-Weltmeister auf Anhieb den dritten Rang der Gesamtwertung. In diesem Jahr dann fand sich der 26-Jährige aus Toronto sogar im Titelkampf mit Scott Hargrove wieder, der sich über die gesamte Saison zog. Beim Auftakt im Canadian Tire Motorsport Park überraschte Morad seinen Rivalen mit einem mutigen Überholmanöver auf der Außenbahn und siegte knapp. Einen Lauf später gab es die erste Berührung der beiden, als Morad Hargrove überholte und in Führung ging. Doch der 21-Jährige wollte sofort kontern, was mit einer Kollision endete. Rookie Zach Robichon war zur Stelle und feierte seinen ersten Triumph in der GT3 Cup Challenge Canada.

Mitte Juni beim Formel-1-Rennen in Montreal und Anfang Juli in Watkins Glen folgten zwei Veranstaltungen, die die GT3 Cup Challenge Canada zusammen mit dem US-amerikanischen Pendent bestritt. Hargrove angelte sich in beiden 45-Minuten-Heats von Montreal sowohl den Gesamtsieg als auch den Spitzenplatz der kanadischen Wertung, während Morad einmal Rang zwei und einmal Rang drei belegte. In Watkins Glen konnten beide je einmal von der obersten Stufe des Siegertreppchens jubeln – sowohl in der Gesamtwertung als auch im kanadischen Klassement.

(26): Lucas Catania - (78): Zacharie Robichon
(17): Daniel Morad - (28): Scott Hargrove

Scott Hargrove and Zacharie Robichon

Eitenne Borgeat

Gerald Panneton

🇬🇧 Early in May 2015, Daniel Morad was a race car driver without a seat. Fast forward 16 months, and he is a champion.

Morad's wild ride back into competition was completed this season when he won the Platinum Cup championship in the Ultra 94 Porsche GT3 Cup Challenge Canada by Yokohama in the No. 17 Porsche 911 GT3 Cup car fielded by Porsche Centre Oakville/Alegra Motorsports.

The championship came after a stirring duel with fellow young Canadian star and fellow Porsche Young Driver Academy participant Scott Hargrove. Morad held off Hargrove, 205-200, in the final standings.

"We've done a great job all year," Morad said. "Alegra Motorsports and Porsche Centre Oakville have been so supportive of my whole career and getting me back in the car and behind the wheel. I'm forever thankful for that, and I can't wait for next year. The team guided me all the way, and gave me the support I needed."

Morad, from Toronto, was an open-wheel star on the rise in the late 2000s after winning a North American junior open-wheel championship in 2007. He then competed in the Atlantic Championship and Indy Lights in North America, and internationally in A1 Grand Prix and GP3 from 2008 to 2011.

Bei Saisonhalbzeit hatte Scott Hargrove einen Vorsprung von fünf Zählern auf Daniel Morad. Beide Kontrahenten addierten in Toronto dann jeweils einen weiteren Triumph zu ihrer Bilanz. Allerdings kam der Tabellenführer im ersten Durchgang nur als Neunter ins Ziel. Auf Platz eins liegend wurde sein 911er plötzlich langsamer und er musste wehrlos zusehen, wie Morad nicht nur den Rennsieg, sondern auch die erste Tabellenposition eroberte.

Beim folgenden Trois-Rivières Grand Prix Mitte August schlug Hargrove mit einem Erfolg im ersten Lauf zurück, bevor er im zweiten Heat wiederum unglücklich agierte. Fünf Minuten vor dem Ziel ging er hohes Risiko und touchierte einen zu überrundenden Porsche. Dabei beschädigte er nicht nur seinen Renner, sondern wurde wegen Verursachens dieses Zwischenfalls auch noch mit einer Strafe belegt. Somit fand er sich schließlich auf Position acht wieder.

Mit einem Vorsprung von 13 Punkten reiste Morad zum Finale. Im ersten Durchgang sah er die Zielflagge als Zweiter hinter Hargrove, was ihm für den letzten Lauf einen Vorsprung von elf Zählern ließ. Zunächst führte Morad, konnte sich aber nie entscheidend von Hargrove absetzen. Doch plötzlich wäre das Titelrennen für den Erstplatzierten fast beendet gewesen. Nach einem missglückten Angriff seines Verfolgers drehte er sich und fiel auf den fünften Rang zurück, während sein Unfallgegner die Spitze übernahm. Aber lange konnte Hargrove diese nicht genießen, denn die Rennleitung bat ihn wegen des Unfalls zu einer Durchfahrtsstrafe. Damit hieß der neue Leader Zach Robichon, der seinen zweiten Saisonerfolg letztendlich sicher nach Hause brachte. Morad sah das Zieltuch als Fünfter und durfte sich neuer Champion in seiner heimischen GT3 Cup Challenge nennen. Am Ende hatte er fünf Punkte mehr gesammelt als sein Rivale Hargrove, der zwei Rennsiege mehr auf seinem Konto vereinte als der neue Titelträger. Als Dritter der Abschlusstabelle beendete Robichon seine erste Saison in der GT3 Cup Challenge.

In der Klasse Platinum Master, die für Fahrer ab 45 Jahre reserviert ist, holte sich Marco Cirone zum vierten Mal in Folge den Titel. Im Gold Cup war niemand besser als Shaun McKaigue und im Silver Class Cup, in dem alle Teilnehmer mit identischen Cayman GT4 Clubsport fuhren, hieß der neue Champion Andrew Danyliw.

Gerald Panneton

(17): Daniel Morad - (28): Scott Hargrove (78): Zacharie Robichon - (88): Marco Cirone

But funding dried up, parking Morad's promising single-seater career. He focused on working as a driving instructor and automotive ambassador from 2012-14 but yearned to return to racing.

Alegra Motorsports and Porsche Centre Oakville provided Morad with that chance in early May 2015, just a week before the start of the Porsche GT3 Cup Challenge Canada season. Morad jumped at the opportunity even though he never had raced a car with a roof.

That faith was justified as Morad finished third in 2015 as a series rookie behind Chris Green and Hargrove, with a victory at Toronto.

The series has featured some sublime two-driver duels for the Platinum Cup over the last three seasons – David Ostella against Green in 2013, and Hargrove and Green in 2014 and 2015.

This year was no different, except Morad, 26, moved into one of the protagonist's roles, with Hargrove, 21, taking the other half of the spotlight.

The two drivers wasted no time clawing for territory from the very first event in the International Motor Sports Association (IMSA)-sanctioned series, in mid-May during the traditional Victoria Day Weekend races at Canadian Tire Motorsport Park in Clarington, Ontario.

Morad passed pole sitter Hargrove with a daring outside move in Turn 1 on the first lap of Round 1 and never lost the lead despite never having an advantage of more than one-half second, holding off 2014 Platinum Cup champion Hargrove by three tenths of a second at the finish.

The first flashpoint between Morad and Hargrove took place in Round 2, the second 45-minute race of the opening weekend.

Hargrove started from pole, with Morad at his side. Hargrove and Morad made light side-by-side contact entering Turn 1 after the green flag, with Morad passing Hargrove for the lead. Hargrove, from Surrey, British Columbia, took a wide line into Turn 2, trying to make an outside pass of Morad. The two cars made contact again, and a third touch sent Morad into the barrier in Turn 3. The front end of Hargrove's car was heavily damaged. Both drivers returned to the pits, their respective races over.

That tangle allowed series rookie Zach Robichon to take the lead, and he pulled away for his first series victory in the No. 78 Mark Motors Racing Porsche.

The series then turned to its first joint events with the Porsche GT3 Cup Challenge USA by Yokohama, with North American bragging rights on the line in events in mid-June at Montreal during the Canadian Grand Prix weekend, and in early July at Watkins

Daniel Morad

(l.-r.): Marco Cirone, Tim Sanderson, Alexander Pollich

Shaun McKaigue

Andrew Danyliw

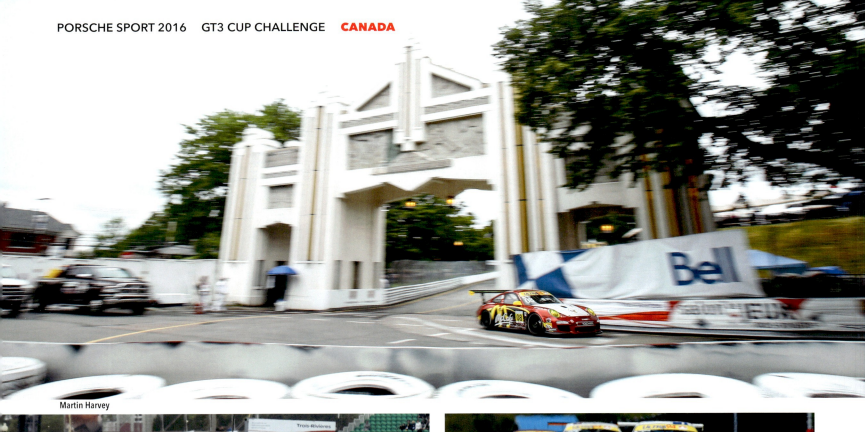

Martin Harvey

Start at Trois-Rivières

Orey Fidani

Scott Hargrove

Glen International during the IMSA Six Hours of The Glen weekend.

Hargrove's and Morad's rivalry returned to the forefront at both events. Hargrove swept the overall and Canadian series honors in both 45-minute races at Montreal, with Morad finishing second and third, respectively.

Morad rebounded by winning at Watkins Glen, also capturing the overall victory. Hargrove answered the next day by taking Round 6 and overall honors.

At the halfway point of the season Hargrove led Morad, 104-99, in the standings. But the entire Porsche GT3 Canada paddock burst with pride after Hargrove and Morad combined to sweep the overall victories in all four races against their counterparts and friendly rivals from the larger, more established USA series.

Canada-only competition – and the raging title fight between Morad and Hargrove – continued with Rounds 7 and 8 in mid-July on the streets of Toronto during the IndyCar event weekend.

The two prize fighters exchanged victories, with Morad winning the first race in his hometown and Hargrove capturing Round 8. However, Morad's win was pivotal in the championship chase, as it marked a rare slip by Hargrove.

Hargrove finished ninth, his second non-podium result of the season, after his car lost drive while leading with 12 minutes remaining and while leading Morad by ten seconds. "This is a big gift for me, one that I need, and it was overdue," Morad said. "This is a huge turning point in the championship because now I move into the lead." Morad took a 137-134 lead over Hargrove with just four rounds remaining.

Another key event came at Rounds 9 and 10 in mid-August at the popular annual Grand Prix of Trois-Rivières on the streets of Trois-Rivières, Quebec. Hargrove won the first encounter, taking the lead from Morad with a daring move on the second lap that involved contact between both cars.

Morad led from pole in Round 10, with Hargrove never trailing by more than a second for the first 40 minutes of the race. Then Morad cleared a lapped Gold Cup car with five minutes of the race remaining. Hargrove was less successful, and the resulting contact caused damage to his car, and after a penalty was classed eighth.

Morad therefore opened up a 13-point lead, the largest gap between the two at the end of a weekend. Morad just needed to stay consistent and finish on the podium to claim his first title. So he finished second behind Hargrove in Round 11 at CTMP to lead by 11 points entering the final race.

A smooth, composed drive to the finish in sixth place or better was all Morad needed to clinch the championship in Round 12. But instead there was plenty of suspense in the final round.

Morad started from the pole, but Hargrove stayed in fast pursuit. The two Canadian stars hurtled through Turn 1 side by side on the second lap, with Morad clinging to the lead.

The distance between Morad and Hargrove started to stretch over the next 11 minutes before the leaders then encountered lapped traffic and with 27 minutes remaining came the incident that effectively settled the season.

Hargrove attempted to pass, and the two cars made contact in Turn 10. The contact caused Morad to spin and fall to fifth place while Hargrove took the lead, with Robichon right behind.

(l.-r.): Scott Hargrove, Zacharie Robichon, Alexander Pollich, Tim Sanderson

(03): Bruno Chapinotti · (08): Martin Harvey

Hargrove was assessed with a drive-through penalty for incident responsibility, handing the lead to Robichon with 13 minutes remaining.

Hargrove trailed by 13 seconds after serving his penalty, and Robichon maintained that gap until easing off the last two laps to cruise to the checkered flag. The victory was the second of the season for Robichon while Morad cruised home with a battered, bruised car in fifth place, enough to claim the title.

Hargrove led the series with six victories but had to settle for second in the standings, five points shy of Morad, who won four races. "That was just a phenomenal effort by OpenRoad Racing and Bestline Auto Tech all year," Hargrove said. "I can't wait to race these cars more. Barring the two bad races we had, we would have walked away with this championship. We can hold our heads high know-

(l.-r.): Chris Green, Daniel Morad, Zacharie Robichon

Scott Hargrove

Carlos de Quesada

Ultra 94 Porsche GT3 Cup Challenge Canada by Yokohama

Driver Standings Platium

POS	DRIVER	POINTS
1	Daniel Morad	205
2	Scott Hargrove	200
3	Zacharie Robichon	185
4	Marco Cirone	158
5	Tim Sanderson	148
6	Etienne Borgeat	99
7	Orey Fidani	95
8	Valerie Chiasson	84
9	Chris Green	55
10	Carlos de Quesada	43
11	Michael de Quesada	27

Driver Standings Silver

POS	DRIVER	POINTS
1	Andrew Danyliw	120
2	Gerald Panneton	72
3	Ilker Starck	36
4	Ed Killeen	32
5	Jordan Redlin	0

Driver Standings Gold

POS	DRIVER	POINTS
1	Shaun McKaigue	228
2	Martin Harvey	182
3	Bruno Chapinotti	126

Driver Standings Masters

POS	DRIVER	POINTS
1	Marco Cirone	226
2	Tim Sanderson	222
3	Carlos De Quesada	72

Team Standings Platium

POS	TEAM	POINTS
1	Porsche Centre Oakville/ Alegra Motorsports	220
2	OpenRoad Racing	212
3	Mark Motors Racing	200
4	Pfaff Motorsports	150
5	GT Racing	142

Team Standings Gold

POS	TEAM	POINTS
1	Fiorano Racing	228
2	Wingho Racing	182
3	DFC Motorsport	126

ing we were the guys to beat all year. I am just excited to see what the future brings." Former Canadian junior open-wheel standout Robichon, from Ottawa, Ontario, finished third in the championship with 185 points in an impressive rookie season of sports car racing.

Marco Cirone, from Toronto, finished fourth in the No. 88 Mark Motors Racing Porsche, with 158 points. But he won his fourth consecutive Platinum Masters championship for drivers aged 45 and older, holding off the late-season surge of friendly rival Tim Sanderson of Porsche Centre Oakville/Alegra Motorsports.

Another highlight for Cirone was finishing second in the GT3 Canada Platinum Cup race at Montreal and spraying champagne on the Formula One podium. "To be on the podium at F1 was something I never imagined," Cirone said. "It was just the most incredible feeling in the world."

Shaun McKaigue, from Gilford, Ontario, clinched his second Gold Cup championship in 2016 in the No. 34 Fiorano Racing Porsche. He won his first title in the inaugural season of the series, in 2011. McKaigue fought off a determined early-season title charge from fellow series veteran Martin Harvey for the championship having finished first or second in all 12 rounds, including six victories.

"Hats off to my team," McKaigue said. "It's them who has won this by giving me a consistent car that finishes every time. They put it back together when I break it. My team is the best."

Andrew Danyliw, from Toronto, swept all six rounds this season for the Silver Cup class, which competed in the new Cayman GT4 Clubsport race car. Danyliw drove his No. 38 SCB Racing Porsche to a 120-72 margin in the final standings over Gerald Panneton.

Team champions were Porsche Centre Oakville/Alegra Motorsports in Platinum Cup and Fiorano Racing in Gold Cup.

GT3 CUP CHALLENGE
USA

PORSCHE
GT3 CUP
CHALLENGE
USA
BY YOKOHAMA

Lazare Fulfills Potential with
Dominant Run to Porsche
GT3 USA Championship

Fred Kaimer

🇩🇪 Jesse Lazare heißt der Champion der Porsche GT3 Cup Challenge USA, doch für die Insider, die die Entwicklung des Nachwuchstalents in den vergangenen drei Jahren beobachtet haben, war dies keine Überraschung. 2014 begann er als 16-Jähriger, gewann ein Rennen und beendete seine erste, noch von fehlender Konstanz geprägte Saison in der GT3 Cup Challenge USA auf dem siebten Rang der Gesamtwertung. Ein Jahr später sammelte der aus Montreal stammende Lazare fünf Triumphe, verpasste den Titel aber knapp gegen Elliot Skeer. 2016 schließlich war der dominierende Mann der Saison. Allein zwölf der 16 Rennen gingen auf sein Konto, er hatte am Ende 50 Zähler mehr gesammelt als der zweitplatzierte Lucas Catania.

Dabei fing das Jahr für Lazare beim Saisonauftakt in Sebring nicht optimal an. Nach seinem Sieg im ersten Heat musste er sich im zweiten Durchgang aufgrund eines Reifenschadens mit den 13. Rang zufrieden geben. Catania erbte den ersten Platz und angelte sich gleichzeitig auch die Spitze der Fahrerwertung. Lazare triumphierte dann in den folgenden vier Rennen in Laguna Seca und bei seinem Heimspiel im Rahmen des kanadischen Formel-1-Grand Prix in Montreal. Damit schob er sich bis auf einen Punkt an den in der Fahrerwertung immer noch führenden Catania heran.

In Watkins Glen erlebte Lazare sein einziges siegloses Wochenende. Doch trotz seiner relativ bescheidenen Ausbeute von Rang vier und fünf konnte er Catania die Tabellenspitze entreißen, denn dieser musste sich mit den Plätzen fünf und 15 zufrieden geben. An den folgenden Schauplätzen im August und September gab es dann nur einen Sieger und der hieß Jesse Lazare. In Road Atlanta, auf dem Virginia International Raceway und auf dem Circuit of the Americas war er nicht zu bezwingen. Damit hatte der Teilnehmer der Porsche Young Driver Acadamy den Titel in der GT3 Cup Challenge USA schon zwei Heats vor Saisonende in seiner Tasche.

Jesse Lazare

Everyone involved in the Porsche GT3 Cup Challenge USA has witnessed Jesse Lazare grow up over the last three years. He started as a 16-year-old in the International Motor Sports Association (IMSA)-sanctioned championship in 2014, winning one race and finishing seventh after a promising but inconsistent rookie season.

Lazare, from Montreal, moved to the powerful Kelly-Moss Road and Race team in 2015 and won five races. He finished second in the standings, just 11 points behind champion Elliott Skeer. But in 2016, the now 19-year-old Lazare became a man – the man to beat in the Porsche GT3 Cup Challenge USA by Yokohama.

Lazare dominated the championship from start to finish, winning the Platinum Cup title with a series-record 12 victories in 16 starts. That delivered Lazare a 275-225 edge over second place Lucas Catania in the final standings.

"This is such a great feeling because I didn't do this by myself," Lazare said. "There were so many factors that took place for me, having an outcome like this. Kelly-Moss, every crew member has been just outstanding. I'm so fortunate to have got to work with them for the last two years."

Lazare dominated the entire season but didn't take control of the championship until after Rounds 7 and 8 in early July at Watkins Glen International due to a rare bobble in Round 2 in March at Sebring International Raceway.

Porsche GT3 Cup Challenge USA by Yokohama

16.03. - 18.03.2016	Sebring, USA
29.03. - 01.04.2016	Salinas, USA
10.06. - 12.06.2016	Montreal, CAN
30.06. - 02.07.2016	Watkins Glen International, USA
05.08. - 07.08.2016	Elkhart Lake, USA
26.08. - 28.08.2016	Alton, USA
14.09. - 17.09.2016	Austin, USA
28.09. - 30.09.2016	Braselton, USA

He won Round 1 at Sebring but finished 13th in Round 2 after suffering a punctured tire while leading by five seconds at about the halfway point of the 45-minute race. Catania earned his first career victory in the No. 26 NGT Motorsport Porsche and took the championship lead.

Lazare then ripped off four consecutive victories, sweeping both rounds in early May at Mazda Raceway Laguna Seca and in early June on home turf at Montreal during the Canadian Grand Prix Formula One weekend.

That winning streak pulled Lazare to within one point of Catania in the standings after

Start at Sebring

Drivers of Porsche GT3 Cup Challenge USA by Yokohama

Neben dem Champion konnten auch andere Starter glänzen. Lucas Catania stand insgesamt achtmal auf dem Treppchen, was in der Endabrechnung zum Vize-Titel reichte. Andrew Longe aus Florida, der in Watkins Glen seinen ersten Triumph in der GT3 Cup Challenge USA gejubelte, beendete die Saison auf Position drei der Fahrerwertung. Und auch der Mexikaner Ricardo Perez konnte zufrieden sein, er erreichte in seiner Rookie-Saison mit vier Podestplätzen Rang vier der Abschlusstabelle. Sein bestes Resultat holte er in Watkins Glen, als er den zweiten Platz belegte. Hinter ihm wurde Will Hardeman notiert, der vor allem in der Schlussphase der Saison zu guter Form auflief. In den letzten vier Durchgängen schaffte er dreimal den Sprung in die Top 3.

In der Platin Master Klasse war Jeff Mosing der bestimmende Fahrer. Bei seinem ersten Auftritt in dieser Klasse siegte der Mann aus Austin in zehn der 16 Rennen

Jeff Mosing
(52): Kurt Fazekas · (74): Bill Peluchiwski

Kurt Fazekas

six of 16 rounds. Ironically, Lazare gained the edge in the title race at the only event weekend of the season in which he was winless. He finished third and fourth at Watkins Glen to take a 133-117 lead over Catania, whose title chances ended with 15th-place and fifth-place finishes.

Lazare then swept six consecutive rounds from early August through to late September at Road America, VIRginia International Raceway and the Circuit of the Americas. Porsche Young Driver Academy participant Lazare clinched the title after winning Round 14 at COTA, sealing the deal with two races to spare.

While Lazare was the steam roller of the class, other drivers enjoyed breakthrough seasons.

Catania, from Cazenovia, New York, enjoyed a career-best finish of second and eight podium finishes en route to second in the championship.

Andrew Longe, from Naples, Florida, earned his first career victory in Round 8 at Watkins Glen and scored four other podium finishes to finish third in the standings in the Wright Motorsports Porsche.

Ricardo Perez, from Mexico City, finished fourth in the standings during his rookie season in the JDX Racing Porsche. He finished on the podium four times, including a season-best second in Round 7 at Watkins Glen.

Will Hardeman, from Austin, Texas, made huge strides by finishing fifth in the

(63): McKay Snow - (01): Jeff Mosing

Lucas Cantania

Lucas Catania

213

Victor Gomez IV

Joe Catania

Will Hardeman

und schaffte auf den Virginia International Raceway sogar den Sprung auf das Gesamt-Podium. Dennoch hatte er in Fred Poordad einen starken Rivalen, der zweimal als Klassensieger vom Rennplatz ging und in seiner persönlichen Saisonbilanz insgesamt elf Top-3-Zielankünfte in seiner Klasse stehen hat. David Baker reihte sich in der Abschlusswertung als Dritter ein.

Im Gold Cup stritten sich die zwei jungen amerikanischen Talente Michael de Quesada und Sebastian Landy um die Krone. Der erst 16 Jahre alte de Quesada kam als Zweiter des Gold Cup in der GT3 Cup Challenge Canada in die USA und sicherte sich auf Anhieb den amerikanischen Gold-Titel. Dabei war sein vier Jahre älterer Kontrahent Landy schon auf Titelkurs, als er nach Lauf zwölf wegen einer technischen Unregelmäßigkeit an seinem Porsche aus der Wertung genommen wurde. Er verlor seinen Sieg, der ausgerechnet an de Quesada ging. Damit hatte er sich auch in der Gesamtwertung an Landy vorbei auf die erste Position geschoben, die er bis zum Saisonfinale nicht mehr abgab.

(49): Sebastian Landy
(52): Kurt Fazekas

championship in the Moorespeed Porsche in just his second season of racing. Hardeman broke through with three podium finishes in the final four races of the season, including his first career podiums by placing third in both events at his home track, Circuit of the Americas in Austin.

Jeff Mosing continued his impressive string of championship seasons by dominating the Platinum Masters class in the TOPP Racing Porsche. Mosing won the Platinum Masters championship in his first season in the class, adding to his Gold Cup and Gold Masters titles in 2015 and Gold Masters championship in 2014.

"The series is awesome," Mosing said. "These Porsches are so much fun to drive. I appreciate the support of IMSA, Porsche and Yokohama for putting on such a great series. To win another Masters' championship in a new car is an honor. We'll get a new car for next year and keep trying to do better."

Mosing, from Austin, Texas, dominated in 2016 with 10 victories in 16 starts. Mosing also fulfilled a goal by finishing on the overall podium, placing third in Round 11 at VIRginia International Raceway (VIR).

But Mosing's path to the title wasn't easy, as Fred Poordad marked his full-time return to the series after a one-year hiatus with a spirited chase for the championship.

Poordad, from San Antonio, earned two victories in the Wright Motorsports Porsche. Those were the highlights of his 11 podium finishes of the season, and Poordad's consistency also pushed Mosing to his best at every event. Mosing eventually prevailed in the championship standings, 275-247.

David Baker, from Colleyville, Texas, completed the domination of the 45-and-over class by Lone Star State drivers. He finished third with 225 points in the No. 56 TOPP Racing Porsche, with seven podium finishes.

Joe Catania, from Cazenovia, New York, enjoyed a solid first season in Platinum Cup competition after making his series debut in 2015 in the Gold Cup class. Catania placed fourth in the Platinum Masters points with 187 and also earned the Yokohama Hard Charger Award for gaining more positions in races than any other Platinum Cup driver in the 2016 season.

A fascinating duel between two young American talents was the highlight of Gold Cup competition in 2016.

Drivers age 30 and older won the championship of the class for 997-model cars in 2013, 2014 and 2015. But a youth movement arrived this season, as 16-year-old Michael de Quesada and 20-year-old Sebastian Landy dueled for the Drivers' Championship all season. De Quesada, from Tampa, Florida, prevailed over Landy, 278-265, in his first season in the series and second in Porsche single-make competition. De Quesada finished second in the Gold Cup standings in 2015 in the Ultra 94 Porsche GT3 Cup Challenge Canada by Yokohama.

Talented teen de Quesada started the season with plans to compete in the Platinum Cup championship in the Ultra 94 Porsche GT3 Cup Challenge Canada by Yokohama and the Gold Cup championship in the Porsche GT3 Cup Challenge USA by Yokohama. But those plans quickly melded into focus on just the USA series after de Quesada won three of the first four Gold Cup races of the season in the Alegra Motorsports Porsche. He held a 112-100 lead over Landy after Landy won Round 6 in Montreal. Landy then started a summer surge in the TPC Racing Porsche, winning four consecu-

Michael de Quesada

Philip Bloom

(l.-r.): Chris Green, Lucas Catania, Ricardo Perez

Andrew Longe

Jake Eidson

(l.-r.): Michael Levitas, Michael de Quesada, Philip Bloom

tive races between Round 8 in early July at Watkins Glen International and Round 11 in late August at VIRginia International Raceway. That hot streak vaulted Landy into a 187-186 lead over de Quesada after Round 11, with Landy appearing to have an edge with momentum and results.

Then everything changed after Round 12.

Landy, from Great Falls, Virginia, crossed the finish line 8.3 seconds ahead of de Quesada in Round 12 at VIR to pad his championship lead to three points with four rounds remaining. But Landy lost the victory – and the 20 points – after the race when he was excluded for a post-race technical infraction.

That gave the win to de Quesada and rumbled the championship race with a seismic shift in momentum. De Quesada went from being three points behind at the finish to leading by 16 points, with consistent finishes in the last four rounds providing a clear path to the title. De Quesada followed that blueprint perfectly, with two second-place finishes at Circuit of the Americas and a third-place finish and victory in the final two rounds at Road Atlanta to clinch the championship at an age when

most young adults are just learning to drive a street car. "It means a lot," de Quesada said. "We had a great start to the season. We had a good race in Laguna, and then after that we had some tough times. We had to really dig deep. I had to look at myself and ask what I was doing wrong. I had to make myself better." Landy ended up leading the class with nine victories, de Quesada six. Landy could take small consolation in earning the Yokohama Hard Charger Award for the class, presented to the driver who gained the most positions in the season. He gained 34 spots during the year, eight more than any other driver in either the Platinum or Gold Cup classes. "Thanks to everyone at Forto Strong Coffee and TPC Racing for all they've done this year," Landy said. "It's had its ups and downs, but we've had quite a few wins, and it's a good feeling."

Series newcomer Phil Bloom enjoyed a strong rookie season in the championship by placing third with 232 points in the Wright Motorsports entry. Bloom, from New York, improved at every race and finished on the podium in the last eight races of the season. "This is the best racing I've ever done," Bloom said. "I couldn't imagine being anywhere else this year. It really makes you up your game. I had some low points in the season, and then things just started to click. I can't thank Wright Motorsports enough for all of their work." Team champions were Kelly-Moss Road and Race in Platinum Cup and TPC Racing in Gold Cup.

(02): Ricardo Perez - (47): Andrew Longe

Porsche GT3 Cup Challenge USA by Yokohama

Driver Standings Platium

POS	DRIVER	POINTS
1	Jesse Lazare	275
2	Lucas Catania	225
3	Andrew Longe	222
4	Ricardo Perez	160
5	Will Hardeman	131
6	McKay Snow	129
7	Jeff Mosing	118
8	Chris Green	106
9	Anthony Imperato	98
10	Fred Poordad	94
11	Victor Gomez IV	92
12	Daniel Morad	72
13	Mike Hedlund	70
14	David Baker	60
15	Joe Catania	44
16	Fred Kaimer	42
17	Marco Cirone	38
18	Jake Eidson	36
19	Bill Peluchiwski	32
20	Oscar Arroyo	28
21	Charlie Putman	19
22	Eduardo De Leon	19
23	Zacharie Robichon	18
24	Kurt Fazekas	14
25	Bill Smith	8
26	Santiago Creel	7
27	Orey Fidani	0
28	Frank Selldorff	0
29	Jonathon Ziegelman	0

Driver Standings Gold

POS	DRIVER	POINTS
1	Michael de Quesada	278
2	Sebastian Landy	265
3	Phil Bloom	232
4	Michael Levitas	190
5	Wayne Ducote	71
6	Neal Walker	58
7	Shaun McKaigue	49
8	Gerald Panneton	47
9	Jim Walker	45
10	Mark Llano	40
11	Maxwell Tullman	37
12	Lloyd Read	28
13	Stephen Tullman	28
14	Phillip Martien	18
15	David Ducote	10

Driver Standings Masters

POS	DRIVER	POINTS
1	Jeff Mosing	257
2	Fred Poordad	247
3	David Baker	225
4	Joe Catania	187
5	Oscar Arroyo	160
6	Fred Kaimer	149
7	Bill Peluchiwski	133
8	Kurt Fazekas	74
9	Marco Cirone	69
10	Charlie Putman	57
11	Bill Smith	45
12	Frank Selldorff	16

Team Standings Platium

POS	TEAM	POINTS
1	Kelly-Moss Road and Race	289
2	NGT Motorsport	246
3	Wright Motorsports	229
4	JDX Racing	203
5	Topp Racing	171
6	Moorespeed	149
7	Pfaff Motorsports	106
8	Porsche Centre Oakville/ Alegra Motorsports	72
9	Mark Motors Racing	58
10	Atlanta Motorsports Group	26

Team Standings Gold

POS	TEAM	POINTS
1	TPC Racing	306
2	Alegra Motorsports	284
3	Wright Motorsports	242
4	Tullman Walker Racing	100
5	Kelly-Moss Road and Race	76
6	Mark Motors Racing	53
7	Fiorano Racing	50
8	NGT Motorsports	49
9	Moorespeed	28

Jens Walther and Jesse Lazare

Chris Green

ENDURANCE RACING

24 HOURS OF DUBAI
24H-SERIES BY CREVENTIC
ROLEX 24 AT DAYTONA
24 HOURS OF NÜRBURGRING
24 HOURS OF LE MANS
24 HOURS OF SPA-FRANCORCHAMPS
24 HOURS OF ZOLDER

24 HOURS OF DUBAI

ليخنر ريسينغ الشرق الأوسط "تحقق المركزين 1 و 2في فئة كأس 991 و"بورشه لورينت ريسينغ "يفوز بـ اس بي 2في دبي، في الوقت الذي لم تحرز فيه" أتيمبتو ريسينغ "أي جائزة بعد.

Chris Bauer, Pablo Sánchez, Santiago Creel, Robert Lukas, Patrick Eisemann

🇩🇪 Mit 26 eingeschriebenen Fahrzeugen, einem in der Klasse A6-Pro, zwei in A6-Am, 18 in der Porsche-991-Cup-Klasse und fünf in der Divison SP2, füllte Porsche bei der elften Auflage des 24-Stunden-Rennens von Dubai mehr als ein Viertel des Feldes. Einige Teams hatten das Glück nicht auf ihrer Seite, darunter MRS-GT Racing, dessen Cup-Porsche bereits in der ersten Stunde von einem anderen Teilnehmer ins Aus befördert wurde. Attempto Racing setzte einen 997 GT3 R für Sven Heyrowsky, Arkin Aka, Hans Wehrmann, Nicolas Armindo und Edward Brauner in der Klasse A6-Pro sowie einen baugleichen Porsche für Dirk Vorländer, Dimitri Parhofer, Dirg Parhofer, Daniel Zampieri und Andreas Liehm in der Klasse A6-Am ein, aber keins der beiden Fahrzeuge schaffte es bis ins Ziel.

In der Porsche-Cupklasse gab es einen Doppelerfolg für Lechner Racing Middle East. Sven Müller, Jaap van Lagen, Saeed Al Mehairi, Bashar Mardini und Hasher Al Maktoum siegten mit fünf Runden Vorsprung auf das Schwesterauto mit Christopher Zöchling, Hannes Waimer, Wolfgang Triller und Charlie Frijns. Auch in der Klasse SP2 ging der Sieg an ein Porsche-Team: Die französische Mannschaft Porsche Lorient Racing gewann überlegen mit den Fahrern Frédéric Ancel, Christophe Bourret, Pascal Gibon, Jean-François Demorge und Philippe Polette. Rang drei in der Klasse ging an den schnellsten der beiden Speedlover-Porsche mit Jean-Michel Gerome, Vic Rice, Richard Verburg, Dries Vanthoor und Yves Noel.

Dirk Vorländer, Dimitri Parhofer, Dirg Parhofer, Daniel Zampieri, Andreas Liehm

🏴 With 26 cars entered, one in A6-Pro, two in A6-Am, 18 in the Porsche 991 Cup class and another five in SP2, Porsches made up for more than one quarter of the field in the eleventh running of the Dubai 24 Hours.

During the race, some teams were unfortunate, including MRS GT Racing, which had its Cup-Porsche taken out by another competitor in the first hour of the race. Attempto Racing ran a 997 GT3-R with Sven Heyrowsky, Arkin Aka, Hans Wehrmann, Nicolas Armindo and Edward Brauner in the A6-Pro class and an identical Porsche with Dirk Vorländer, Dimitri Parhofer, Dirg Parhofer, Daniel Zampieri and Andreas Liehm in the A6-Am class, but neither of the cars made it to the finish of the race.

In the Porsche Cup class, Lechner Racing Middle East scored a 1-2 with victory for Sven Müller, Jaap van Lagen, Saeed Al Mehairi, Bashar Mardini and Hasher Al Maktoum, five laps ahead of the sister car with Christopher Zöchling, Hannes Waimer, Wolfgang Triller and Charlie Frijns. The SP2 category brought success for Porsche as well: French team Porsche Lorient Racing scored a dominant class win with drivers Frédéric Ancel, Christophe Bourret, Pascal Gibon, Jean-François Demorge and Philippe Polette. The fastest of the two Speedlover Porsches finished third in class with Jean-Michel Gerome, Vic Rice, Richard Verburg, Dries Vanthoor and Yves Noel.

24 Hours of Dubai

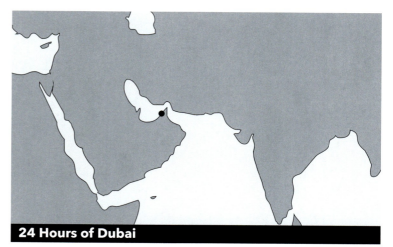

14.01. - 16.01.2016 — Dubai, UAE

(l.-r.): Daniel Zampieri, Dirk Vorländer, Dirg Parhofer, Dimitri Parhofer, Andreas Liehm, Sven Heyrowsky, Arkin Aka, Hans Wehrmann, Nicolas Armindo, Edward Lewis Brauner

Saeed Al Mehairi, Bashar Mardini, Sven Müller, Hasher Al Maktoum, Jaap van Lagen

Santos Zanella, Santiago Creel, Dominik Kotarba-Majkutewicz, Rafal Mikrut, Oscar Arroyo

Nicolas Misslin, Bruno Tortora, Alex Autumn, Christopher Zöchling, Jaap van Lagen

24 Hours of Dubai

POS	NO	DRIVERS	CAR	TEAM	LAPS
1	19	Ferté-Meadows-Leonard-Vanthoor	Audi R8 LMS	Belgian Audi Club Team WRT	588
2	16	Al Faisal-Webb-Christodoulou-Morley-Montecalvo	Mercedes SLS AMG GT3	Black Falcon	583
3	4	Jöns-Weishaupt-Tutumlu Lopez-Henkola-Abt	Audi R8 LMS	C.ABT Racing	580
11	40	Al Mehairi-Mardini-Müller-Al Maktoum-van Lagen	Porsche 911 GT3 Cup	Lechner Racing Middle East	568
12	81	Waimer-Triller-Jones-Zöchling-Frijns	Porsche 911 GT3 Cup	Lechner Racing Middle East	563
14	61	Al Faisal-Metzger-Schuring-Al Mouri-Fjordbach	Porsche 911 GT3 Cup	Black Falcon Team TMD Friction	559
15	90	Sanchez-Creel-Bauer-Eisemann-Lukas	Porsche 911 GT3 Cup	Förch Racing by Lukas Motorsport	554
16	64	Ancel-Bourret-Gibon-Demorge-Polette	Porsche 911 GT3 Cup S	Porsche Lorient Racing	553
17	60	Kaiser-Spreng-Minsky-Wallenwein-Bachler	Porsche 911 GT3 Cup	Black Falcon Team TMD Friction	550
20	20	Skoog-Skoog-Behrens-Pantzar-Bard	Porsche 911 GT3 Cup	PFI Racing Sweden	545
22	45	Feucht-Werner-Götsche-Gøtsche	Porsche 911 GT3 America	Artthea Sport	540
25	80	Misslin-Tortora-Autumn-Zöchling-van Lagen	Porsche 911 GT3 Cup	Lechner Racing Middle East	534
30	89	Zanella-Creel-Kotarba-Majkutewicz-Mikrut-Arroyo	Porsche 911 GT3 Cup	Förch Racing by Lukas Motorsport	528
33	73	Ogrocki-Udras-Borness-Freymuth-Harmsen	Porsche 911 GT3 Cup	HRT Performance	521
42	37	Baharian-Feller-Piergiovanni-Nicolaidis	Porsche 911 GT3 Cup	GDL Racing	505
44	62	Cammish-Rettenbacher-Konrad-Regalia-Nordstrom	Porsche 911 GT3 Cup	MSG Motorsport	503
48	85	Gerome-Rice-Verburg-Vanthoor-Noel	Porsche 911 GT3 Cup	Speedlover	498
52	84	Arendt-Richard-Paque	Porsche 911 GT3 Cup	Speedlover	493
57	35	Premat-Mitieus-Fretin-Fretin	Porsche 911 GT3 Cup	B2F Compétition	476
69	97	Vignali-Terrail-Pelle-Pentinnen	Porsche 911 GT3 Cup	GDL Racing	435
71	47	Keong Liam-Lee-Laurence Farmer-Ang Dingfeng	Porsche 911 Cup S	GDL Team Asia	418
74	66	Heyrowsky-Aka-Wehrmann-Armindo-Lewis Brauner	Porsche 911 GT3 R	Attempto Racing	391
77	77	Na-Iossifidis-Al Azhari-Ferri-de Lorenzi	Porsche 911 GT3 Cup	GDL Team Asia	375
79	46	Matsushima-Takizawa-Zuhour-Overgaard Pedersen-Pereira	Porsche 911 GT3 Cup	MRS GT-Racing	354

24H SERIES BY CREVENTIC

With three of six possible outright wins, Precote Herberth Motorsport was the most successful team and claimed runner-up spot in the A6 class.

(l.-r.): Ralf Bohn, Robert Renauer, Alfred Renauer, Daniel Allemann

Die internationale 24h Series wächst und wächst: In diesem Jahr standen sieben Rennen auf dem Programm, davon fünf 24h- und zwei 12h-Rennen. Die 24h in Silverstone waren allerdings nur Tourenwagen vorbehalten, so dass schließlich sechs Events in die Jahreswertung für GTs einflossen. Ab 2017 wird es zwei komplett getrennte Wertungen geben mit insgesamt zwölf Veranstaltungen.

Precote Herberth Motorsport bildete klar die Porsche-Speerspitze und feierte drei Gesamtsiege in Zandvoort, Paul Ricard und Barcelona. Der dritte Platz beim Finale in Brünn reichte Alfred Renauer, Daniel Allemann, Ralf Bohn und Robert Renauer zum Vizetitel in der Klasse A6. „Wir hatten einen guten Start und konnten nach wenigen Metern zur Spitze aufschließen", sagte Robert Renauer. „Doch nachdem die Sonne weg war, kühlte die Strecke mit jeder Stunde schneller ab und unser Reifendruck passte nicht mehr wie ursprünglich geplant."

Am Ende wurde die Mannschaft aus Jedenhofen guter Dritter. „Auch wenn es im letzten Rennen nicht für eine Fortsetzung unserer Siegesserie gereicht hat, so können wir doch sehr zufrieden mit den Punkten sein", sagte Alfred Renauer. „Wir haben gezeigt, wozu wir im Stande sind und konnten unter den verschiedensten Bedingungen ganz vorn mitfahren. Das Jahr war einfach unglaublich und ich danke dem Team für die harte Arbeit."

In der Klasse 991 gab es im Kampf um den Klassentitel ein spannendes Duell zwischen HRT Performance und MRS GT-Racing, welches schließlich knapp zu Gunsten von HRT ausging.

Alfred Renauer, Robert Renauer, Daniel Allemann, Ralf Bohn at Barcelona

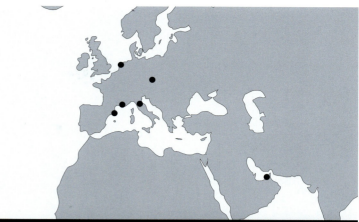

🏴 The international 24h series is getting ever bigger: this year's calendar included seven races, five of them 24-hour races while two were 'only' 12-hour events. However, the round at Silverstone was for touring cars only, meaning that six events counted towards the GT season standings. From 2017, there will be two entirely separated championships with a total of twelve events.

Precote Herberth Motorsport was the undisputed Porsche spearhead and scored three outrights wins at Zandvoort, Paul Ricard and Barcelona. For Alfred Renauer, Daniel Allemann, Ralf Bohn and Robert Renauer, third place at the season finale at Brno was enough to secure runner-up position in the A6 class. "We had a good start and after a few metres, we closed up to the leaders," Robert Renauer said. "However, once the sun had gone, the track cooled by the hour and our tyre pressure wasn't as good as planned."

Eventually, the team from Jedenhofen finished a creditable third. "Although we didn't manage to continue our winning streak in the final race, we can still be very happy with the points," Alfread Renauer commented. "We have shown what we can achieve and we were able to race at the front in the most varied conditions. This year simply was incredible and I want to thank the team for the huge effort."

In the 991 class, there was an interesting battle for the class title between HRT Performance and MRS GT-Racing, in which HRT just managed to come out on top.

Alfred Renauer, Robert Renauer, Daniel Allemann, Ralf Bohn at Brno

Team Manthey Racing at Barcelona

24H Series by Creventic

Overall Victory

RACE	DRIVERS	TEAM	CAR
3	Allemann, R. Renauer, Bohn, A.Renauer	Precote Herberth Motorsport	Porsche 911 GT3 R
4	Allemann, R. Renauer, Bohn, A.Renauer	Precote Herberth Motorsport	Porsche 911 GT3 R
5	Allemann, R. Renauer, Bohn, A.Renauer	Precote Herberth Motorsport	Porsche 911 GT3 R

Class A6 Driver

POS	DRIVERS	TEAM	CAR	POINTS
3	Allemann, R. Renauer, Bohn, A.Renauer	Precote Herberth Motorsport	Porsche 911 GT3 R	109

Class 991 Driver

POS	DRIVERS	TEAM	CAR	POINTS
1	Kim André Hauschild, Stephen Borness	HRT Performance	Porsche 911 GT3 Cup	98
2	Artem Soloviev	HRT Performance	Porsche 911 GT3 Cup	87
3	Fabian Engel	HRT Performance	Porsche 911 GT3 Cup	82
4	Charles Espenlaub, Charles Putman, Joe Foster	MRS GT-Racing	Porsche 911 GT3 Cup	76
5	Benoit Fretin, Bruno Fetin, Michel Mitieus	B2F Competition	Porsche 911 GT3 Cup	65
6	Alex Osborne, James May, Paul May	APO Sport	Porsche 911 GT3 Cup	61

Class 991 Team

POS	TEAM	POINTS
1	HRT Performance	98
2	MRS GT-Racing	86
3	B2F Competition	65
4	APO Sport	61
5	MSG Motorsport	54

Class A6 Team

POS	TEAM	POINTS
2	Precote Herberth Motorsport	89

Overall winner at Barcelona: Robert Renauer, Daniel Allemann, Alfred Renauer, Ralf Bohn

ROLEX 24
AT DAYTONA

Two poles and two podiums for Porsche at the
54th running of the Rolex 24 at Daytona

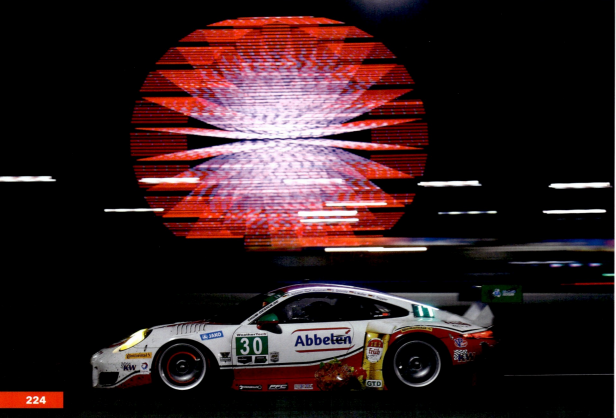

Das 24-Stunden-Rennen in Daytona gehört zu den berühmtesten Autorennen der Welt. Jedes Jahr im Januar findet auf dem Daytona International Speedway das traditionsreiche Langstreckenrennen zur Eröffnung der US-Motorsportsaison statt. Die Veranstaltung ist der erste Saisonlauf der IMSA WeatherTech SportsCar Championship und erfreut sich aufgrund seiner langen Geschichte bei Gaststartern größter Beliebtheit.

Gleich zu Beginn konnte sich das Team von Porsche North America ohne große Probleme in der ersten Startreihe der GTLM-Klasse qualifizieren. Nick Tandy, Kévin Estre und Patrick Pilet setzten sich im Fahrzeug mit der Nummer 911 gegen das Schwestertrio #912 von Frédéric Makowiecki, Earl Bamber und Michael Christensen durch und gingen von Position eins aus ins Rennen. Aufgrund der wechselhaften Bedingungen schaffte es das Porsche-Werksteam, die schnellsten Rundenzeiten im gesamten Feld abzu-

Klaus Abbelen, Patrick Huisman, Frank Stippler,
Sven Müller, Sabine Schmitz

(l.-r.): Michael Christensen, Frederic Makowiecki, Earl Bamber

Norbert Siedler, Jorg Bergmeister, Patrick Lindsey

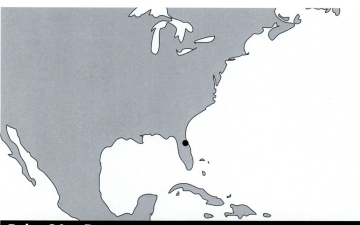

🏴 The Rolex 24 at Daytona is one of the most famous motor races in the world. Held in January at Daytona International Speedway in Florida, the 24-hour classic is a traditional curtain raiser for the US motor racing season and attracts some of the biggest names in the sport. It also marked the first round of the 2016 WeatherTech SportsCar Championship, the United States' premiere sportscar series.

Porsche North America travelled to the Sunshine State with high hopes as reigning champions in the GTLM class. The two Porsche 911 RSRs featured six factory drivers, including two reigning 24 Hours of Le Mans champions, Nick Tandy and Earl Bamber, as well as reigning GTLM drivers' champion Patrick Pilet. They were joined by five privateer entries in the GT Daytona (GTD) category featuring the likes of Team Seattle / Alex Job Racing, Black Swan Racing, Nürburgring stalwarts Frikadelli Racing and Park Place Motorsports.

(911): Nick Tandy, Kevin Estre, Patrick Pilet - (912): Frederick Makowiecki, Michael Christensen, Earl Bamber

(911): Patrick Pilet, Nick Tandy, Kevin Estre - (912): Earl Bamber, Frederic Makowiecki, Michael Christensen

liefern und sich sogar vor den deutlich stärkeren Daytona Prototypen (DP) zu qualifizieren. Ebenfalls auf Pole-Position startete der Porsche 911 GT3 R mit der Startnummer 76 von ParkPlace Motorsports mit dem Quartett Norbert Siedler, Patrick Lindsey, Matt McMurry und Jörg Bergmeister hinter dem Steuer.

Glücklicherweise hatte sich das Wetter am Renntag weitestgehend stabilisiert und die 54. Ausgabe des Rolex 24 konnte in Daytona bei strahlendem Sonnenschein gestartet werden. Die beiden Porsche 911 RSR von Porsche North America konnten ihre Qualifyingleistung direkt in der Startphase bestätigen und sich vom restlichen Feld absetzen. Während die Konkurrenz im Laufe des Rennens aufgrund technischer Probleme immer wieder zurückfiel, konnte Porsche seine Doppelführung in der GTLM-Klasse weiter ausbauen und bis tief in die Nacht hinein verteidigen.

Mit Anbruch des zweiten Tages fielen die beiden Werks-Porsche auf die Plätze zwei und drei zurück, konnten jedoch weiterhin in Schlagweite um die Spitzenposition bleiben. Erst ein Fehler in der Antriebswelle sorgte am Vormittag für einen herben Rückschlag beim Porsche #911. Kévin Estre war gezwungen, seinen Wagen an die Box zu bringen und konnte erst nach einer längeren Reparaturphase das Rennen mit mehreren Runden Rückstand wieder aufnehmen. Doch

(l.-r.): Patrick Long, Nicky Catsburg, Timothy Pappas, Andy Pilgrim

Mario Farnbacher, Wolf Henzler, Ian James, Alex Riberas

The season started with a bang for Porsche, with the #911 and #912 cars sweeping the front row in GTLM in a wet qualifying session. Nick Tandy, Kévin Estre and Patrick Pilet in the #911 car had the edge over their teammates in the #912 machine, Fred Makowiecki, Earl Bamber and Michael Christensen. In fact, the changeable conditions meant that the two Porsche 911 RSRs were the quickest cars in the entire field – faster than the high-downforce Prototype (P) and Prototype Challenge (PC) machines. Porsche also secured pole position in GTD, with the #73 Porsche GT3 R of Park Place Motorsports driven by Norbert Siedler, Patrick Lindsey, Matt McMurry and Jörg Bergmeister quickest of the GTD field. Mercifully, race day was a dry affair and the 54th running of the Rolex 24 at Daytona got underway just after 3pm local time in bright sunshine. The two Porsche 911 RSRs showed their paces right from the off and quickly demonstrated that they would be contending for the victory. With most of the other GTLM competitors falling by the wayside due to technical issues or shunts, the Porsche drivers in the #911 and #912 cars quietly went about their business into the dusk and the darkness of the night and remained at the sharp end of the field throughout.

(911): Nick Tandy, Kevin Estre, Patrick Pilet
(912): Frederick Makowiecki,
Michael Christensen, Earl Bamber

(911): Nick Tandy, Kevin Estre, Patrick Pilet - (912): Frederick Makowiecki, Michael Christensen, Earl Bamber

das Trio wusste die verbleibenden fünf Stunden zu nutzen und nahm den Kampf von Position acht aus in Angriff.

Unterdessen duellierte sich das Schwesterfahrzeug mit dem Corvette Racing Team um die Spitze. In einem chaotischen Kampf nutzen die Kontrahenten jeden freien Meter. In der finalen Boxenstopp-Phase konnte Earl Bamber die Führung übernehmen und alles sah zunächst nach einem positiven Ausgang für Porsche aus. Doch trotz des harten Dreikampfes schaffte es der Porsche-Pilot nicht, die Führung zu verteidigen und musste sich am Ende mit dem dritten Platz zufriedengeben.

Etwas besser, aber ähnlich knapp verlief die Schlussphase in der GTD-Klasse. Auch hier konnte Black Swan Racing mit seinem Porsche #540 gute Rundenzeiten zurücklegen und die Konkurrenz in Schach halten. Doch auch hier reichte es kurz vor Schluss nicht zum Sieg und die Mannschaft brachte den zweiten Podestplatz mit nach Hause. Trotz verpasster Chancen in beiden Kategorien kann Porsche auf ein erfolgreiches Wochenende zurückblicken. Die zwei Pole-Positions wussten die Porsche-Teams für sich zu nutzen und konnten entsprechende Podestplätze zum Jahresauftakt verzeichnen.

Patrick Long

(l.-r.): Nick Tandy, Patrick Pilet, Kevin Estré

Leh Keen, Cooper MacNeil, Gunnar Jeannette, Shane van Gisbergen, David MacNeil

As dawn broke, the #911 car was in second position and the #912 machine in third, just seconds behind the class leader. A cruel twist of fate put paid to the #911 crew's chances, when a faulty driveshaft forced Kévin Estre to pit with just five hours of the race remaining. Despite the lightning-quick repair from the Porsche North America mechanics, the #911 Porsche 911 RSR fell back to eighth position, where it would eventually finish. The #912 car, on the other hand, remained in contention in a topsy-turvy battle with the Corvette Racing team, right until the final set of pit stops. Spectators at the track and TV viewers at home were treated to an astonishing conclusion to this famous race, with New Zealander Earl Bamber leading the GTLM field for Porsche out of the final pit stops. However, Bamber only held a wafer-thin advantage over the two hard-charging Corvette C7.Rs.

Despite battling valiantly, it was simply not to be for Porsche North America that day and Bamber, Tandy and Pilet had to settle for third position. Elsewhere, Tim Pappas, Nicky Catsburg, Patrick Long and Andy Pilgrim took home a well-earned second position in GTD for the #540 Black Swan Racing in the Porsche GT3 R after a race-long battle with the eventual winners Magnus Racing, making it two podiums in two classes for Porsche.

Earl Bamber, Frederic Makowiecki, Michael Christensen

Rolex 24 at Daytona

POS	NO	CLA	DRIVERS	CAR	TEAM	LAPS
1	2	P	Luis Felipe Derani, Scott Sharp, Johannes van Overbeek, Ed Brown	Honda HPD Ligier JS P2	Tequila Patron ESM	736
2	10	P	Ricky Taylor, Jordan Taylor, Max Angelelli, Rubens Barrichello	Chevrolet Corvette DP	No. 10 Konica Minolta Corvette DP for Wayne Taylor Racing	736
3	90	P	Ryan Dalziel, Ryan Hunter-Reay, Marc Goossens	Chevrolet Corvette DP	VisitFlorida Racing	736
9	912	GTLM	Frederick Makowiecki, Michael Christensen, Earl Bamber	Porsche 911 GT3 RSR	Porsche North America	722
15	540	GTD	Timothy Pappas, Patrick Long, Nicky Catsburg, Andy Pilgrim	Porsche 911 GT3 R	Black Swan Racing	703
22	23	GTD	Mario Farnbacher, Wolf Henzler, Ian James, Alex Riberas	Porsche 911 GT3 R	Team Seattle/Alex Job Racing	700
27	30	GTD	Patrick Huisman, Frank Stippler, Klaus Abbelen, Sabine Schmitz	Porsche 911 GT3 R	Frakadelli Racing	698
28	22	GTD	Leh Keen, Cooper MacNeil, Gunnar Jeannette, Shane van Gisbergen, David MacNeil	Porsche 911 GT3 R	Alex Job Racing	695
33	911	GTLM	Nick Tandy, Kevin Estré, Patrick Pilet	Porsche 911 GT3 RSR	Porsche North America	687
41	73	GTD	Norbert Siedler, Jörg Bergmeister, Patrick Lindsey	Porsche 911 GT3 R	Park Place Motorsports	524

Timothy Pappas, Nicky Catsburg,
Patrick Long, Andy Pilgrim

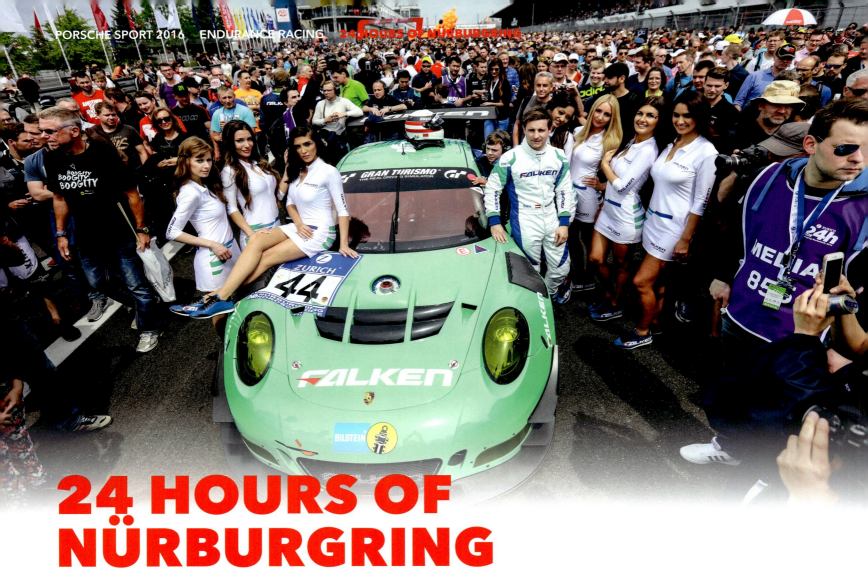

24 HOURS OF NÜRBURGRING

Zum dritten Mal in Folge fuhr der Falken-911 GT3 R, eingesetzt von Schnabl Engineering, in die Top-Ten. Dumbreck, Henzler, Ragginger und Imperatori kamen nach fehlerfreier Leistung auf Platz neun an.

🇩🇪 Mit elf Gesamtsiegen ist Porsche die zweiterfolgreichste Marke der Geschichte. Bei der 44. Auflage war Porsche nicht unbedingt wettbewerbsfähig. Obwohl kurz vor dem Rennen die so genannte Balance of Performance noch ein wenig zu Gunsten des 911 GT3 R verändert wurde, fehlten die letzten Sekunden pro Runde. Die Porsche-Teams wussten, dass hohes Risiko womöglich die einzige Chance war. Die Gradwanderung zwischen Erfolg und Abflug ist dann natürlich extrem schmal. Ganz zu schweigen vom Pech, welches in diesem Jahr die Porsche-Teams zahlreich heimsuchte.

Aber beginnen wir mit dem Positiven: Einmal mehr war auf das Falken-Team Verlass! Nach dem 20. Platz 2013 folgten 2014 und 2015 die Ränge vier und drei. Dieses Jahr landete der von Sven Schnabl eingesetzte 911 GT3 R auf Platz neun und kam somit zum dritten Mal in Folge in die Top-Ten. Peter Dumbreck, Wolf Henzler, Martin Ragginger und Alexandre Imperatori waren, wie gewohnt, die Piloten.

„Die Grüne Hölle machte mit dem wechselnden Wetter ihrem Namen wieder alle Ehre", sagte Dumbreck. „Die Anfangsphase war wirklich unglaublich, durch den Abbruch fielen wir weit zurück. Ich durfte den Re-Start fahren und auf der nassen Piste war ich mit den Falken-Reifen perfekt unterwegs, konnte rund 25 Positionen gutmachen. Zur Rennhalbzeit waren wir erstmals in den Top-20, am Ende dann sogar in den Top-Ten. Wir hatten übers Wochenende jedes erdenkliche Wetter und immer den passenden Falken-Reifen."

Große Zufriedenheit herrschte auch beim Wochenspiegel-Team-Manthey. Die beste reine Gentleman-Mannschaft fuhr auf den 13. Gesamtrang. Am Steuer des GT3 R wechselten sich Georg Weiss, Oliver Kainz, Jochen Krumbach und Mike Stursberg ab. „Es war ein tolles Gefühl, den Wochenspiegel-Porsche ins Ziel zu fahren. Wir haben keine Fehler gemacht und sind konsequent unseren Rhythmus durchgefahren. Platz 13

Peter Dumbreck, Wolf Henzler, Martin Ragginger, Alexandre Imperatori

(l.-r.): Martin Ragginger, Peter Dumbreck, Stefanie Olbertz, Wolf Henzler, Alexandre Imperatori

24 Hours of Nürburgring

26.05. - 29.05.2016   Nürburgring, GER

🇬🇧 With eleven overall wins, Porsche is the second-most successful brand in history at the Nurburgring 24 Hours. During the 44th running, Porsche wasn't that competitive. Despite a last-minute BOP change prior to the race, the final seconds were lacking, and the Porsche teams had more than their fair share of bad luck, too.

The Falken team continued its strong run. After fourth in 2014 and third in 2015, the 911 GT3-R run by Sven Schnabl scored its third top ten finish in a row, classified ninth with Peter Dumbreck, Wolf Henzler, Martin Ragginger and Alexandre Imperatori. "The green hell again lived up to its reputation with the changeable conditions, but we had the right Falken tyres all the time," Dumbreck said.

Richard Lietz, Jörg Bergmeister, Michael Christensen, Fred Makowiecki

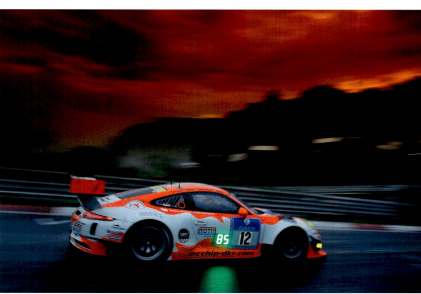

Otto Klohs, Dieter Schmidtmann, Jens Richter, Robert Renauer

in diesem starken Feld ist ein großer Erfolg für uns", sagte Stursberg. Auf den 16. Platz lenkten Otto Klohs, „Dieter Schmidtmann", Jens Richter und Robert Renauer einen weiteren privaten Manthey-Porsche.

Beide offiziellen Werks-911er kamen nicht in Wertung. Richard Lietz, Jörg Bergmeister, Michael Christensen und Frederik Makowiecki, die in der Startnummer 912 immerhin für einen Umlauf das Feld angeführt hatten, schieden fünf Stunden vor dem Ende mit Motorschaden aus. Schon in der zweiten Runde war Nick Tandy im Bereich der Hohen Acht so hart mit der Nummer 911 gegen die Leitplanken geprallt, dass sein Rennen zu Ende war. Es war ausgerechnet jenes Fahrzeug, welches Kevin Estre im Top 30-Einzelzeitfahren zerlegt hatte und über Nacht von Manthey Racing wieder aufgebaut worden war.

(57): Eberhard Baunach, Wolfgang Kaufmann, Philippe Haezebrouck, Edgar Salewsky
(69): Robin Chrzanowski, Kersten Jodexnis, Marco Schelp, Peter Scharmach

Arturo Devigus, Andreas Weishaupt, Alexander Josef Toril Boquoi, Mario Farnbacher

Georg Weiss, Oliver Kainz, Jochen Krumbach, Mike Stursberg

Peter Dumbreck, Wolf Henzler, Martin Ragginger, Alexandre Imperatori and team Falken Motorsports

The Wochenspiegel Team Manthey was also happy. The best-placed gentlemen team finished in 13th place overall. Georg Weiss, Oliver Kainz, Jochen Krumbach and Mike Stursberg alternated behind the wheel of the GT3-R. "Driving the Wochenspiegel Porsche to the finish was a great feeling. We made no mistakes and consequently maintained our rhythm. Thirteenth place in this strong field is a great success for us," Stursberg said. Another private Manthey Porsche, driven by Otto Klohs, 'Dieter Schmidtmann', Jens Richter and Robert Renauer, finished 16th.

The two official works-911 didn't make it to the finish. Richard Lietz, Jörg Bergmeister, Michael Kristensen and Frédéric Makowiecki, who at least led the field for one lap with the 912 car, retired due to engine failure with five hours remaining. On only the second lap, Nick Tandy had such a heavy crash into the Armco barriers with the number 911 car at Hohe Acht that his race was over on the spot. This was the car that Kévin Estre had already crashed in the top 30 qualifying and was then rebuilt overnight by Manthey Racing.

Daniel Bohr, Frank Schmickler, Pierre Humbert

(l.-r.): Robert Renauer, Jens Richter, Dieter Schmidtmann, Otto Klohs

Team Kremer Racing

Sven Schnabl

Team Manthey Racing

24 Hours of Nürburgring

POS	NO	CLASS	DRIVERS	TEAM	CAR	LAPS
1	4	SP9	Bernd Schneider, Maro Engel, Adam Christodoulou, Manuel Metzger	AMG Team Black Falcon	Mercedes-AMG GT3	134
2	29	SP9	Christian Vietoris, Marco Seefried, Christian Hohenadel, Renger Van der Zande	AMG Team HTP-Motorsport	Mercedes-AMG GT3	134
3	88	SP9	Uwe Alzen, Lance David Arnold, Maximilian Götz, Jan Seyffarth	Haribo Racing Team AMG	Mercedes-AMG GT3	133
9	44	SP9	Peter Dumbreck, Wolf Henzler, Martin Ragginger, Alexandre Imperatori	Falken Motorsports	Porsche 911 GT3 R	130
13	21	SP9	Georg Weiss, Oliver Kainz, Jochen Krumbach, Mike Stursberg	Wochenspiegel Team Manthey	Porsche 911 GT3 R	128
15	64	SP7	Arturo Devigus, Andreas Weishaupt, Alexander Josef Toril Boquoi, Mario Farnbacher	Black Falcon Team TMD Friction	Porsche 911 GT3 Cup	124
16	12	SP9	Otto Klohs, Dieter Schmidtmann, Jens Richter, Robert Renauer	Manthey Racing	Porsche 911 GT3 R	123
19	56	SP7	John Shoffner, Janine Hill, Arno Klasen, Duncan Huisman	Frikadelli Racing Team	Porsche 911 GT3 Cup	122
21	57	SP7	Eberhard Baunach, Wolfgang Kaufmann, Philippe Haezebrouck, Edgar Salewsky	Kremer Racing	Porsche 911 GT3 R KR	121
23	170	SP-X	Christoph Breuer, Christian Gebhardt, Lars Kern	Manthey Racing	Porsche Cayman GT4	121
28	354	Cup 3	Hans Holmlund, Tommy Graberg, Scott Marshall, Moritz Gusenbauer	raceunion Teichmann Racing	Porsche Cayman GT4 CS	118
29	68	SP7	Michael Czyborra, Stefan Kenntemich, Kim Hauschild, Sergio Negroni	HRT Performance	Porsche 911 GT3 Cup	117
31	140	V6	Aurel Schoeller, Andre Kuhn, "Philip", Miquel Toril Boquoi	Black Falcon Team TMD Friction	Porsche 911 GT3 Cup	116
34	137	V6	Ivan Jacoma, Claudius Karch, Timo Mölig, Marc Hennerici	Team Mathol Racing e. V.	Porsche Cayman S	116
35	83	SP6	David Ackermann, Carsten Welschar, Jörg Wiskirchen, Csaba Walter	Rent2Drive Racing	Porsche 911 GT3 Cup	114
36	58	SP7	Georg Goder, Martin Schlüter, Tim Scheerbarth, Dirk Leßmeister	9 und 11 Racing	Porsche 911 GT3 Cup	114
38	353	Cup 3	Marc Keilwerth, Volker Wawer, Rob Thomsen, Winfried Assmann	Team Mathol Racing e. V.	Porsche Cayman GT4 CS	113
68	138	V6	Christian Eichner, Rüdiger Schicht, Sebastian Schäfer, Herbert von Danwitz	Team Mathol Racing e. V.	Porsche Cayman S	104
80	355	Cup 3	Daniel Bohr, Frank Schmickler, Pierre Humbert	Mühlner Motorsport	Porsche Cayman GT4 CS	99
86	139	V6	Peter Haener, Paul Follett, Ugo Vincenzi, Alberto Carobbio	Team Securtal Sorg Rennsport	Porsche Cayman S	95
88	145	V6	Jose Visir, Jorge Cersosimo, Alejandro Chawan, Marcos Vazquez	Speedworxx Racing	Porsche 911 Carrera	93
D.N.F						
	912	SP9	Richard Lietz, Jörg Bergmeister, Michael Christensen, Fred Makowiecki	Manthey Racing	Porsche 911 GT3 R	100
	67	SP7	"Bugs Bunny", Oleg Kvitka, Florian Scholze, Fabian Schiller	Weiland Racing	Porsche 911 GT 3 MR 4.0	85
	62	SP7	Adam Osieka, Kiki Sak Nana, "Andy Sammers", Steve Jans	GetSpeed Performance	Porsche 911 GT3 Cup	82
	151	V5	Christian Büllesbach, Andreas Schettler, James Briody, Carlos Arimon	Pixum Team Adrenalin Motorsport	Porsche Cayman GT4	78
	69	SP7	Robin Chrzanowski, Kersten Jodexnis, Marco Schelp, Peter Scharmach	Clickvers.de Team	Porsche 911 GT3 Cup	77
	112	AT	"Smudo", Thomas von Löwis of Menar, Daniel Schellhaas, Axel Duffner	Care for climate	Porsche Cayman GT4	63
	54	SP7	"Airgee", "Alex Autumn", Milan Kodidek, Andrea Perlini	raceunion Teichmann Racing	Porsche 911 GT3 Cup	63
	63	SP7	Ulrich Berg, Patrick Kaiser, Dennis Trebbing, Dominik Brinkmann	GetSpeed Performance	Porsche 911 GT3 Cup	55
	3	SP9	Klaus Abbelen, Sabine Schmitz, Patrick Huisman, Norbert Siedler	Frikadelli Racing Team	Porsche 911 GT3 R	50
	79	SP10	Nicolaj Moller Madsen, Michael Rebhan, Jörg Viebahn, Michael Hess	Prosport-Performance GmbH	Porsche Cayman Pro4	36
	146	V6	Ruben Salerno, Alfredo Tricarichi, Allessandro Salerno, Roberto Falcon	Speedworxx Racing	Porsche Cayman S	36
	59	SP7	"Steve Smith", Reinhold Renger, Nils Reimer, Harald Proczyk	Manthey Racing	Porsche 911 GT3 Cup MR	35
	55	SP7	William Moore, Bill Cameron, Peter Bonk	William Moore	Porsche 911 GT3 Cup	33
	351	Cup 3	Christian Björn-Hansen, Runar Vatne, Stefan Karg, "Sugar Mountain"	Black Falcon Team TMD Friction	Porsche Cayman GT4 CS	27
	82	SP6	Fidel Leib, Jonas Carlsson, Thomas Bolz, Kelvin van der Linde	Prosport-Performance GmbH	Porsche Cayman Pro4	4
	350	Cup 3	Charles Putman, Charles Espenlaub, Nico Verdonck, Xavier Maassen	Prosport-Performance GmbH	Porsche Cayman GT4 CS	4
	911	SP9	Nick Tandy, Kevin Estre, Earl Bamber, Patrick Pilet	Manthey Racing	Porsche 911 GT3 R	1

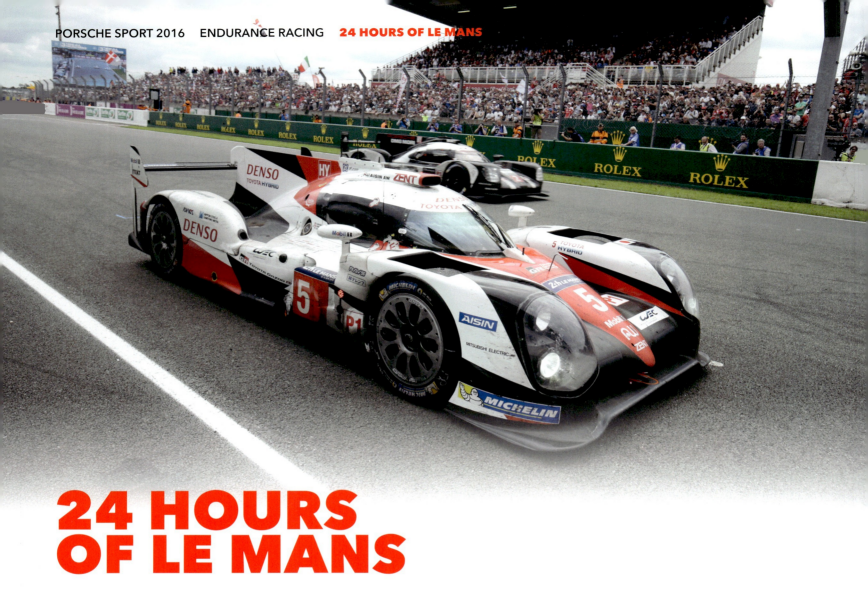

24 HOURS
OF LE MANS

Porsche décroche une 18ème victoire absolue aux
24 Heures du Mans au terme d'un final explosif.

🇩🇪 Jedes Jahr im Juni blickt die Motorsportwelt nach Frankreich. In einem kleinen Ort an der Sarthe trafen sich auch in diesem Jahr 51 Teams mit 60 Fahrzeugen, um beim berühmtesten Autorennen der Welt anzutreten, den 24 Stunden von Le Mans. Das Langstreckenrennen ist Teil der World Endurance Championship und bildet das Saisonhighlight der Serie. Die Teilnehmer der Weltmeisterschaft kämpfen gegen die besten Teilnehmer aus der Asian Le Mans Series, der European Le Mans Series und der IMSA WeatherTech SportsCar Championship.

Für Porsche hat das Rennen in Le Mans eine besonders große Bedeutung, da der Autobauer hier bereits 17 Gesamtsiege holen konnte und sich damit auf ewig in den Geschichtsbüchern des Motorsports verewigte. Nach dem Sieg im vergangenen Jahr kehrte das Werksteam aus Stuttgart erneut in die Startaufstellung zurück. In diesem Jahr setzte das Porsche

Brad Pitt

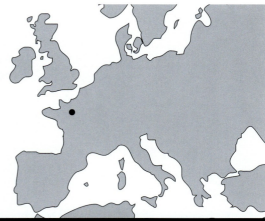

24 Hours of Le Mans

15.06. - 19.06.2016	Le Mans, FRA

🇬🇧 Every year in June, the motorsport world makes its annual pilgrimage to a small city on the River Sarthe in Western France, for the most famous race in the world: the 24 Hours of Le Mans. This year, the race attracted 51 teams with 60 entries, the largest in the race's history. The endurance classic is part of the FIA World Endurance Championship and forms the high point of the season, with competitors from the FIA WEC joined by a crème de la crème of the Asian Le Mans Series, the European Le Mans Series and the IMSA WeatherTech SportsCar Championship.

Porsche has a particularly large place in the annals of Le Mans history. The German marque had won here on 17 occasions previously, more than any other manufacturer. In fact, Porsche travelled to France in 2016 as the reigning Le Mans and WEC champions. This time, the team reduced its entry from three 919 Hybrids to two: Mark Webber, Brendon Hartley and Timo Bernhard piloted the #1 machine, while Neel Jani, Romain Dumas and Marc Lieb drove the sister #2 car.

Porsche's Le Mans entry wasn't limited to LMP1 either, with numerous entries in both LMGTE classes. Following the temporary withdrawal of Porsche Team Manthey from the sportscar-racing scene at the start of the year, it was left to Porsche Motorsport North America to take up the works Porsche GT mantle. The US-based squad brought two 911 RSRs (2016) to Le Mans in the hands of reigning overall Le Mans champion Nick Tandy, together with IMSA WeatherTech SportsCar Championship colleagues Kévin Estre and Patrick Pilet, and Earl Bamber – who won the 24 Hours the previous year alongside Tandy and Nico Hülkenberg – Jörg Bergmeister and Frédéric Makowiecki. Dempsey-Proton Racing entered a third Porsche in the LMGTE Pro category, after team owner Patrick Dempsey took a step back from his former driver role and the team moved up to the Pro class. The #77 car wasn't short on big-name drivers, with young factory drivers Michael Christensen and Philipp Eng joined by reigning WEC drivers' champion in the LMGTE Pro class, Richard Lietz.

Timo Bernhard, Brendon Hartley, Mark Webber

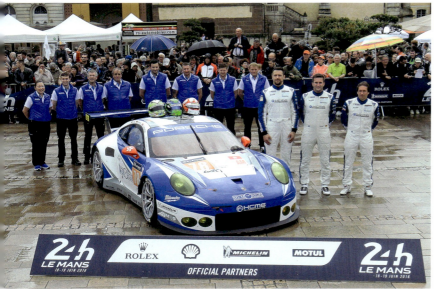

KCMG Team

Wolf Henzler, Joel Camathias, Christian Ried

Team kein drittes Auto ein und beschränkte sich auf zwei 919 Hybrid mit Mark Webber, Brendon Hartley und Timo Bernhard im Wagen mit der Nummer eins und Neel Jani, Romain Dumas und Marc Lieb im Schwesterfahrzeug Nummer zwei.

Auch in den beiden LMGTE-Klassen war Porsche durch seine Werksmannschaft und zahlreiche Kundenteams vertreten. Nach dem Rückzug des Porsche Team Manthey Anfang des Jahres brachte Porsche Motorsport North America zwei 911 RSR (2016) an den Start. Während Vorjahressieger Nick Tandy zusammen mit Kévin Estre und Patrick Pilet ins Steuer griff, nahm im Schwesterwagen sein ehemaliger Teamkollege Earl Bamber mit Jörg Bergmeister und Frédéric Makowiecki Platz. Ein dritter Porsche in der LMGTE-Pro wurde von Dempsey-Proton Racing eingesetzt. Nach dem Abkehr des US-Schauspielers vom aktiven Motorsport wollte er sein Team trotzdem weiter in der WEC antreten lassen und entschied sich für einen Wechsel in die höhere GTE-Pro Klasse. Im Wagen mit der Startnummer 77 traten der amtierende LMGTE-Pro-Champion der WEC, Richard Lietz, zusammen mit Michael Christensen und Philipp Eng an.

In der kleinsten GTE-Klasse, der LMGTE-Am, gingen gleich vier 911 RSR (2015) an den Start. Neben dem Wagen #78 vom Team KCMG (Christian Ried, Wolf Henzler, Joël Camathias), dem Gulf Racing UK-Porsche #86 (Michael Wainwright, Adam Carroll und Benjamin Barker) waren auch das Fahrzeug von Abu Dhabi-Proton Racing mit der Nummer 88 (Khaled Al Qubaisi, David Heinemeier Hansson und Patrick Long) sowie der Proton Copetition-Porsche #89 (Cooper MacNeil, Lehman Keen und Marc Miller) für das 24-Stunden-Rennen gemeldet.

Die Vorbereitungen auf das Rennen in Le Mans liefen gut und beim Porsche LMP1-Team konnte man bereits zum offiziellen Testtag Anfang Juni gute Ergebnisse erzielen. In den 173 zurückgelegten Runden liefen die Prototypen tadellos und Mark Webber konnte den Kurs in 3:22.270 Minuten umrunden. In den ersten Freien Trainings konnten die Fahrer der beiden 919 Hybrid ihre Zeiten bestätigen und sogar noch weiter ausbauen. Es deutete sich bereits frühzeitig ein Duell auf Augenhöhe zwischen Audi, Porsche und Toyota an. Das Team zeigte sich zufrieden und ging bestens vorbereitet in die Qualifying-Sessions, wie Teamchef Andreas Seidl erzählte: „Das Einsatzteam und die Mannschaft in Weissach haben in der Entwicklung sowie der Test- und Vorbe-

(l.-r.): Michael Wainwright, Adam Carroll, Ben Barker

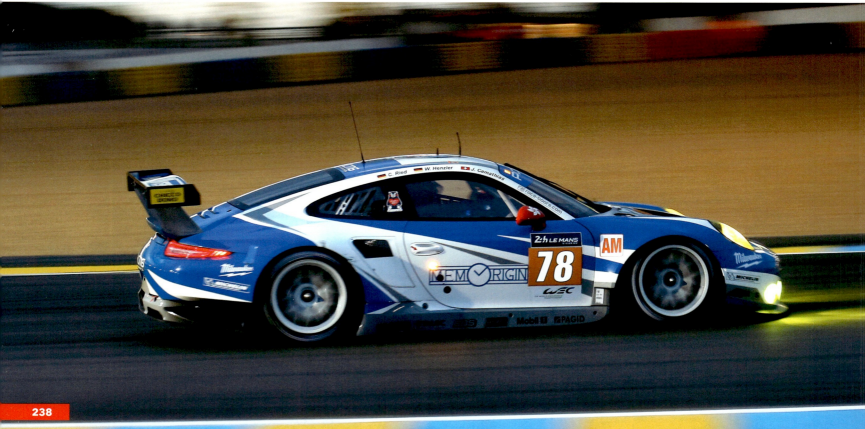

Porsche Team

Porsche sent another four 911 RSRs (2015) to Le Mans in the hands of privateer teams in the fourth class of racing at Le Mans, LMGTE Am. KCMG (Christian Ried, Wolf Henzler, Joël Camathias) and Gulf Racing UK (Michael Wainwright, Adam Carroll and Benjamin Barker) were given the task of upholding Porsche's honour in this pro-am category alongside Abu Dhabi-Proton Racing (Khaled Al Qubaisi, David Heinemeiner Hansson and Patrick Long) and Proton Competition (Cooper MacNeil, Lehman Keen and Marc Miller).

Preparations for the 24-hour classic in Le Mans went well for Porsche, and the works LMP1 team showed what they would be capable of at the official test session two weeks before the race. The team completed 173 laps and Mark Webber posted the fastest lap time of 3:22.270. Porsche continued where they'd left off at Test Day at the first free practice session, improving their times further and giving fans a mouth-watering taste of what promised to be a monumental duel with the works Audi and Toyota teams. "The team at the race and back at the Weissach factory did a wonderful job in the run-up to the race," explains Andreas Seidl. "Our recent form at Le Mans shows just how steep the learning curve is: in 2014, the race came too soon for our fledgling LMP1 programme. But we performed better than many expected us to and found out just how much it hurts, when a car fails to finish, despite being so close to the chequered flag. In 2015, we had three cars and took the top three positions in qualifying. We then secured a fantastic one-two in the race. Le Mans 2016 is only our nineteenth race as a team. Even though we haven't got many races under our belt, we are still better prepared in operational and technical terms than we ever have been before. We know how challenging it is to get through the race week, never mind the race itself, without any technical problems or other issues on track. We have huge respect for this race, but we feel ready."

Porsche showed its strength once again in the qualifying sessions and dominated the field in terms of one-lap pace. Swiss driver Neel Jani recorded the fastest time on Wednesday with a 3:19.733. With Thursday qualifying plagued by damp conditions, Jani's time could not be bettered and Porsche secured its 18th pole position at the 24 Hours of Le Mans. Timo Bernhard was second fastest in the #1 car with a best time of 3:20.203. Jani had also taken pole in 2015, but the crew ultimately missed out on a podium and were a little bit worried that history could repeat itself: "I will start the race from pole and I can't wait to get going," Jani said after qualifying. "Last year I started from pole too, but we hit all the bad luck during the race. I know that the team has gone over every tiny detail in the run-up to the race and I'm confident we'll have a change of fortune this year."

Saturday was race day, but Mother Nature stopped the teams and drivers having it all their own way at Le Mans. A huge downpour shortly before the race was due to start, meant that the 60 starters got underway under safety car conditions for the first time in the race's history, making the defence of the #2 car's lead from pole a simple task for the first seven laps. Once the cars were released from behind the safety car, the two Porsche 919 Hybrids quickly started work and set about building up their lead at the head of the field. In LMGTE Pro, Frédéric Makowiecki got off to a spectacular start in the works 911 RSR (2016) – starting from eighth position, the French driver made up a number of positions as the race turned green and took the lead in class after just one racing lap. Right behind Makowiecki was his compatriot Patrick Pilet in the sister Porsche, who would go on to take the lead back from Makowiecki in the early stages of the race. LMGTE Am also saw Porsches rise to the head of the field at the start of the 24 hours, with Wolf Henzler in the KCMG Porsche 911 RSR (2015) establishing an early lead in the class.

Cooper Mac Neil, Leh Keen, Marc Miller

reitungsphase einen super Job gemacht. Gerade am Beispiel Le Mans lässt sich eine steile Lernkurve ablesen. 2014 kam das Rennen viel zu früh für unsere frisch aufgestellte Mannschaft. Wir haben uns besser geschlagen als man erwarten durfte und erfahren, wie bitter ein Ausfall kurz vor Rennende ist. 2015 haben wir drei Fahrzeuge gemanagt, auf die ersten drei Startplätze gestellt, alle ins Ziel gebracht und einen Doppelsieg gefeiert. Le Mans 2016 ist unser insgesamt 19. Renneinsatz als Team. Das ist nicht sehr viel. Wir sind im technischen und im operativen Bereich besser vorbereitet als je zuvor. Dennoch wissen wir um die

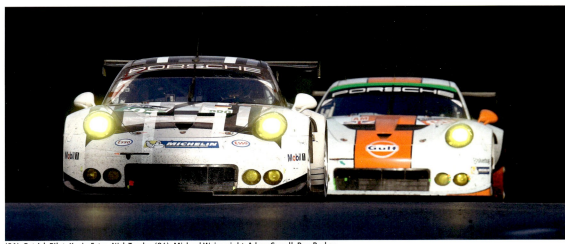

(91): Patrick Pilet, Kevin Estre, Nick Tandy - (86): Michael Wainwright, Adam Carroll, Ben Barker

Proton Competition Team

After four hours of racing, the trio Bernhard, Hartley and Webber held the lead, while pole-sitters Jani, Dumas and Lieb had fallen back down to fourth position. The reigning world champions in the #1 machine embarked on a furious battle with the pair of Toyotas, who had come to the fore surprisingly quickly and reduced the deficit to the leading car with Bernhard, Hartley and Webber to just 23 seconds.

"We had a good start, despite the rain," says Timo Bernhard. "The conditions were worse than anticipated, which is why we opted for the grooved rain tyres. That was definitely the right decision. Once the race got going after the long safety car phase, the tyre choice was obviously too conservative and we had to pit for different rubber." The situation was similar in the LMGTE Am class. The KCMG team had lost ground in the battle for positions at the head of the field, with the #88 Abu Dhabi-Proton Racing taking over the lead at the hands of factory Porsche driver Patrick Long. In LMGTE Pro on the other hand, the luck didn't appear to be on Porsche's side: The #91 911 RSR (2016) had been running with the leaders in class, but some damage to the radiator forced the car into the pit. The sister car was also unable to continue after suffering wheel bearing issues and also spent a lengthy amount of time in the pits.

At around midnight, the #1 car was also forced into the pit lane for an unscheduled stop. Brendon Hartley had been having trouble with the car due to rising water temperature, and the Porsche mechanics traced the issue back to the water pump. This made for a long pit stop while the component was changed, costing the #1 crew the race lead. In the meantime, the #2 car had fought its way back up to second position, with the Jani/Dumas/Lieb-crewed machine evidently enjoying the cool conditions of the night. A smart strategic decision in the early hours brought the #2 car off-kilter on the pit stops compared to the leading Toyota. This heralded the start of an almost never-ending battle for the lead, with the #2 car and the Toyota swapping the lead every time they pitted.

Sunday morning brought no changes to the toe-to-toe battle in LMP1. The lead continued to chop and change during the pit stops and the battle between the two leading cars rose in intensity. Timo Bernhard in the #1 car was still fighting in the LMP1 class, but the lengthy repair during the night meant that the #1 Porsche 919 Hybrid was back in 23rd position.

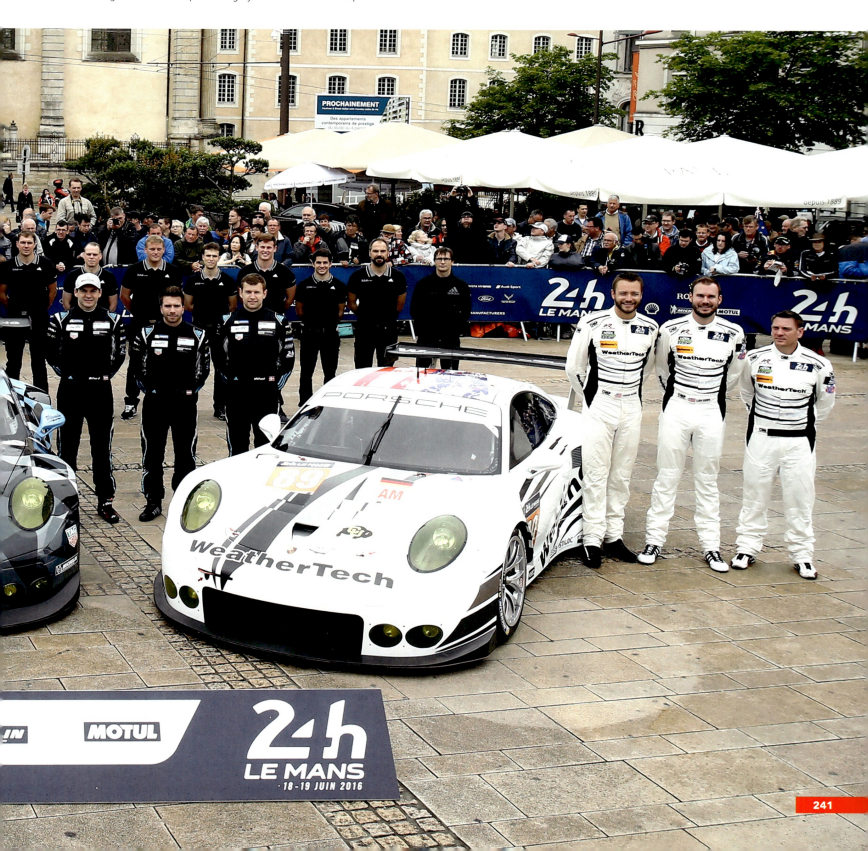

Romain Dumas, Neel Jani, Marc Lieb

Timo Bernhard, Brendon Hartley, Mark Webber

Khaled Al Qubaisi, Patrick Long, David Heinemeier Hansson

Herausforderung, die Rennwoche und vor allem das Rennen zunächst einmal ohne technische Probleme und ohne Zwischenfälle auf der Strecke zu überstehen. Davor haben wir den allergrößten Respekt. Wir fühlen uns bereit."

In den Qualifying-Sessions zeigte sich das Porsche Team nochmals stärker und konnte das Feld dominieren. Bereits am Mittwochabend legte der Schweizer Neel Jani mit 3:19,733 Minuten eine Spitzenzeit vor. Aufgrund nasser Streckenbedingungen war in den späteren Qualifying-Abschnitten keine Verbesserung mehr möglich und der Wagen Nummer zwei sicherte Porsche die 18. Pole Position bei den 24 Stunden von Le Mans. Den zweiten Startplatz sicherte Timo Bernhard seinem Fahrzeug dank einer Rundenzeit von 3:20,203 Minuten. Nachdem Neel Jani bereits im Vorjahr für die Pole-Position sorgte und am Ende das Podium verpasste, war die Sorge groß, dass sich das Debakel wiederholen könne, wie er nach dem Qualifying verriet: „Ich fahre als Erster und freue mich drauf. Im vergangenen Jahr bin ich auch von der Pole gestartet, dann waren wir aber die unglücklichste der Porsche-Crews. Ich weiß, dass sich das Team bei der Vorbereitung jedes Detail angeschaut hat und hoffe, dass wir 2016 etwas mehr Glück haben."

Über sieben Runden konnte das Trio des Porsche Nummer zwei die Führung verteidigen, denn aufgrund erneut nasser Streckenbedingungen wurde das Rennen erstmals in der Geschichte hinter dem Safety Car gestartet. Doch auch nach der Freigabe des Rennens zeigten sich die beiden Prototypen stark und konnten die Spitze weiter dominieren. Einen beachtlichen Positionsgewinn zeigte Frédéric Makowiecki im Werksporsche in der LMGTE-Pro. Von Platz acht gestartet, kämpfte sich der Franzose schnell nach vorn und konnte nach einer Runde die Führung in seiner Klasse übernehmen.

consistently fast lap times and a flawless pit stop strategy through Sunday morning brought the #88 Abu Dhabi-Proton Racing into contention for honours in LMGTE Am. In the end, the team would secure third position in LMGTE Am: "It was a great race for us," said Patrick Long. "The car was in good shape. Finishing on the podium here is awesome, because this is Le Mans, one of the hardest races in the world. I am so proud of the team; not only were they professional, they also kept a cool head when things weren't going to plan."

At the head of the field, fans of Le Mans witnessed one of the most dramatic finishes in the history of the race. A strong quadruple stint by Marc Lieb in the #2 Porsche 919 Hybrid saw the German driver hand over the car to Neel Jani for the final stint in the lead. However, a slow

Khaled Al Qubaisi, Patrick Long, David Heinemeier Hansson

Wolf Henzler, Joel Camathias, Christian Ried

Timo Bernhard, Brendon Hartley, Mark Webber

Dicht hinter ihm platzierte sich sein Landsmann Patrick Pilet, der in der Anfangsphase schließlich die Führung von Makowiecki übernehmen konnte. In der LMGTE-Am beeindruckte der KCMG-Pilot Wolf Henzler in der Auftaktphase. Auch er erwischte einen guten Start und konnte sich schnell an der Konkurrenz vorbeikämpfen, woraufhin er die Führung der kleinsten GTE-Klasse übernahm.

Nach vier Stunden hatte das Trio Bernhard, Hartley und Webber die Gesamtführung übernommen, als die Polesetter im Kampf mit der Konkurrenz auf die vierte Position abgerutscht waren. Ohne Gnade kämpften die amtierenden Weltmeister gegen die beiden Toyota. Die Japaner konnten erstaunlich schnell an Boden gewinnen und hatten den Rückstand auf die Nummer eins auf nur 23 Sekunden verkürzen können.

„Der Anfang lief gut für uns. Der Regen zum Start war stärker als erwartet, weshalb wir uns für die geschnittenen Regenreifen entschieden haben. Das war zu diesem Zeitpunkt auf jeden Fall die richtige Entscheidung", beschreibt Timo Bernhard die Anfangsphase rückblickend. „Als das Rennen nach der sehr langen Safety-Car-Phase freigegeben wurde, war der Reifen natürlich zu konservativ und wir mussten bald wechseln."

Ein ähnliches Szenario spielte sich in der LMGTE-Am Klasse ab. Während das KC-MG-Team aufgrund von Zweikämpfen an Positionen einbüßte, konnte sich die Startnummer 88 von Abu Dhabi-Proton Racing die Spitzenposition sichern. Werksfahrer Patrick Long konnte sich schnell absetzen und mit seinem Porsche 911 RSR (2015) in Führung gehen. Weniger gut lief es für das Porsche-Werksteam in der höheren LMGTE-Pro Kategorie. Ein Steinschlag hatte die Nummer 91, welche sich in den Abendstunden wieder vorgekämpft hatte, schwer am Kühler beschädigt und machte einen Reparatur-Stopp unumgänglich. Doch auch das Schwesterauto konnte nach einem Schaden am Radträger und einer defekten Lenkunterstützung nicht mehr weiterfahren und musste für einen längeren Aufenthalt in die Box, wodurch sie ebenfalls die Führung verlor.

Gegen Mitternacht musste das Weltmeistertrio im Prototypen mit der #1 die Führung abgeben. Aufgrund steigender Wassertemperaturen hatte Brendon Hartley immer schwerer mit dem Wagen zu kämpfen und musste schließlich an die Box. Die Mechaniker stellten einen Defekt an der Wasserpumpe fest und waren gezwungen, diese auszutauschen. Zwischenzeitlich konnte sich der Schwesterwagen auf die zweite Position vorkämpfen. Nach dem Führungsverlust in der Anfangsphase lief es nun wieder besser bei Jani, Dumas und Lieb und die Fahrer nahmen erneut die Gesamtspitze ins Visier. Durch einen geschickten Wechsel der Tankstrategie in den frühen Morgenstunden konnte sich die Nummer zwei in einen anderen Boxenstopp-Intervall bringen als der führende Toyota. Es war der Beginn eines nicht enden wollenden Fernduells zwischen den beiden Wagen mit einer Vielzahl an Führungswechseln.

Auch am Vormittag des nächsten Tages gab es keine Veränderung in der LMP1-Klasse. Der Porsche #2 kämpfte weiterhin gegen die Toyota um die Führung und es zeichnete sich kein Ende ab. Die Positionswechsel nahmen mit fortschreitender Zeit weiter zu und auch die Kämpfe zwischen den beiden Kontrahenten wurden intensiver. Weniger erfolgreich war Timo Bernhard unterwegs. Durch die langwierige Reparatur in der Nacht war der Deutsche noch immer auf dem 23. Gesamtrang unterwegs.

Nachdem die beiden Werks-RSR in der Nacht ausgeschieden waren, sah es lange Zeit nach keinem guten LMGTE-Ergebnis für Porsche aus. Doch dank einer konstanten Leistung und perfekten Boxenstrategie schaffte es das Team von Abu Dhabi-Proton Racing am Sonntagmorgen langsam nach vorn. Mit jeder Stunde machte die Mannschaft Boden gut und konnte sich am Ende schließlich den dritten Platz in der LMGTE-Am sichern. „Es war ein starkes Rennen von uns. Das Auto lag gut. Unser Podiumsplatz ist ein toller Erfolg, denn dies ist Le Mans, eines der härtesten Rennen der Welt", blickt Patrick Long zurück und ergänzt: „Ich bin unheimlich stolz auf mein Team, das nicht nur extrem professionell gearbeitet, sondern auch die Ruhe bewahrt hat, als es nicht so gut lief."

(l.-r.): Cooper Mac Neil, Leh Keen, Marc Miller

(2): Romain Dumas, Neel Jani, Marc Lieb - (1): Timo Bernhard, Mark Webber, Brendon Hartley

(l.-r.): Joel Camathias, Christian Ried, Wolf Henzler

WIR GESTALTEN DIE MOBILITÄT FÜR MORGEN

Wie wird die Menschheit in Zukunft reisen, wie Waren transportieren? Welche und wie viele Ressourcen werden wir dabei nutzen? Angesichts rasanter Entwicklungen im Bereich des Personen- und Güterverkehrs sorgen wir für wegweisende und bewegende Momente. Wir entwickeln Komponenten und Systeme für Verbrennungsmotoren, die so sauber und effizient sind wie nie zuvor. Und wir treiben Technologien voran, die Hybridfahrzeuge und alternative Antriebe in neue Dimensionen führen – für Private, Unternehmen und die öffentliche Hand. Die Herausforderungen sind groß. Wir liefern die Antworten.

www.schaeffler-mobility.de

SCHAEFFLER

(2): Romain Dumas, Neel Jani, Marc Lieb - (1): Timo Bernhard, Brendon Hartley, Mark Webber

Patrick Dempsey

An der Gesamtspitze ereignete sich in der Schlussphase ein wahrer Krimi. Beim in der Nacht begonnenen Duell zwischen dem Porsche und Toyota konnte Marc Lieb dank eines starken Vierfachstints den 919 Hybrid in Führung liegend an Neel Jani übergeben. Doch dann verlor der Hinterreifen kurze Zeit später an Luft und der Schweizer musste ein letztes Mal zum Reifenwechsel an die Box. Durch dieses Manöver konnte der Toyota-Prototyp ein letztes Mal vorbeiziehen und die Führung übernehmen. Alles schien besiegelt, doch in der finalen Runde bleibt der Toyota auf der Start-Ziel-Geraden liegen. Als das Team ihn wieder zum Laufen bekam, hatte der Porsche bereits aufgeschlossen und zog am japanischen Prototypen vorbei. Nach 5.233,54 absolvierten Rennkilometern konnten Neel Jani, Romain Dumas und Marc Lieb schließlich den 18. Gesamtsieg für Porsche bei den 24 Stunden von Le Mans holen.

Richard Lietz, Michael Christensen, Philipp Eng

puncture on the rear tyre forced Jani into the pits for an unscheduled stop. This allowed the second-place Toyota to cement its first position in the closing stages and bring the car home for what would have been a famous victory. However, one of the most important aspects of sport is to never give up, and so Neel Jani continued to push hard in the final minutes of the race. Then, all of a sudden, the Toyota lost drive on the penultimate lap and came to an agonising halt on the start/finish line. With the ailing Toyota stranded in front of the packed grandstands opposite the pits, Jani assumed the lead on the final lap of the race and took the chequered flag after a truly astonishing final ten minutes of 24 hours of racing. After completing a total distance of 5,233.54 kilometres, Neel Jani, Romain Dumas and Marc Lieb secured Porsche's 18th overall victory at the 24 Hours of Le Mans.

Michael Wainwright, Adam Carroll, Ben Barker

(l.-r.): Romain Dumas, Andreas Seidl, Marc Lieb

Porsche Team Overall Winner 24h Le Mans 2016

(l.-r.): Romain Dumas, Marc Lieb

(l.-r.): Khaled Al Qubaisi, David Heinemeier Hansson, Christian Ried, Patrick Long

Joel Camathias

Philipp Eng

Overall winner
Neel Jani

Porsche Motorsport at Le Mans 2016.

(l.-r.): Andreas Seidl, Romain Dumas, Neel Jani, Marc Lieb

24 Hours of Le Mans

LMP1

POS	CLASS POS	NO	DRIVERS	CAR	TEAM	LAPS
1	1	2	Romain Dumas, Neel Jani, Marc Lieb	Porsche 919 Hybrid	Porsche Team	384
2	2	6	Stéphane Sarrazin, Mike Conway, Kamui Kobayashi	Toyota TS050	Toyota Gazoo Racing	381
3	3	8	Lucas Di Grassi, Loïc Duval, Oliver Jarvis	Audi R18	Audi Sport Team	372
13	4	1	Timo Bernhard, Mark Webber, Brendon Hartley	Porsche 919 Hybrid	Porsche Team	346

LMGTE PRO

POS	CLASS POS	NO	DRIVERS	CAR	TEAM	LAPS
31	8	77	Richard Lietz, Michael Christensen, Philipp Eng	Porsche 911 RSR	Dempsey - Proton Racing	329
Retired	-	92	Frédéric Makowiecki, Earl Bamber, Jörg Bergmeister	Porsche 911 RSR	Porsche Motorsport	140
Retired	-	91	Patrick Pilet, Kévin Estre, Nick Tandy	Porsche 911 RSR	Porsche Motorsport	135

LMGTE AM

POS	CLASS POS	NO	DRIVERS	CAR	TEAM	LAPS
28	3	88	Khaled Al Qubaisi, David Heinemeier Hansson, Patrick Long	Porsche 911 RSR	Abu Dhabi - Proton Racing	330
33	5	86	Michael Wainwright, Adam Carroll, Ben Barker	Porsche 911 RSR	Gulf Racing	328
41	10	78	Christian Ried, Wolf Henzler, Joël Camathias	Porsche 911 RSR	KCMG	300

Khaled Al Qubaisi

Clement Mateu, Jürgen Häring, Nicolas Armindo, Kevin Estre

24 Hours of Spa-Francorchamps

27.07. - 30.07.2016   Spa-Francorchamps, BEL

24 HOURS OF SPA-FRANCORCHAMPS

Deux victoires en classe dominantes avec IMSA Performance et RMS, mais déjà forfait pendant la deuxième heure pour Attempto Racing après un accident

🇩🇪 Die 24 Stunden von Spa-Francorchamps wurden einmal mehr ihrem Ruf als das derzeit vielleicht beste Rund-um-die-Uhr-Rennen gerecht. Ein extrem stark besetztes Starterfeld, permanente Positionsverschiebungen und wechselnde Witterungsbedingungen sorgten für Spannung und Dramatik auf und neben der Piste.

Mit 25 Fahrzeugen war die Klasse „Pro-AM-Cup" bärenstark vertreten. Nach einer fehlerfreien Leistung der Piloten Patrick Pilet, Maxime Jousse, Raymond Narac und Thierry Cornac sowie perfekten Boxenstopps freute sich die Mannschaft von IMSA Performance über den Klassensieg. Zudem wurde der GT3 R mit 527 Umläufen als Gesamt-10. gewertet. „Es war ein schwieriges Wochenende, aber unterm Strich positiv", sagte Narac. „Wir haben keine Schramme am Auto, das war der Schlüssel zum Erfolg. Im Training hatten wir ein perfektes Set-Up gefunden. Wir konnten das Untersteuern in schnellen Kurven korrigieren, was sich positiv auf den Reifenverschleiß ausgewirkt hat."

Für Clement Mateu, Jürgen Häring, Nicolas Armindo und Kevin Estre war das Rennen im Attempto-GT3 R bereits nach 33 Runden gelaufen. Bei der Boxenausfahrt übersah Estre einen herannahenden Teilnehmer und kollidierte erst mit diesem und dann mit der Leitplanke. Zuvor hatte der Franzose bereits zwei Durchfahrtstrafen wegen Abkürzens kassiert. Seine drei Teamkollegen kamen so nicht mehr zum Einsatz.

In der Klasse „National Group" feierte Porsche einen souveränen Doppelsieg. Der RMS-991 GT3 Cup von Fabrice Notari, Jean-Marc Bachelier, Yannick Mallegoi und Howard Blank drehte schließlich zwei Runden mehr als der SpeedLover-Cup-Porsche mit Wim Meulders, Gregory Paisse, Yves Päque Pierre und Phlippe Richard.

🇬🇧 Once again, the event at Spa-Francorchamps lived up to its reputation as arguably the best 24-hour race at present. An extremely strong entry, seemingly constant position changes and changeable weather conditions led to excitement and drama on and off the track.

With 25 cars, the Pro-Am Cup class was very strong. After a faultless performance by drivers Patrick Pilet, Maxime Jousse, Raymond Narac and Thierry Cornac and perfect pit stops, the IMSA Performance team celebrated the class win. With 527 laps, the GT3-R was classified tenth overall. "It was a difficult weekend, but altogether a positive one," Raymond Narac commented. "We don't have a scratch on the car, and that was the key to success." For Clement Mateu, Jürgen Häring, Nicolas Armindo and Kévin Estre, the race with the Attempto GT3-R was over after only 33 laps. Estre overlooked an approaching car while leaving the pit lane and then collided with it before crashing into the barriers. Earlier on, the Frenchman had already incurred a pair of drive-through penalties for exceeding track limits. Thus, his team-mates didn't get to drive.

In the National Group class, Porsche scored a commanding 1-2. The RMS 991 GT3 Cup driven by Fabrice Notari, Jean-Marc Bachelier, Yannick Mallegoi and Howard Blank completed two more laps than the Speedlover Porsche Cup car with Wim Meulders, Gregory Paisse, Yves Päque Pierre and Phlippe Richard.

24 Hours of Spa-Francorchamps

POS	NO	PIC	DRIVERS	TEAM	CAR	LAPS
1	99	1	Alexander Sims, Philipp Eng, Maxime Martin	ROWE Racing	BMW F13 M6 GT3	531
2	88	2	Tristan Vautier, Felix Rosenqvist, Renger Van der Zande	Akka ASP	Mercedes AMG GT3	531
3	28	3	Laurens Vanthoor, Rene Rast, Nico Müller	Belgian Audi Club Team WRT	Audi R8 LMS	531
10	76	1	Patrick Pilet, Maxime Jousse, Raymond Narac, Thierry Cornac	IMSA Performance	Porsche 911 GT3 R	527
47	911	1	Fabrice Notari, Jean-Marc Bachelier, Yannick Mallegol, Howard Blank	RMS	Porsche 911 GT3 Cup	470
48	230	2	Wim Meulders, Gregory Paisse, Yves Päque Pierre, Philippe Richard	SpeedLover	Porsche 911 GT3 Cup	468
DNF	77	-	Clement Mateu, Jürgen Häring, Nicolas Armindo, Kevin Estre	Attempto Racing	Porsche 911 GT3 R	33

Patrick Pilet, Maxime Jousse, Raymond Narac, Thierry Cornac

Dylan Derdaele and Kenneth Heyer

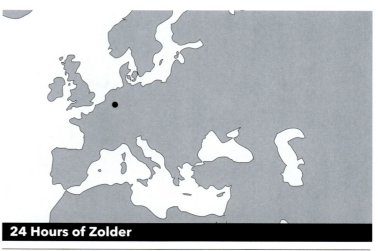

24 Hours of Zolder

18.08. - 21.08.2016	Zolder, BEL

24 HOURS OF ZOLDER

Het Belgium Racing-team met Kenneth Heyer en Dylan Derdaele behaalde met de GT3 Cup de vierde overwinning op rij in het Belcar-seizoenshoogtepunt, dat sinds 1983 verreden wordt.

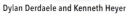 Mit 54 Teams, darunter sechs Prototypen, sieben GTs und 41 Tourenwagen war der Langstreckenklassiker einmal mehr stark besetzt. Die erste Rennhälfte wurde von den Prototypen dominiert, ehe die Porsche-Mannschaften dank ihrer gewohnt standfesten Technik das Blatt noch wendeten. Nach 754 Runden brach in der Box von Belgium Racing grenzenloser Jubel aus, denn zum vierten Mal in Folge hatte das Team mit einem GT3 Cup gewonnen! Auch für Kenneth Heyer und Dylan Derdaele war es der vierte Erfolg in Serie, dieses Mal zusammen mit Yannick Hoogaars, Marc Goossens und Peter Hoevenaars.

Mit 21 Runden Rückstand wurde der Mext Racing-GT3-Cup von Jeffrey van Hooydonk, Nicolas Vandierendonck, Koen Wauters, Xavier Stevens und Lieven Goegebuer als Zweiter abgewinkt. Das großartige Ergebnis vom Belgium Racing Team rundeten auf dem sechsten Gesamtrang Frank Thiers, Hans Thiers, Danny De Laet, Pedro Bonnet und Christoff Corten ab.

„Ich kann es noch gar nicht richtig begreifen. Die letzten Jahre verlaufen wie im Traum", strahlte ein überglücklicher Kenneth Heyer übers ganze Gesicht. „Auf allen Ebenen läuft es wie am Schnürchen und ich durfte schon so viele tolle Siege und Podien bei 24h-Rennen feiern. Ich lebe meinen Traum, das ist ein Privileg und ich bin sehr dankbar. Ich habe bei jedem 24h- und 12h-Rennen, welches ich jemals bestritten habe, wenigstens einmal das Podium erreicht und auch ein paar gewinnen dürfen. Aber was ich jetzt bei den 24h-Zolder erlebte sprengt den Rahmen! Wahnsinn!"

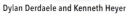 With 54 teams, including six prototypes, seven GTs and 41 touring cars, the classic endurance race once again enjoyed a strong entry. Prototypes dominated the first half of the race, but then the Porsche teams were able to turn the tide thanks to their usual consistency. After 754 laps, there was sheer joy in the Belgium Racing pit box as the team had secured its fourth consecutive victory with a GT3 Cup. For Kenneth Heyer and Dylan Derdaele, it was also their fourth win in a row, this time together with Yannick Hogaars, Marc Goossens and Peter Hoevenaars.

The Mext Racing GT3 Cup with Jeffrey van Hooydonk, Nicolas Vandierendonck, Koen Wauters, Xavier Stevens and Lieven Goegebuer was classified second, 21 laps down on the winning car. Frank Thiers, Hans Thiers, Danny De Laet, Pedro Bonnet and Christoff Corten rounded out the great result for Belgium Racing by finishing sixth overall.

"I still can hardly believe it. The last few years are like a dream," an overjoyed Kenneth Heyer commented. "Things are running like clockwork in every respect and I have scored so many great wins and podium finishes in 24-hour races. In every 24- and twelve-hour race I have taken part in, I have been on the podium at least once, and was also able to win a few of them. But what I have experienced in the Zolder 24 Hours now is just incredible!"

24 Hours of Zolder

POS	NO	CLASS	PIC	DRIVER	TEAM	CAR	LAPS
1	99	1	1	Derdaele, Heyer, Hoogaars, Goossens, Hoevenaars	Belgium Racing	Porsche 911 GT3 Cup	754
2	8	1	1	van Hooydonk, Vandierendonck, Wauters, Stevens, Goegebuer	Mext Racing	Porsche 911 GT3 Cup	733
3	66	1	2	Stuerzinger, Fenzl, Meier-Dario Pergolini, Decurtins	T2Racing	LigierJS53Evo2	729
4	2	1	3	F.Thiers, H.Thiers, De Laet, Bonnet und Corten	Belgium Racing	Porsche 911 GT3 Cup	723
7	333	1	4	Detavernier, Vervisch, Soenen, Jonckheere	Speedlover	Porsche 911 GT3 Cup	702
43	33	1	6	Noel, Van Hover, De Wilde, Audenhove	Speedlover	Porsche 911 GT3 Cup	639

Kenneth Heyer, Dylan Derdaele,
Yannick Hoogaars, Marc Goossens,
Peter Hoevenaars

SPORT 2016

P9 CHALLENGE

Fritz K. sicherte sich im RS Tuning-997 GT2 die begehrte Meisterschaft vor den 911 GT3 Cup-Piloten Wolfgang Triller und Vorjahreschampion Stefan Oschmann.

Markus Neuhofer

Fritz K

🇩🇪 Schon vor dem Finale in Brünn stand heuer der neue Meister fest. Fritz K. hatte bereits vor dem Gastspiel in Tschechien mit seinem 997 GT2 so viele Punkte gesammelt, das er uneinholbar war. Höchstens technische Defekte bremsten den RS Tuning-Piloten ein, wie beim zweiten Lauf auf dem Red Bull Ring, wo eine defekte Antriebswelle den absolut perfekten Start verhinderte. Ansonsten war der Turbo-Porsche nicht aufzuhalten.

Bei den 15 Rennen gab es in diesem Jahr sechs verschiedene Gesamtsieger. Ein Beleg für eine spannende und ausgeglichene Saison. Das stärkste Teilnehmerfeld fand sich beim zweiten Saisonlauf auf dem Hockenheimring ein. Insgesamt nahmen 41 Piloten die diesjährige Saison in Angriff, wobei vor allem die Klasse 4 der Porsche Cup-Fahrzeuge am stärksten besetzt war. Die P9 Challenge war bei ihren Rennen zweimal zu Gast in Österreich, am Red Bull Ring und am Salzburgring, ebenso zweimal in Deutschland. Hier traten die Piloten auf dem Hockenheimring und am Lausitzring an. Das Finale fand, wie bereits im letzten Jahr, wieder im tschechischen Brünn statt. Gleich beim Auftakt auf dem Red Bull Ring feierte Fritz K. den ersten Gesamtsieg. Zwei weitere im Sprint- und drei im Endurance-Rennen sollte noch folgen. Auch am Salzburgring und am Lausitzring stand der 49-Jährige ganz oben auf dem Treppchen. Die Gesamtsiege in den Endurance Rennen holte sich der 997 GT2-Pilot neben dem Auftakt in der Steiermark noch am Salzburgring und am Lausitzring. Ebenso gingen die meisten Klassensiege auf das Konto des sympathischen Bayern. Am Ende standen 158,35 Punkte auf der Habenseite des ehemaligen DTM Piloten und Europameisters im Truck Racing.

(l.-r.): Karin Sinhart, Wolfgang Triller, Friedrich Rabensteiner, Bernhard Fischer

🇬🇧 15 races in this year's P9 Challenge produced six different overall winners. The second season round at Hockenheim had the biggest field, a total of 41 drivers participated in one or more races. There were two rounds in Germany, at Hockenheim and Lausitz, and two rounds in Austria, at the Red Bull Ring and the Salzburgring. The circuit of Brno in the Czech Republic served as the venue for the season finale.

Prior to the final round, former DTM racer and European truck racing champion Fritz K. had already sealed the title. With his powerful Porsche 997 GT2, he was in a class of his own and only technical issues could slow him down, like in the second heat during the season opener at the Red Bull Ring, where a broken driveshaft prevented a clean sweep after his win in the first race. He went on to add another two sprint race wins and three endurance victories. The amicable Bavarian concluded his maiden season in the P9 Challenge with a total of 158.35 points.

Porsche 997 GT3 Cup driver Wolfgang Triller mainly concentrated on his campaign in the Porsche Carrera Cup this year, in which he managed to win the B class title. Therefore, Triller only raced in the first events of the P9 Challenge, but still managed to secure runner-up spot in the final overall standings next to his Class 4 title win. In spite of having missed out on the season opener in Austria, Stefan Oschmann ended up third in the final standings, followed by Andreas Sontheimer, who managed to beat his opponent Karl Riavez in the battle for fourth place by only 0.83 points.

Start at Red Bull Ring

(202): Riavez-Neuhofer - (203): Sontheimer-Geissler

(l.-r.): Stefan Oschmann, Wolfgang Triller, Oliver Michael

Markus Fischer

Fritz K

Auf Rang zwei folgte ein weiterer bekannter Name: Wolfgang Triller mit seinem 997 GT3 Cup, der sich in diesem Jahr aber auf den Carrera Cup fokussierte und dort die B-Wertung gewinnen konnte. Deshalb trat Triller nur in den ersten Rennen an. In Hockenheim entschied der Koglbauer Motorsport-Pilot zudem die Gesamtwertung der Endurance für sich. Mit dem zweiten Platz in der Jahreswertung sicherte sich Triller zudem den Titel in der Klasse 4.Obwohl der Carrera Cup-Pilot nicht bei allen Rennen antreten konnte, verbuchte er hinter Fritz K. die meisten Klassensiege.

Auf Platz drei endete die Saison für Vorjahresmeister Stefan Oschmann, der mit seinem 991 GT3 Cup den Saisonstart am Red Bull Ringnoch verpasst hatte. In Hockenheim belegte Oschmann hinter dem starken Triller jeweils den zweiten Platz in der Klasse 4. Dieses Ergebnis bestätigte der SO Motorsport-Fahrer auch in den Rennen am Lausitzring. Am Salzburgring gab es einen ersten und einen zweiten Rang. Ausgerechnet in den letzten beiden Rennen der Saison lief es nicht rund und er musste seinen 911 Cup vorzeitig abstellen.

Der vierte Rang in der Meisterschaftswertung war zwischen den Klasse 2-Piloten Andreas Sontheimer (SO Motorsport) und Karl Riavez aus dem Team Riavez (beide 996 GT3) eng umkämpft und bis zum Schluss spannend. Nach zehn Rennen trennten die beiden gerade einmal 0,83 Punkte. Platz sechs holte sich Markus Neuhofer (997 GT3 Cup), der sich damit zudem die dritte Position in der Klasse 4 sicherte. Direkt dahinter landete mit Felix Neuhofer (964 Cup) der Gewinner der Klasse 1. Karin Sinhart (997 GT3 Cup), Thomas Geissler (964 RSR) und Markus Alber (997 GT3 Cup) belegten die weiteren Plätze.

Stefan Oschmann

SANDTLER
SPORT- UND ZUBEHÖRTEILE

MOTORSPORT-TECHNIK
RENNBEKLEIDUNG
FAHRZEUG-AUSRÜSTUNG

24h
WWW.SANDTLER24.DE

RENNSPORT-ZUBEHÖR
WERKSTATT-AUSRÜSTUNG

KATALOG 2017

SANDTLER

Sandtler GmbH
Heidestraße 85 B
D-44866 Bochum
Telefon (02327) 9867-0
Telefax (02327) 9867-67
info@sandtler.de

WEBSHOP

SHOWROOM

Der neue Sandtler Katalog 2017 ist da!
Auf über 490 Seiten präsentieren
wir Ihnen das Aktuellste aus
den Bereichen Motorsport,
Service und Tuning.

MOTORSPORT · TUNING · SERVICE

Wolfgang Triller

(414): Markus Fischer - (503): Albert Kierdorf - (405): Michael Triller

Oliver Michael

P9 Challenge

Driver Standings

POS	DRIVER	POINTS
1	Fritz K	158,35
2	Wolfgang Triller	114,65
3	Stefan Oschmann	107,39
4	Andreas Sontheimer	91,99
5	Karl Riavez	91,16
6	Markus Neuhofer	86,79
7	Felix Neuhofer	86,00
8	Karin Sinhart	84,85
9	Thomas Geissler	80,83
10	Markus Alber	80,66
11	Albert Kierdorf	72,00
12	Mustafa Yalcinkaya	61,00
13	Oliver Michael	45,46
14	Markus Fischer	30,50
15	Philip Sager	16,33
16	Martin Jansa	14,50
17	Manfred Werner	12,00
18	Winfried Assmann	10,33
19	Fritz Rabensteiner	8,67
20	Thorsten Willems	7,83
21	Thomas Lindemann	7,83
22	Thomas Rehlinger	7,36
23	Thomas Prager	7,00
24	Christoph Schrezenmeier	6,00
25	Carsten Seifert	4,75
26	Rainer Kofler	4,66
27	Christian Neubecker	3,50
28	Alois Briones	2,50
29	Klaus Horn	2,50

Martin Jansa

PORSCHE SPORTS CUP DEUTSCHLAND

Felix Wimmer und Hermann Speck dominieren, doch die neuen Champions im Super Sports Cup und in der Endurance heißen Matthias Kaiser und Matthias Bäurle.

(l.-r.): Nico Menzel, Hans-Bernd Kamps, Richy Müller

🇩🇪 Felix Wimmer erwischte im Porsche Super Sports Cup einen optimalen Saisonstart, der Herberth-Pilot siegte in beiden Rennen auf dem Hockenheimring. Und auch auf dem Red Bull Ring, dem Nürburgring, in Oschersleben, Spa-Francorchamps und schließlich wieder in Hockenheim war der Wiener nicht zu bezwingen. Trotzdem ging der Titel in dieser Kategorie nicht an den in diesem Jahr unbesiegten Österreicher, sondern an den Liechtensteiner Matthias Kaiser. Der Schützling des Teams fmt startete mit seinem Porsche 991 GT3 Cup in der Klasse 5e, in der mehr Teilnehmer eingeschrieben waren als in der Klasse 7e von Wimmers Porsche 997 GT3 R. Deshalb konnte Kaiser mehr Punkte sammeln und verwies Wimmer auf den zweiten Platz der Abschlusstabelle. Dafür glänzte Wimmer beim Saisonhighlight im Rahmen der FIA Langstreckenweltmeisterschaft WEC. In den nicht zur Gesamtwertung zählenden

Herberth's Felix Wimmer won both races of the Porsche Sports Cup Deutschland [...] Oschersleben, Spa-Francorchamps and at Hockenheim again. However, it was fast driver Matthias Kaiser from Liechtenstein, who took the title as he raced his 991 GT3 Cup in class 3b, which was more relevant than class 1 GT4 which Wimmer ran his 991 GT3 R. Thus, Kaiser scored more points and finished the season as the champion. Wimmer extended his winning streak at the two non-championship races during the [...] team principal at Attempto Racing, won four races, sharing his 911 GT3 R with Jürgen [...] GT4 in class 2t, Matthias Bäurle claimed the endurance title.

SPS automotive performance and Momo-Megatron Team Partrax each ran a Cayman GT4, both in the Super Sports Cup and in the endurance races. At Hockenheim, Lance David Arnold scored a Super Sports Cup class win and added second place at Oschersleben. The Momo-Megatron Team Partrax scored some podium finishes in class 2t [...] the top six in the final class standings with both drivers, Nico Rindlisbacher and Lucas Mauro. Rindlisbacher and Mauro won the first endurance race of the [...]

(182): Aynancan Güven - (14): Beat Ganz, Matthias Kaiser

beiden Sonderläufen erreichte er die Ziellinie sowohl im verregneten ersten Rennen als auch im trockenen zweiten Durchgang vor Heinz-Bert Wolters und Bill Barazetti.

In der Porsche-Sports Cup Endurance gingen die meisten Erfolge auf das Konto von Hermann Speck, der fünfmal als Alleinstarter und in Spa-Francorchamps zweimal zusammen mit Mario Farnbacher gewann. Arkin Aka, rennfahrender Teamchef von Attempto Racing, triumphierte in vier Läufen, wobei er sich seinen Porsche 911 GT3 R in Hockenheim mit Jürgen Häring und in Oschersleben mit Sven Heyrowsky teilte. Den Endurance-Titel angelte schließlich Matthias Bäurle, der einen Cayman GT4 der teilnehmerstärksten Klasse 2t pilotierte.

Ebenfalls mit einem Cayman GT4 waren die Teams SPS automotive performance und Momo-Megatron Team Partrax am Start, beide fuhren sowohl am Super Sports Cup [...] Teamchef Stephan Sohn schon beim Saisonauftakt Mitte Mai in Hockenheim einen [...] nach. Das Momo-Megatron Team Partrax um Teamchef Andreas Lebener [...] Nico Rindlisbacher und Lucas Mauron in den Top-Six der Klassen-Abschlusswertung. Im Endurance-Wettbewerb triumphierten Rindlisbacher und Mauron gleich im ersten [...]

04.06. - 05.06.2016	Red Bull Ring, AUT
09.07. - 10.07.2016	Nürburgring, GER
22.07. - 24.07.2016	WEC Nürburgring, GER (Super Sports Cup)
13.08. - 14.08.2016	Oschersleben, GER
[...]	[...]
22.10. - 23.10.2016	Hockenheimring, GER

(f.l.): Markus Fischer, Reinhard Rofler, Sven Heyrowsky, Arkin Aka, Matthias Kaiser, Beat Ganz, Christoph Marschak

Felix Wimmer

Nico Menzel, Richy Müller

Ewan Taylor

Bernhard Laber, Louis Jasper

Porsche Sports Cup Deutschland

Super Sports Cup – Driver Standings

POS	NO	DRIVER	POINTS
Klasse 2f			
1	108	Larry ten Voorde	167,4
2	32	Herbert Handlos	150
3	91	Stefan Pfannmöller	135
4	111	Jens Kempe	113,4
5	91	Nico Rindlisbacher	94
6	91	Lucas Mauron	86,4
7	135	Gabriele Piana	70
8	115	Ronja Assmann	63,8
9	81	Michael Rosenkränzer	50
10	30	Hans Peter Eder	40,8
11	45	Greg Ross	31,8
12	42	Mike Hansch	27,8
13	33	Phillip Bethke	19
14	71	Christoph Schrezenmeier	12,6
15	13	Ramon Rotthoff	12,4
16	272	Jürgen Vöhringer	12,4
17	31	Günther Benninger	12
	49	Marc Keilwerth	0
	157	Jürgen Marschlich	0
Klasse 5d			
1	96	Bertram Hornung	198,2
2	10	Matthias Jeserich	186,4
3	54	Michael Essmann Junior	160,6
4	150	Hans Wehrmann	92
5	41	Emilio Beckmann	79,4
Klasse 5e			
1	20	Matthias Kaiser	258,6
2	160	Joachim Thyssen	168,6
3	57	Ralf Bohn	144,6
4	72	Christian Kosch	138
5	190	ENZO	97,6
6	51	Christian Mathiak	96,4
7	141	Tom Kieffer	78
8	145	Markus Fischer	71
9	125	Edward Lewis Brauner	47
10	36	Gerald Auböck	44,4
11	87	Sören Spreng	26,4
12	62	Denis G. Watt	23,2
13	209	Oliver Plassmann	11
14	161	Stanislav Minsky	7,8
15	121	Martin Meenen	6,2
	7	Roy Kerber	0
	22	Sabine Dorschner	0
	34	Franz Kollitsch	0
	152	Alexander Markin	0
Klasse 7e			
1	124	Felix Wimmer	243,8
2	153	Hermann Speck	144,4
3	5	Roland Ziegler	125
4	174	Roland Werft	95,8
5	66	Jürgen Häring	25,6
6	118	Thomas Jäger	19
Klasse 7f			
1	66	Jürgen Häring	80
2	118	Thomas Jäger	79
Klasse 7d			
1	125	Edward Lewis Brauner	20

Endurance – Driver Standings

POS	NO	DRIVER	POINTS
Klasse 2f			
1	225	Matthias Bäurle	232,8
2	32	Herbert Handlos	167,2
3	68	Veit-Valentin Vincentz	140,2
4	68	Mike den Tandt	130,6
5	97	Bertram Hornung	123,8
6	97	Max Kottmayr	123,8
7	91	Lucas Mauron	117,6
8	91	Nico Rindlisbacher	117,6
9	115	Winfried Assmann	62,6
10	115	Ronja Assmann	52,6
11	109	Joachim Bölting	50,6
12	31	Günther Benninger	46,6
13	31	Hans-Peter Eder	46,6
14	42	Mike Hansch	46,2
15	30	Johann Mayer	35
16	30	Bernhard Löffler	32,4
17	13	Frank Hitzbleck	25
18	52	Mauel Metzger	21,2
19	13	Jennifer Jung	7,2
	93	Gianni Guidici	0
	134	Karl-Heinz Wendland	0
	157	Jürgen Marschlich	0
Klasse 5c			
1	129	Reiner Lahrem	60
1	129	Achim Dietrich	60
Klasse 5d			
1	168	Georgi Donchev	171,2
2	25	Aleidus Gerard Bosman	161,2
3	150	Hans Wehrmann	82
4	85	Didi Gonzales	24,4
5	329	Reiner Lahrem	0
Klasse 7f			
1	245	Markus Fischer	207
2	57	Ralf Bohn	145,8
3	14	Beat Ganz	127
	14	Matthias Kaiser	127
5	141	Tom Kieffer	109,6
6	141	Christian Kosch	109,6
7	57	Alfred Renauer	106,4
8	182	Ayhancan Guven	88
9	161	Stanislav Minsky	87,6
10	161	Klaus Bachler	83,2
11	36	Gerald Auböck	72,6
12	36	Marko Klein	72,6
13	7	Roy Kerber	48,6
14	121	Hannes Plesse	42,6
15	121	Martin Meenen	42,6
17	137	Murad Sultanov	42,4
	137	Mark Wallenwein	42,4
19	131	Stefan Ertl	31,8
20	87	Sören Spreng	28,6
21	120	Jan-Erik Slooten	28,2
	120	Thomas Jung	28,2
23	125	Edward Lewis Brauner	28
24	170	Umit Ülkü	25,8
25	72	Burkard Kaiser	23,6
26	22	Stephanie Halm	21,6
	22	Sabine Dorschner	21,6
28	16	Andreas Senn	8,4
	34	Franz Kollitsch	0
	177	Muhammet Bilal Saygili	0
Klasse 7d			
1	125	Edward Lewis Brauner	20
Klasse 7e			
1	153	Hermann Speck	120

Matthias Kaiser and team fmt

Sports Cup – Driver Standings

POS	NO	DRIVER	POINTS
Klasse 2e			
1	247	Stephan Grotstollen	165
2	155	André Buckmann	157,4
3	112	Dr. Rocco Herz	82,8
4	244	Marcantionio Lagalante	67,6
Klasse 4a			
1	27	Kay Kosar	60
Klasse 4b			
1	26	Markus Maier	57,5
Klasse 4e			
1	101	Dr. Raoul Hille	215
2	80	Franz-Günther Leesberg	158,4
3	24	Olaf Baunack	122,4
4	15	Rudolf Schulte	80,8
5	90	Andreas Nieder	62,2
6	46	Markus Maier	16,8
Klasse 4f			
1	28	Oliver Engelhardt	186,4
2	102	Joachim Geyer	167,4
3	59	Nobert Kraft	151,8
4	106	Marcus Suabo	83
5	103	Regina Geyer	82,4
6	188	Hans Joachim Sadler	80,6
7	266	Walter Schweikart	58,8
8	15	Rudolf Schulte	54,6
9	119	Sandra Neumann	48,8
10	70	Helmut Rödig	29,6
11	138	Peter Hildebrand	10,2

PZ-Trophy – Driver Standings

POS	NO	DRIVER	POINTS
1	203	Rüdiger Bambach	203
2	112	Rocco Herz	184
3	235	Max Nieder	170
4	147	Manuel Baumgarthuber	135
5	39	Josef Smarda	129
6	11	Sabine Böcker-Schulte	115
7	144	Manfred Bay	105
8	165	Nadja Kiess	85
9	79	Stefan Essmann	76
10	69	Carsten Clauder	52
11	158	Thomas Kohut	50
12	169	Rolf Blaeß	38
13	212	Hoger Golüke	33
14	231	Stefan Bilonic	20
15	105	Sven Köhler	17
16	232	Ernst Nölken	14
17	138	Peter Hildebrand	10

Friedrich Leinemann and Matthias Kaiser

Ewan Taylor

„Didi Gonzales" and Jürgen Häring

Matthias Kaiser

VLN LANGSTRECKENMEISTERSCHAFT NÜRBURGRING

LANGSTRECKEN MEISTERSCHAFT NÜRBURGRING
VLN

Porsche-Teams fuhren insgesamt fünf Mal aufs Podium. Für das beste Ergebnis sorgten Jörg Bergmeister und Patrick Pilet mit dem Gesamtsieg beim siebten Lauf.

🇩🇪 Die zehn Rennen zur Langstreckenmeisterschaft auf der Kombination aus GP-Kurs und Nordschleife waren extrem ausgeglichen, wie die Siege fünf verschiedener Hersteller zeigen. Eine ähnliche Markenvielfalt auf der obersten Stufe des Podestes gab es in der 40-Jährigen Geschichte der Serie bislang nur einmal. Allerdings kämpften die Hersteller erst ab der zweiten Saisonhälfte auf Augenhöhe miteinander. Bis dahin wurde vor allem Porsche über die so genannte Balance of Permance benachteiligt, Frikadelli Racing startete sogar einmal aus Protest nicht.

Als fleißigster Punktesammler erwies sich die von Manthey Racing eingesetzte Nummer 911. Sieben verschiedene Werksfahrer wechselten sich hier am Volant ab. Beim siebten Rennen sorgten Jörg Bergmeister und Michael Ammermüller für einen vielumjubelten Gesamtsieg. Für Porsche war es der 202. seit Gründung der Serie im Jahr 1977! Auch beim achten Rennen wurden Earl Bamber und Kevin Estre als Sieger abgewinkt. Doch ein Gelbvergehen sorgte für 35 Strafsekunden und das Abrutschen auf Rang zwei. Bergmeister und Ammermüller sorgten beim fünften Lauf mit Platz drei für das dritte Podium, dazu kamen drei weitere Top-Ten-Ergebnisse.

Der Falken-Porsche fuhr viermal in die Top-Ten, davon zweimal als Dritter aufs Podium. Beide Male war Martin Ragginger mit von der Partie, jeweils einmal unterstützt von Peter Dumbreck und Wolf Henzler. Das seit vielen Jahren in der VLN beheimatete Frikadelli Racing Team hatte mehr als nur einmal das Pech an den Reifen kleben. Bei acht Starts sah der GT3 R bei fünf Läufen das Ziel. Das Top-Resultat war Platz vier beim vierten Rennen durch Patrick Huisman, Nordbert Siedler und Sabine Schmitz. Dreimal in die Top-Ten fuhr das Wochenspiegel-Team-Manthey mit seinen Piloten Georg Weiss, Jochen Krumbach, Oliver Kainz und Mike Stursberg.

„Airgee", Milan Kodidek

Martin Ragginger and Peter Dumbreck

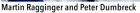 The ten VLN rounds were well balanced as five different manufacturers scored wins. However, the playing field was only level in the second half of the season. Prior to that, the Porsche teams particularly had a disadvantage from the balance of performance. Manthey's number 911 was the most avid point-scorer with seven works drivers alternating behind the wheel. Jörg Bergmeister and Patrick Pilet won the seventh round, the 202nd win for Porsche since the VLN started. In the eighth race, Earl Bamber and Kévin Estre were first across the line, but ended up second following a time penalty for a yellow lag infringement.

Peter Dumbreck, Alexandre Imperatori

Mark J. Thomas, Daniel Bohr, Frank Schmickler

Kremer Racing sorgte bei drei Starts für Furore mit einem 997 GT3 in K3-Optik. Zwar reichte es noch nicht zu einem Klassensieg, aber Eberhard Baunach und Wolfgang Kaufmann eroberten mit dem Retro-Look sofort die Herzen die Fans. Der 997 K3 entstand aufgrund einer intensiven Zusammenarbeit von Zimspeed (Karosserie) und Kremer Racing (Mechanik). Aber die populärste Breitensportserie Europas lebt nicht nur von Kämpfen im Gesamtklassement. Für die klare Mehrheit der durchschnittlich 153 Starter zählt vor allem das Abschneiden in den einzelnen Klassen. Dieses ist auch maßgebend für die Jahreswertung. Mit 70 Klassensiegen war Porsche erstmals (!) seit 1977 die beste Marke überhaupt vor BMW (57) und Renault (21). In der Fahrerwertung mit ihren 853 gewerteten Piloten von allen fünf Kontinenten landeten Claudius Karch und Ivan Jacoma mit ihrem Mathol-Cayman 3,5 auf dem fünften Schlussrang.

(941): „Max", „Jens" · (101): Adam Osieka, Kiki Sak Nana, Christopher Mies

Moritz Gusenbauer, Marcel Hoppe

Marc Hennerici, Moritz Oberheim

Jörg Bergmeister, Fred Makowiecki

The Falken Porsche scored four top ten finishes including two third places, both times with Martin Ragginger, once supported by Peter Dumbreck and once by Wolf Henzler. More than once, the Frikadelli team had bad luck. The GT3 R finished in five of the eight rounds it competed in. There were three top ten results for the Wochenspiegel Team Manthey with Georg Weiss, Jochen Krumbach, Oliver Kainz and Mike Stursberg. However, the VLN is not just about the outright class. For most of the 153 entrants on average, the results in the various categories count, too. Here, for the first time since 1977 (!) Porsche was the most successful brand with 70 class wins. In the drivers' standing, Claudius Karch and Ivan Jacoma were fifth with their Mathol Cayman 3.5. Christian Büllesbach, Andreas Schettler and Daniel Zils ended up tenth with the Adrenalin Motorsport Cayman. Christopher Gerhard and Ralf Schal scored eight Group H class wins.

Alexander Toril Boquoi, Tim Scheerbarth

Alexandre Imperatori

Kersten Jodexnis, Robin Chrzanowski

Eberhard Baunach, Wolfgang Kaufmann

Wolf Henzler, Peter Dumbreck, Alexandre Imperatori

Jürgen Bleul, „TAKIS", Stuart Leonard

Georg Weiss, Oliver Kainz, Jochen Krumbach, Mike Stursberg

VLN Langstreckenmeisterschaft Nürburgring

Overall Classification

POS	NO	DRIVERS	TEAM	CAR	POINTS
1	691	Michael Schrey, Alexander Mies	Bonk Motorsport KG	BMW M235i Racing Cup	77,92
3	960	Marc Hennerici, Moritz Oberheim	Raceunion Teichmann Racing	Porsche Cayman GT4	76,33
5	435	Ivan Jacoma, Claudius Karch	Team Mathol Racing e. V.	Porsche Cayman	73,85
10	444	Christian Büllesbach, Andreas Schettler, Daniel Zils	Pixum Team Adrenalin Motorsport	Porsche Cayman	73,01
20	588	Christopher Gerhard, Andreas Schall	TAM Racing	Porsche 911 GT3 Cup	69,66
23	113	Thomas Gerling, Harald Hennes, Thomas Kappeler	Kappeler Motorsport	Porsche 911 GT3 Cup	68,10
35	56	Tim Scheerbarth, Alexander Toril Boquoi	Black Falcon Team TMD Friction	Porsche 911 GT3 Cup BF	63,28
52	941	"Max", "Jens"	GIGASPEED Team GetSpeed Performance	Porsche Cayman GT4	57,93
75	941	Hamza Owega	GIGASPEED Team GetSpeed Performance	Porsche Cayman GT4	50,96
76	970	Moritz Gusenbauer	Raceunion Teichmann Racing	Porsche Cayman GT4	50,56
77	959	Willy Hüppi, Alexander Schula	Kappeler Motorsport	Porsche Cayman GT4	50,38
79	941	Moritz Kranz	GIGASPEED Team GetSpeed Performance	Porsche Cayman GT4	49,71

Georg Weiss, Rene Offermann, Nico Menzel

Overall Victory

RACE	NO	DRIVERS	TEAM	CAR	LAPS
7	911	Jörg Bergmeister, Patrick Pilet	Manthey Racing	Porsche 911 GT3 R	43

VLN Production-Car-Cup

POS	NO	DRIVERS	TEAM	CAR	POINTS
1	435	Ivan Jacoma, Claudius Karch	Team Mathol Racing e. V.	Porsche Cayman GT4 Clubsport	73,85
3	450	Hajo Müller, Jens Riemer, Dominik Thiemann		BMW E36	73,63
6	444	Christian Büllesbach, Andreas Schettler, Daniel Zils	Pixum Team Adrenalin Motorsport	Porsche Cayman GT4 Clubsport	73,01

(l.-r.): Fabian Schiller, Kiki Sak Nana, Adam Osieka, Dennis Trebing

VLN Speed-Trophy

POS	NO	DRIVERS	TEAM	CAR	POINTS
1	28	Marc Basseng, Connor De Phillippi, Mike Rockenfeller, Timo Scheider	Montaplast by Land Motorsport	Audi R8 LMS	104
2	36	Christian Krognes, Viktor Bouveng	Walkenhorst Motorsport powered by Dunlop	BMW M6 GT3	98
3	8	Uwe Alzen, Lance David Arnold, Maximilian Götz, Jan Seyffarth	Haribo Racing Team AMG	Mercedes-Benz AMG GT3	95
5	911	Earl Bamber, Patrick Pilet, Kevin Estre, Sven Müller, Nick Tandy, Jörg Bergmeister, Michael Ammermüller	Manthey Racing	Porsche 911 GT3 R	74
6	4	Martin Ragginger, Alexandre Imperatori, Wolf Henzler, Peter Dumbreck	Falken Motorsports	Porsche 911 GT3 R	43
8	30	Klaus Abbelen, Sabine Schmitz, Patrick Huismann, Norbert Siedler	Frikadelli Racing Team	Porsche 911 GT3 R	40
20	154	Georg Weiss, Jochen Krumbach, Oliver Kainz, Mike Stursberg	Wochenspiegel Team Manthey	Porsche 911 GT3 R	14

MYTHOS TARGA FLORIO IM EIGENEN PORSCHE ERLEBEN

Die Targa Florio war lange eines der härtesten Rennen der Welt. Der anfangs 148 Kilometer lange Rundkurs auf öffentlichen Straßen in Sizilien wurde erstmals 1906 für ein Autorennen genutzt. Im Laufe der Jahre wurde die Piste, die sich noch immer durch viele Kurven und Steigungen auszeichnet, auf 72 Kilometer verkürzt. Bis 1977 galt die Targa Florio als eine der größten Herausforderungen im internationalen Motorsport, die allein elf Mal von einem Porsche gewonnen wurde.

Das war Grund genug für den Porsche Club für den klassischen 911 Südwest, sich die legendäre Rennstrecke einmal genauer anzuschauen. Mit 13 Fahrzeugen und 26 Teilnehmern machten sie sich Ende 2015 auf, um den Mythos Targa Florio mit dem eigenen Sportwagen zu erfahren. Über den St. Bernhard, den Lago Maggiore bis nach Moneglia führte die Route am ersten Tag. Am nächsten Morgen ging es weiter durch die Toskana, über La Spezia nach Grossetto, wo ein Mittagessen am Hafen wartete. In Civitavecchia setzte die Gruppe mit ihren Fahrzeugen nach Sizilien über, bevor sie in Palermo wieder Land unter die Räder und Füße bekam. Dort fuhren die Porsche-Freunde entlang der Küste bis zu einem ehemaligen Kloster in der Nähe von Cefalù, das nun als Hotel mit angeschlossenem Weingut genutzt wird. Von dort aus waren es nur noch zwei Kilometer bis zum ersten Streckenabschnitt der Targa Florio, was die Teilnehmer eifrig nutzten, um sich schon einmal die eine oder andere Teilstrecke anzuschauen. Der Höhepunkt der Reise sollte dann am Sonntagvormittag folgen, als die Gruppe gemeinsam eine komplette Runde absolvierte. Nach vielen Fotostopps waren alle 911er gegen Mittag wieder am Startort angekommen und die Fahrer tauschten ihre reichhaltigen Erfahrungen über die historische Rennpiste aus. Neben der Erkundung der Targa Florio wurden auf der Sizilien-Tour auch viele Ausflüge unternommen, unter anderem standen Palermo, Enna, Taormina, der Ätna oder Capo San Vito auf dem Programm. Ein Highlight wartete dann noch am letzten Tag der Reise auf die Teilnehmer: Signore Capuano, ehemaliger Starter der Targa Florio, führte durch ein Privatmuseum in Cerda und begeisterte seine Gäste mit spannenden Geschichten rund um dieses einzigartige Autorennen.

GEBURTSTAGSPARTY DES PC MONASTERIA

Der Porsche Club Monasteria lud Mitte Juni nach Münster ein, um das 40-jährige Jubiläum des Clubs zu feiern. Und obwohl die Kapazität schon frühzeitig von 50 auf 70 Teilnehmer erhöht wurde, war die Veranstaltung bereits drei Monate vor dem offiziellen Anmeldeschluss komplett ausgebucht. Unter anderem ließen sich PCD-Event- und Touringleiter Erwin Pfeiffer, PCD-Schatzmeister Henning Wedemeyer und Andrea Schwegler von der Porsche Clubbetreuung die Reise nach Westfalen nicht entgehen. Und sie sollten – wie auch alle anderen Teilnehmer – einiges geboten bekommen.

Der erste Tag begann mit einer Stadtrundfahrt im Doppeldecker-Cabrio-Bus, bevor der Münsteraner Stadtkern dann mit geführten Rundgängen noch intensiver erkundet wurde. Ein rustikaler westfälischer Abend in der Altstadt von Münster schloss Tag eins ab. Am Samstag machten die Porsche-Fahrer dann ihre Sportwagen bereit, denn die Münsterland-Rallye stand auf dem Programm. Auf einer landschaftlich attraktiven Strecke machten sich 35 Porsche auf die 180 Kilometer lange Tour, deren Endpunkt am Wasserschloss Nordkirchen lag. Als zusätzliche Aufgabe mussten unterwegs Quizfragen gelöst werden. Es folgte ein exklusiver Festabend, der in einem der besten italienischen Restaurants in Deutschland abgehalten wurde. Außerdem wurde dort eine Tombola durchgeführt, die Einnahmen von 2690 Euro brachte. Ein Mitglied des PC Monasteria verdoppelte diesen Betrag noch einmal, bevor er an das Kinderhospiz Königskinder in Münster gespendet wurde.

Nachdem am Tag drauf noch die Sieger der Münsterland-Rallye geehrt wurden, konnten sich die Porsche-Freunde glücklich und zufrieden auf den Heimweg machen.

FRANZÖSISCHES LEBENS-GEFÜHL IM DEUTSCHEN SPORTWAGEN

Mit 18 Porsche machte sich der Porsche Club Kurpfalz Ende 2015 auf den Weg nach St. Tropez, um Alpenpässe, Kurven, französische Kultur und Sonne zu genießen. Durch die Schweiz ging es über einige Pässe der französischen Alpen zunächst nach Gap. Weiter führte der landschaftlich attraktive Weg einen Tag später entlang des größten Stausees Europas (Lac de Serre Poncon) unter anderem hoch zum Col de la Cayolle, der mit seinen vielen Kurven nicht nur viel Fahrspaß, sondern auch einen tollen Ausblick bot. Der Tag klang mit einem italienischen Abendessen in Valberg aus. Tags drauf folgte die Königsetappe der Tour, denn sie hatte gleich vier Pässe im Angebot. Dabei stellte der Col de Turini, der legendäre Pass der Rallye Monte Carlo, den Höhepunkt des Tages dar. Am Abend erreichte die Porsche-Gruppe den historischen Ort St. Paul de Vence unweit von Nizza im Hinterland der Côte d'Azur. Nach einem Tag zur freien Verfügung wurde die berühmte Parfumstadt Grasse angesteuert, wo eine Führung samt Geruchsproben nicht fehlen durfte. Der Tag endete in La Croix Valmer nahe St. Tropez, wo zeitgleich das vom Porsche Club Mediterrane organisierte Treffen Porsche Paradis stattfand. Dies hatte den Teilnehmern eine Menge zu bieten, unter anderem das Fahren auf einer Rennstrecke, eine Bootstour oder einen Helikopterflug. Und auch dem Flanieren im mondänen St. Tropez stand nichts im Weg. Am Nachmittag durfte über der Bucht von St. Tropez noch eine Flugvorführung bewundert werden, bevor die Abendveranstaltung in Ramatuelle den Schlusspunkt der erlebnisreichen Reise des PC Kurpfalz markierte.

VIEL SPASS UND NEUE FREUNDE IN MONACO

Der Porsche Club München nahm bei seiner Reise durch Italien, Frankreich und Monaco nicht nur viele Eindrücke mit, sondern auch eine neue Freundschaft mit dem Porsche Club Monaco.

Der erste offizielle Programmpunkt der Ausfahrt war das Briefing am ersten Abend in Santa Vittorio d'Alba, einem 3000-Seelen-Örtchen im Piemont. Am zweiten Tag konnten die Münchener einen Freund eines Clubmitgliedes, der gleichzeitig Chef der Carabinieri von Alba ist, als Tourguide gewinnen. Er zeigte den bayrischen Gästen nicht nur die Gegend um Alba, sondern wies sie auch auf die Standorte der Radarfallen hin. Der Besuch zweier Weingüter sowie der Universita die Scienze Gastronomiche rundeten das Tagesprogramm ab. Tag drei führte die Teilnehmer dann erstmals in die Berge, die in drei Gruppen erklommen wurden. Der erste Pass war der Col de Lombarde, der sich an der italienisch-französischen Grenze auf 2350 Meter erhebt. Die zweithöchste asphaltierte Straße in den Alpen, die rauf zum Col de Bonette führt, wurde wenig später bereits bei strömendem Regen, Hagel und Gewitter genommen, doch für die ambitionierten Porsche-Fahrer stellte dies kein Problem dar. Nach einer Übernachtung in Saint-Véran, der höchstgelegenen Gemeinde Europas, ging es weiter nach St-Paul-de-Vence. Auf dem Weg dahin konnte auch noch der beeindruckende Grand Canyon de Verdon bestaunt werden, eine 21 Kilometer lange und bis zu 700 Meter tiefe Schlucht in der Provence. Am fünften Tag kam es zum lang ersehnten Treffen mit den Mitgliedern des PC Monaco, mit denen gemeinsam die letzte Etappe der erlebnisreichen Tour absolviert wurde. Unter anderem der durch die Rallye Monte Carlo berühmte und berüchtigte Col de Turini wollte von der Porsche-Mannschaft bezwungen werden. Über den Col de Braus ging es wieder zurück nach Monaco, wo die Abendveranstaltung im exklusiven Restaurant Le Castelroc gebucht war. Es war ein würdiger Abschluss einer gelungenen Ausfahrt des PC München.

PÄSSE-TOUR AUF FRANZÖSISCH

Ende Juni machten sich zunächst sechs Porsche vom Porsche Club Pforzheim auf dem Weg in die Schweiz, wo sie den Tag mit einem Grillabend abschlossen. Am nächsten Morgen hatten sich zwei weitere Clubmitglieder dieser Gruppe angeschlossen, so dass sie fortan mit acht Fahrzeugen unterwegs waren. Ihr Ziel sollte Valloire sein, ein Skiort am Fuße des Galibier in den französischen Alpen. Dort richtete der Porsche Club Pays de Savoie zum zehnten Mal den Savoiecup aus und die Pforzheimer wollten an dieser Tour über verschiedene französische Bergpässe teilnehmen. Dabei gingen insgesamt 190 Sportwagen in geführten Gruppen à zehn Fahrzeugen auf die Reise durch die reizvolle Berglandschaft.

Die Süddeutschen waren in eine der ersten Gruppen eingeteilt und durften somit schon früh auf die Piste. Im zügigen Tempo fuhren sie als erstes den Col de Galibier hoch, bevor am Nachmittag weitere Pässe folgten. Nach 340 gefahrenen Kilometern, die immer wieder von kleinen Pausen unterbrochen wurden, fand man sich schließlich wieder am Startort Valloire ein. Neben dem Fahren bekamen die Teilnehmer an diesem Tag noch eine weitere Aufgabe an die Hand: Sie erhielten einen Fragebogen, den sie im Laufe des Tages ausfüllen mussten. Die Ergebnisse wurden ausgewertet und am Abend fand im örtlichen Kinosaal die mit Spannung erwartete Preisverleihung statt. Den krönenden Abschluss des Tages markierte ein imposantes Feuerwerk.

Am Sonntagvormittag wurden die nächsten 170 Kilometer unter die Räder genommen. Eine extra für die Porsche-Freunde abgesperrte Strecke erlaubte dann sogar noch höhere Geschwindigkeiten, was die Teilnehmer mit großer Freude nutzten. Auch ein Abstecher in eine Käserei stand am Vormittag auf dem Programm. Das Örtchen La Clusaz, das die Teilnehmer gegen Mittag erreichten, stellte schließlich den Schlusspunkt des erlebnisreichen Savoiecup dar.

MILLE MIGLIA – MOTORSPORT-GESCHICHTE ERFAHREN

Für den Porsche Club Niedersachsen ging es am Pfingstmontag auf den Weg Richtung Italien, wo die Teilnehmer mit ihren Sportwagen die Spuren der legendären Mille Miglia erkunden wollten. Als erster Zwischenstopp nach dem Startort Hildesheim wurde Bregenz in Österreich ausgewählt. Am zweiten Tag kurvten die Porsche über den Schweizer Splügenpass bis an den Lago d'Iseo, wo die zweite Übernachtung angesetzt war. An Tag drei konnte die Gruppe bereits echte Mille-Miglia-Luft schnuppern. In Brescia fand die Fahrzeugabnahme statt und die Deutschen durften sich das Treiben als VIP-Gäste anschauen. Auch das eine oder andere Gespräch mit den teils von weit her angereisten Teilnehmern der Mille Miglia wurde geführt. Der Start des berühmten Rennens, das heute als Gleichmäßigkeitsfahrt für Oldtimer ausgetragen wird, erfolgte einen Tag später an gleicher Stelle – im strömenden Regen.

Nachdem die historischen Fahrzeuge unterwegs waren, konnten auch die Porsche-Freunde ihre Tour fortsetzen. An Tag fünf ging es auf einer landschaftlich wunderschön gelegenen Route zum Gardasee, wo unter anderem auch der Wohnsitz des italienischen Schriftstellers Gabriele d'Annunzio besichtigt wurde. Nach einem Tag zur freien Verfügung freute man sich dann schon auf die Zielankunft der Mille-Miglia-Starter, die nach 1609 Kilometern in ihrem alten Rennwagen von den Zuschauern begeistert empfangen wurden. Und auch für den Porsche Club Niedersachsen fand die Italien-Ausfahrt einen Tag später mit der Heimfahrt langsam ein Ende.

PORSCHE-TOUR NACH BELLA ITALIA

Ende Mai starteten 21 Porsche-Fahrzeuge von Lindau aus in Richtung Emilia-Romagna. Erste Station der vom Porsche Club Bodensee-Oberschwaben organisierten mehrtägigen Ausfahrt war eine Aceto-Balsamico-Verkostung in Modena. Nach einer Stippvisite im Panini-Automobil-Museum und einer Parmesankäse-Degustation endete der erste Tag mit einem schmackhaften Vier-Gänge-Menü, bei den auch regionale Spezialitäten nicht fehlen durften. Tag zwei startete mit einer Stadtführung durch Bologna, bevor am Nachmittag 300 Kilometer Richtung Süden unter die Porsche-Räder genommen wurden – optional mit einem Zwischenstopp in einem Schuh-Outlet in der Nähe von Fermo. Am dritten Tag der Tour hielt sich die Gruppe in der Region Marken auf. Das Städtchen Ascoli Piceno mit dem Piazza del Popolo, angeblich einem der schönsten Plätze Italiens, stand ebenso auf der Liste wie das Testen biologischer und veganer Weine in Offida. Am Abend folgte noch ein besonderes Highlight: Die Porsche-Enthusiasten fanden sich mitten in einer Gruppe von Opernsängern und einem Pianisten wieder und genossen die gekonnten Aufführungen von bekannten Opernarien. Am folgenden Vormittag führte die Route über Colli del Tronto und Monterubbiano nach Fermo, wo die Porsche der deutschen Reisegruppe auf dem Hauptplatz der Stadt aufgestellt werden durften. Und auch der Bürgermeister zeigte sich als Freund der deutschen Sportwagen, denn er bat um ein Gruppenbild für sein Stadtarchiv. Nach der Besichtigung der Zisternen und der ältesten Bibliothek Italiens inklusive Pinakothek, die mit einem original Rubens-Kunstwerk begeisterte, wurde die berühmte Auto-Stadt Maranello als nächstes Ziel ausgegeben. Dort konnte am Sonntag noch das Ferrari-Museum besucht werden, bevor die Teilnehmer im Anschluss daran die Rückreise ins heimische Deutschland antraten.

Porsche Club
Kirchen-Hausen

SAISONSTART DES CLUB-CUP IN ANNEAU DU RHIN

Am Freitag trafen die ersten Teilnehmer bei leichtem Regen in Colmar ein. Nachdem die nötige Papierabnahme erledigt war, stand ein gemeinsames Abendessen auf dem Programm. Danach führte der Weg zur Fahrerbesprechung, einer Pflichtaufgabe für jeden Teilnehmer. Sportleiter Frank Seiffert erläuterte den groben Ablauf des Wochenendes, bevor PCD-Präsident Fritz Letters den Teil mit Strecken- und Flaggenkunde übernahm.

Am Samstag ging es dann in die Fahrzeuge und auf die Strecke, wo schon am frühen Vormittag hektische Betriebsamkeit herrschte. Nach einer kurzen Fahrerbesprechung für die erst am Samstag in Frankreich angekommenen Teilnehmer wurden die ersten Runden unter die Räder genommen. Während die einen Kilometer abspulten, gab es für die anderen im Speisesaal kurzweiligen Unterricht von den erfahrenen Porsche-Fahrern Fritz Letters und Gerry Haag. Nach der Mittagspause wurde es dann ernst, die ersten Wertungsläufe standen an. Im ersten Durchgang des Histo-Cup siegte Fritz Schleith vor Christof Gralla, dem Sportleiter des PC Roland zu Bremen und vor Jürgen Seyler. Im zweiten Heat revanchierte Gralla sich und gewann souverän vor Seyler und W. Wohlfarth. Nach einem kurzen freien Fahren wurde der Tag mit einer stimmungsvollen Siegerehrung abgeschlossen, bei der auch die Teilnehmer der ebenfalls abgehaltenen Fahrtrainings geehrt wurden.

Kurz nach dem Abendessen begann mit einer weiteren kurzen Fahrerbesprechung bereits die Vorbereitung auf den folgenden Sonntag, an dem der erste Lauf des Club-Cup ausgefahren wurde. Pünktlich um neun Uhr schickte Sportleiter Seiffert die erste Gruppe auf den Ring. Sowohl das geführte Fahren als auch das freie Fahren fanden bei Regen statt, was es besonders für die Neulinge nicht einfach machte. Doch die Instruktoren Anke Lawenstein, Bengt Stahlschmidt, Thomas Maier und Gerry Haag standen mit Rat und Tat zur Seite und gaben viele Tipps und Hinweise. Rechtzeitig zum Beginn der Wertungsläufe hörte der Regen dann auch auf und die Sonne zeigte sich sogar kurz. In Durchgang eins kam Karl-Heinz Kröger am besten mit den Bedingungen zurecht und gewann vor Olli Lieb und Ralph Pietsch. Bei den Damen sicherte sich Ann-Kathrin Rösch den ersten Platz vor Anke Lawenstein.

Der zweite Heat erfolgte wie immer ohne technische Hilfsmittel, die das Messen der Rundenzeit unterstützen. Hier zählt allein das Gefühl für die Zeit. Das beste Gleichmäßigkeitsgefühl hatte an diesem Tag Anke Lawenstein vor Tommy Meese und Olaf Baunack. Die Damenwertung entschied ebenfalls Anke Lawenstein für sich und verwies Marika Seyler auf Platz zwei.

BILL BARAZETTI UND SUSI HAAS GEWINNEN AUFTAKT DER PCS CHALLENGE

In Anneau du Rhin wurde auch die Saison der PCS Challenge gestartet. Auch bei dieser Wertung kommt es auf gleichmäßig gefahrene Rundenzeiten an. Im ersten Saisonlauf der PCS Challenge, der inklusive eines Pflichtboxenhalts wie üblich über die Dauer von einer Stunde ging, war niemand besser als das Team Bill Barazetti / Susi Haas. Prof. Dr. Gerhard Wanner und der Vorjahressieger Dieter Kohm komplettierten das Siegertreppchen. Die Erstplatzierten wurden am Abend bei der Siegerehrung gebührend gefeiert und mit den wohlverdienten Pokalen belohnt.

WETTERLOTTERIE AUF DEM HOCKENHEIMRING

Bereits Tradition hat der Auftritt der PCS Challenge in Rahmen des Preises der Stadt Stuttgart auf dem Hockenheimring. Am Donnerstag schon konnten die Teilnehmer auf der Strecke testen, um sich perfekt auf den folgenden Wertungslauf vorzubereiten. Der stand dann am Sonntag auf dem Programm, wo die Starter mit einem Mix aus Sonne und Regen zurechtkommen mussten. Begonnen wurde die Wertungsprüfung auf trocknem Asphalt, doch schon frühzeitig zogen dunkle Wolken auf. Und kurz vor Ende brach dann tatsächlich ein heftiger Regenschauer auf das Motodrom herunter, so dass die Rundenzeiten deutlich langsamer wurden. Damit hatten am Ende die Teams und Fahrer einen Vorteil, die in ihrer vorab festgelegten Strategie die Einplanung von längeren Rundenzeiten berücksichtigt hatten.

Die Favoriten ließen sich vom Wetter nicht irritieren. Dieter Klein vom PC Roland zu Bremen holte sich mit seinem Porsche 993 Coupé den Gesamtsieg und den ersten Platz in der Klasse 1. Knapp hinter ihm folgte das Team Bill Barazetti / Susi Haas vom Württembergischer PC und PC Kirchen-Hausen, das zudem bester Vertreter der Klasse 4 war. Position drei errang Prof. Dr. Gerhard Wanner vom Porsche Club Schwaben, der einen Porsche 968 CS pilotierte.

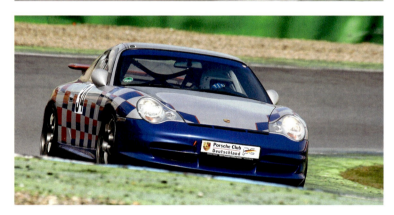

SONNE UND GUTE LAUNE IN GROSS DÖLLN

Der zweite Lauf des PCD Club-Cup fand Ende April in Groß Dölln statt. Der größte Teil der gemeldeten Teilnehmer konnte am Freitag schon die Sonne auf der Hotelterrasse genießen. Dieses Wetter hielt auch den ganzen Samstag an und sorgte bei den Porsche-Fahrern für eine positive Stimmung.

Der offizielle Teil begann am Freitagabend, nachdem das gemeinsame Abendessen beendet war. Die Teilnehmer gingen zur obligatorischen Fahrerbesprechung und lauschten dort den Ausführungen des PCD–Sportleiters Michael Haas sowie der Instruktoren Alexander Schöbel, Stefan Windgätter und Thomas Gojowy. Insbesondere wurde erläutert, dass bei dieser Veranstaltung auch eine Histo-Wertung erfolgte, deren zwölf Fahrer als blaue Gruppe starteten. Die anderen 47 Starter wurden auf die beiden Fahrgruppen schwarz und rot verteilt.

Trotz dieser beiden gut gefüllten Gruppen lief alles reibungslos und ohne Probleme ab. Um dies zu gewährleisten, wurden neue Starter von Michael Haas und später von erfahrenen Clubkameraden ausgiebig betreut und mit vielen Tipps und Hinweisen versorgt.

Bei der kurzweiligen Siegerehrung durch den PCD-Sportleiter Michael Haas zeigte sich, dass die Routiniers ihre Erfahrung einmal mehr erfolgreich einsetzen und gute Resultate erringen konnten. Bei der ersten Prüfung siegte Karl-Heinz Kröger, während Stefan Brömse den zweiten Lauf klar für sich entscheiden konnte.

PFINGSTAUSFLUG
IN DIE LAUSITZ

Traditionell legte der PC Heilbronn/Hohenlohe den Auftritt des PCD Club-Cup und der PCS Challenge auf dem EuroSpeedway Lausitz wieder auf das Pfingstwochenende. Die Rennstrecke befindet sich zwischen Berlin und Dresden und entstand Ende der 90er Jahre. Über eine Fläche von 370 ha erstrecken sich das Rennsport- und Testareal inklusive einer Vielzahl verschiedener Eventflächen und Gebäudeeinrichtungen und ist damit fast doppelt so groß wie das gesamte Fürstentum Monaco.

In diesem Jahr wurden für diese Veranstaltung in der Niederlausitz der PCD Club-Cup, die PCS Challenge und erstmalig die neue Histo-Wertung ausgeschrieben.

Im ersten Lauf des PCD Club-Cup triumphierte Karl-Heinz Kröger vom PC Schwaben vor Jan Demuth vom PC Bodensee-Oberschwaben und Oliver Lieb vom PC Kirchen-Hausen. In Durchgang zwei ließ sich der Hamburger Frank Trentz den Sieg nicht nehmen. Er verwies Udo Seger vom PC Rhein-Main und Ralph Pietsch vom PC Schwaben auf die Plätze zwei und drei.

Die Histo-Wertung sah in beiden Läufen Mitglieder vom PC Roland zu Bremen auf der obersten Stufe des Siegertreppchens. Im ersten Heat war niemand besser als Christoph Gralla mit seinem Porsche 944 S2, im zweiten Durchgang lag sein Clubkamerad Dieter Klein mit seinem Porsche 993 ganz vorne.

PCS-CHALLENGE IN DER LAUSITZ GEHT AN DIETER KOHM

In der PCS-Challenge eroberte Vorjahres-Sieger Dieter Kohm vom PC Kurpfalz in der Lausitz die erste Position und feierte damit seinen ersten Saisonsieg. Das aus dem Württembergische PC und dem PC Kirchen-Hausen zusammengestellte Team Bill Barazetti / Susi Haas, das beim Auftakt in Anneau du Rhin nicht zu schlagen war, beendete den Ausflug zum EuroSpeedway auf Rang zwei vor G. Ziegler vom Porsche Club Saar.

GELUNGENES MOTORSPORT-WOCHENENDE AM BILSTER BERG

Zum zweiten Mal ging es für den Club-Cup-Lauf des PC Hamburg an den Bilster Berg. Bereits am Samstagnachmittag traf ein Großteil der Teilnehmer bei strahlendem Sonnenschein im Hotel Gräflicher Park in Bad Driburg ein. Nach der ersten Papierabnahme wartete ein gemeinsames Abendessen im Grünen Salon auf die Porsche-Fahrer. Dank der milden Temperaturen konnte der Abend dann sogar mit einem Drink auf der Terrasse abgeschlossen werden.

Nächtlicher Regen sorgte am darauffolgenden Vormittag an der Rennstrecke zunächst für skeptische Blicke und auch das Präparieren der Fahrzeuge erfolgte noch unter Regenschirmen. Letztendlich hörte der Niederschlag aber während des Briefings auf, so dass der Asphalt während des geführten Fahrens abtrocknen konnte und für den Rest des Tages beste Bedingungen herrschten. Deshalb und wegen des disziplinierten Verhaltens aller Starter blieb die Veranstaltung bis auf einen kleinen Ausrutscher in der Mausefalle komplett schadenfrei. Und selbst der restriktive Lärmschutz an der neu gebauten Piste sorgte für keinerlei Einschränkung des Fahrbetriebes.

Bei der abschließenden Siegerehrung durch PCD-Sportleiter Michael Haas wurden die Routiniers Torsten Lampert sowie Danilo del Favero für ihre Klassensiege mit Pokalen belohnt.

RED BULL RING: WERTUNGSLAUF MIT HINDERNISSEN

Am Freitag vor der Veranstaltung des Porsche Sports Cup auf dem Red Bull Ring wurde auf dem österreichischen Formel-1-Kurs ein Lauf zur PCS Challenge angesetzt. Insgesamt 17 Porsche-Fahrzeuge unterschiedlichster Art mit 23 Fahrern wurden für diese Wertungsprüfung gemeldet. Vertreten waren 911er vom G-Modell, 993 bis zum 991 GT3. Einige 968 Transaxle-Porsche und auch ein Cayman hatten sich ebenfalls in der Steiermark eingefunden.

Das erste freie Training fand noch bei sonnigen Bedingungen statt, doch das sollte sich im Laufe des Vormittags bereits ändern. Das zweite freie Training wurde dann schon im Regen gefahren, aber bis zum Wertungslauf hatte sich dieser wieder verzogen und auch der Asphalt trocknete bis zum Beginn der Prüfung komplett ab.

Pech hatte nun das Auswertungs-Team, denn das automatische Generieren der Ergebnislisten funktionierte nicht. Doch die Organisatoren fanden eine Lösung und mit einer halben Stunde Verzögerung konnte die Siegerehrung dann doch noch stattfinden.

Klassensiege holten sich die Teams Karl-Heinz und Ute Kröger (Klasse 2), Ulrich und Marcel Kramer (Klasse 3) sowie Susi Haas und Bill Barazetti (Klasse 4), außerdem siegte der Einzelstarter Gerhard Wanner in der Klasse 1. In der Gesamtwertung belegte das Duo Kröger den ersten Platz.

Porsche Club
Osnabrück Weser-Ems e.V.

PORSCHE LEIPZIG EMPFÄNGT CLUB-CUP

Bereits am Vorabend des Veranstaltungstages auf der Rennstrecke sind viele Teilnehmer nach Leipzig gekommen und sie wurden mit einem bunten Abendprogramm belohnt. Am Sonntag führte ihr Weg dann auf das Porsche-Gelände, wo 78 Teilnehmer aus 20 Clubs ein imposantes Bild boten. Nach der Papierabnahme ging es unverzüglich zur Fahrerbesprechung, in der Hero Schwarze, Präsident des PC Osnabrück, die Starter begrüßte und die Instruktoren Stefan Lindenlaub, Kai Ellmauer und Ulrich Bläute vorstellte. Supervisor Frank Buhr erklärte kurz die markanten Kurven und Eigenarten der Strecke sowie die neue Ein- und Ausfahrt.

Pünktlich um neun Uhr schickten die Rennleiter Carsten Spengemann und Wolfgang Hagemann dann die erste von drei Fahrgruppen zum geführten Fahren auf die Strecke. Im anschließenden freien Fahren konnten die Porsche-Fahrer das soeben Erlernte wiederholen, bevor die Mittagspause des Treiben auf der Piste kurz unterbrach.

Am Nachmittag wurden zwei Wertungsläufe zum Club-Cup absolviert. In Prüfung eins sicherte sich Bernd Rösch vom Württembergischen PC den Gesamtsieg vor Friedhelm Rieb vom PC Kirchen-Hausen und Vitus Harder, der vom PC Hamburg anreiste. In der zweiten Wertung ging der Gesamtsieg an Richard Gresek vom PC Rhein-Main, gefolgt von Tim Schade und Ulf Thomas, die beide Mitglied beim WPC sind. Bei den Damen gab es in beiden Läufen ein identisches Bild auf den ersten Plätzen, es gewann Ann-Katrin Rösch vom WPC vor Katharina Leier vom PC Paderborn und Alejandra Schneider vom PC Schwaben.

PCD CLUB-CUP MIT ABSTECHER NACH FRANKREICH

Der PC Rhein-Main lud für Anfang August nach Frankreich ein, um auf dem Circuit de Chenevières zwei Läufe des PCD Club-Cup und des Histo-Cup auszutragen. Schon am Freitagnachmittag schlugen die ersten Teilnehmer mit ihren Wohnmobilen auf, um die Fahrzeuge in Stellung zu bringen und das anstehende gemeinschaftliche Abendessen im Hotel zu genießen.

Am nächsten Tag fuhren alle mit ihren Porsche zur Rennstrecke. Die Streckenposten und Helfer bezogen ihre Positionen und die Einweisungsrunden durch die Instruktoren konnten beginnen. Hier haben sich alle Beteiligten viel Zeit genommen, um die Teilnehmer auf alle Ungereimtheiten der Strecke aufmerksam zu machen. Im Anschluss daran ging es gruppenweise auf die Piste, um diese zu erkunden und seine persönliche Line zu finden.

Nach der Mittagspause kämpften die Starter dann um Punkte für den PCD Club-Cup und die Histo-Wertung. Während die motivierten Porsche-Fahrer noch ihre letzten Runden drehten, begann bereits die Auswertung, die das professionelle SDO-Zeitnahmeteam erledigte. PCD-Sportleiter Michael Haas warf noch einen kontrollierenden Blick auf die Resultate, bevor die erfolgreichsten Teilnehmer des Tages bei der Siegerehrung mit Pokalen und Punkten belohnt wurden.

ERST REGEN, DANN SONNE: CLUB-CUP AM SALZBURGRING

Mitte August trafen sich die Starter des PCD Club-Cup auf dem Salzburgring, wo sich ein Großteil der knapp 50 Teilnehmer das Willkommensbuffet am Vorabend nicht entgehen ließ. Nach der Begrüßung durch PCI-Präsident Erwin Pfeiffer und PCD-Präsident Fritz Letters wurde erst gespeist und dann gelauscht – und zwar den Worten von Sportleiter Jochen Adam und Instruktor Bengt Stahlschmidt bei der Fahrerbesprechung. Flaggenkunde, Ideallinie, Zeitplan und weitere Themen wurden angesprochen und erklärt.

Am nächsten Vormittag hatte der Regen dann aufgehört. Noch war zwar alles feucht und nass, aber die Prognose klang sehr positiv. Pünktlich um acht Uhr führten die drei Instruktoren ihre jeweiligen Gruppen beim geführten Fahren über den Ring und erklärten per Sprechfunk die Anbrems- und Einlenkpunkte, sowie weitere Besonderheiten des Salzburgringes. Da der Rundkurs am Vormittag noch recht feucht war, ließ sich beim anschließenden freien Fahren der eine oder andere Ausrutscher ins Kiesbett nicht vermeiden. Die Wertungsläufe am Nachmittag fanden hingegen bei strahlendem Sonnenschein und sommerlichen Temperaturen statt. Um 16:30 Uhr war die letzte Wertungsrunde abgeschlossen, alle Transponder eingesammelt und die Pokalübergaben wurden vorbereitet.

Kurzweilig, flott und mit zahlreichen lockeren Sprüchen moderierte PCI-Präsident Erwin Pfeiffer die folgende Siegerehrung, bei der Thomas Halser als Bester der Gesamtwertung den Siegerkranz mit nach Hause nehmen durfte.

Porsche Club
Allgäu e.V.

VOLLES PROGRAMM IN ITALIEN

Die ersten Teilnehmer reisten bereits am Freitagabend nach Italien und genossen einen wunderschönen Abend im hoteleigenen Weingut mit Weinverkostung und tollem Menü. Tags drauf ging es zum „Autodromo di Franciacorta", wo mit der obligatorischen Fahrerbesprechung der offizielle Startschuss für die Porsche-Fahrer fiel. Es folgte geführtes Fahren der Histo-Gruppe und viele Trainings- und Einstellfahrten, wo jeder sein Fahrzeug bis an die Grenze und darüber hinaus testen durfte.

Die Damen absolvierten unterdessen das Ladiestraining. Hierbei wurde ihnen durch die beiden Instruktoren Gerry Haag und Fritz Letters das sichere Fahren auf der Rennstrecke zunächst theoretisch näher gebracht. Diese gewonnene Erkenntnisse wurden im Laufe des Tages auf der Rennstrecke in praktische Erfahrungen umgesetzt.

Der Nachmittag war unter anderem mit Wertungsläufen der Histo-Gruppe, der PCS Challenge und weiterer Fahreinheiten der Ladies gefüllt. Er endete mit einem freien Fahren und einer Pokalübergabe für alle Teilnehmer. Am Abend wurde mit einem gemeinsamen Abendessen das 15-jährige Bestehen des PCD Club-Cup gefeiert.

Am folgenden Sonntag reiste die Porsche-Gruppe wieder früh zur Rennpiste, wo neben einer weiteren Fahrerbesprechung auch wieder Trainings und Instruktorfahrten auf dem Programm standen. Nach dem Mittagessen starteten dann die ersten Fahrer schon in die beiden Wertungsläufe zum PCD Club-Cup. Die Besten von ihnen wurden später bei der Siegerehrung gebührend gefeiert und geehrt, bevor der Abend zum gemütlichen Beisammensein und Ausklang genutzt wurde.

FINALE DES PCD CLUB-CUP IN ASSEN

Wie so häufig in den vergangenen Jahren wurde das Finale des PCD Club-Cup auch 2016 wieder vom PC Roland zu Bremen ausgerichtet und dieses Mal auf das letzte Oktober-Wochenende terminiert. Ort des Geschehens war der TT Circuit in Assen, der alle Beteiligten mit Sonnenschein und Temperaturen um die 15 Grad verwöhnte. Am Vorabend trafen sich fast alle Teilnehmer bereits zum gemeinsamen Essen und man schaute voller Vorfreude auf den folgenden Tag. Dieser startete mit geführtem Fahren hinter den Instruktoren Vitus Harder, Stefan Lindenlaub und Christoph Gralla, bevor später die Wertungsläufe absolviert wurden.

Neben den bekannten Teilnehmern aus dem Club-Cup fanden sich auch einige neue Fahrer in den Niederlanden ein, die die eigentlich aus dem Motorradsport bekannte Strecke in Assen und die gesamte Veranstaltung begeistert und mit einem Lächeln im Gesicht wieder verließen.

Und auch die Titelentscheidung im Club-Cup fiel erst beim Finale. Mit einem zweiten Platz im Gesamtklassement sowie einem Klassensieg durften bei Olli Lieb zum Anschluss der Saison die Sektkorken knallen.

RESÜMEE PCD CLUB-CUP MIT HISTO-WERTUNG UND PCS-CHALLENGE

Mit zehn Läufen zum PCD Club-Cup, sechs Wertungen zur PCS Challenge und weiteren sechs Wertungen zur in diesem Jahr neu eingeführten Histo-Wertung konnte der Porsche Club Deutschland mit seinen Mitgliedsclubs seinen Sportfahrern wieder einen vollen Motorsportkalender bieten.

PCD CLUB-CUP

Der Auftakt stieg, wie jedes Jahr, in Anneau du Rhin. Mit ihrem Erfolg im ersten Durchgang der vom PC Kirchen-Hausen organisierten Veranstaltung machten Ute und Karl-Heinz Kröger klar, dass auch 2016 mit ihnen zu rechnen ist. Für Olli Lieb und Ralph Pietsch blieben in Frankreich nur die Plätze zwei und drei. Im zweiten Lauf siegte Vorjahressiegerin Anke Lawenstein.

Ende April lud der PC Brandenburger Tor nach Groß Dölln ein. Bei der ersten Prüfung siegte Karl-Heinz Kröger souverän, wohingegen Stefan Brömse den zweiten Lauf klar für sich entschied.

Pfingsten – auch das hat Tradition – trifft man sich am Eurospeedway Lausitz beim PC Heilbronn/Hohenlohe. Dort wurden der PCD Club-Cup, die PCS Challenge und erstmalig die Histo-Wertung angeboten.

Präsident Henning Wedemeyer und Sportleiter Udo Schwarz vom PC Hamburg waren wenig später die Hausherren am Bilster Berg, wo das schöne Wetter und die gute Stimmung für einen reibungslosen Tag sorgten.

Hero Schwarze vom PC Osnabrück konnte mit seiner Veranstaltung in Leipzig schon immer punkten: tolle Strecke, exquisite Küche, toller Vorabend mit Traum-Buffet und Musik im Porsche Diamant und wieder ein heißer Sommertag.

Zum Rahmen der Porsche Club Days in Hockenheim gehört seit Jahren auch ein Club-Cup-Lauf. Der PCD Club-Cup werden vom Württembergischen PC ausgerichtet und waren auch 2016 wieder perfekt organisiert und durchgeführt. Traumwetter und viele Porsche Clubs, die einmal beim Club-Cup hinter die Kulissen schauen wollten oder einfach nur die Motorsport-Atmosphäre genießen wollten, sowie wunderschöne Porsche aller Baujahre rundeten die Veranstaltung ab.

Der PC Rhein-Main beendete die kurze Sommerpause und bat auf seine Hausstrecke im französischen Chenvières. Und Präsident Lindenlaub hatte wieder eine Überraschung für die Teilnehmer parat: einen Pizza-Truck direkt an der Strecke.

Inmitten des schönen Salzburger Lands liegt der Salzburgring, dort findet in angenehmem Ambiente alljährlich der Club-Cup-Lauf des PC Isartal-München statt.

In Franciacorta wurde in diesem Jahr zusätzlich zur Aktion auf der Strecke noch eine kleine Party zum 15-jährigen Jubiläum des Club-Cup gefeiert. Aber der PC Allgäu hatte auch sonst alle Register gezogen und so konnten die Teilnehmer bereits am Anreisetag als kleines Highlight einen Besuch im hoteleigenen Weingut mit Weinprobe und tollem Menü genießen.

Die Finalveranstaltung des Club-Cup stieg im niederländischen Assen, der Heimstrecke des PC Roland zu Bremen. Völlig untypisch herrschten dort milde Temperaturen und die Sonne schien bei teilweise wolkenlosen Himmel. Hier sollte auch die Entscheidung fallen, ob Olli Lieb oder Karl-Heinz Kröger in Weissach als Gesamtsieger des Club-Cup geehrt werden. Mit einem zweiten Platz im Gesamtklassement sowie einem Klassensieg war Olli Lieb letztendlich der knappe Gewinner.

HISTO-WERTUNG

Neu im Jahr 2016 war die Histo-Wertung im Rahmen des PCD Club-Cup. Auf Drängen vieler Fahrer von historischen Porsche-Fahrzeugen wurde diese Kategorie eingeführt. Zugelassene Porsche-Fahrzeuge waren die Modelle 356, 914, 912 und 911 luftgekühlt bis einschließlich 993 (ohne Turbo) sowie alle Transaxle-Fahrzeuge der Serien 924, 944, 968 und 928. Bei sechs PCD Club-Cup-Veranstaltungen wurde die zusätzliche Histo-Klasse gewertet. In Anneau du Rhin und Franciacorta gab es am Vortag jeweils einen eigenen Lauf, während in Groß Dölln, am Eurospeedway Lausitz, in Chenevières und in Assen die Histo-Wertung anstelle der Gruppe blau gefahren wurde. Der Jahressieg ging an den Bremer Dieter Klein vor Jan Demuth und Friedrich Schleith.

PCS-CHALLENGE

Die PCS Challenge befindet sich nach wie vor im Aufwind. Eine volle Stunde Fahrzeit mit einer Zwangspause und möglichem Fahrerwechsel sowie das genaue Einhalten der gewählten Setzrunde treffen aktuell offenbar den Nerv vieler Clubsportler.

Auftakt der PCS Challenge war die französische Strecke in Anneau du Rhin und bereits dort deutete das Team Bill Barazetti / Susi Haas mit seinem Gesamtsieg sein Potenzial an.

Den zweiten Lauf zur PCS Challenge, den Heinz Weber am Hockenheimring ausrichtete, gewann der Bremer Dieter Klein mit seinem 993.

Pfingsten führte die Reise der Porsche-Sportfahrer in die Niederlausitz, wo der PC Heilbronn/Hohenlohe auf dem dortigen EuroSpeedway ein tolles Weekend organisierte.

Erneut gelang es dem PC Schwaben, im Vorfeld des Porsche Sports Cup einen Lauf zur PCS Challenge auf dem Red Bull Ring durchzuführen. Dieser anspruchsvolle Kurs mit den spannenden Bergauf- und Bergab-Passagen ist eher selten in Clubsportkalendern zu finden.

Und auch beim Jahreshighlight, den Porsche Club Days am Hockenheimring, durfte ein Lauf zur PCS Challenge nicht fehlen. Bei der abschließenden Siegerehrung auf dem Boxendach konnten WPC-Präsident Uwe Zimmermann und sein Sportleiter Heinz Weber dem Gesamtsieger Gerhard Wanner vom PC Schwaben den größten Pokal überreichen.

Der Abschlusslauf der PCS Challenge fand einmal mehr im spätsommerlichen Franciacorta statt. Präsident Philip Hirschmann und Sportleiter Rudig-Mummert vom PC Allgäu konnten die Teilnehmer bei strahlendem Wetter auf die Strecke schicken. Mit Ihrem Gesamtsieg in Oberitalien sicherte sich das Team Bill Barazetti / Susi Haas auch die Jahreswertung.

WETTERKAPRIOLEN IN HOCKENHEIM – BERWANGER UND GLASER SIEGEN ZUM AUFTAKT

Bei nicht gerade frühlingshaften Temperaturen ging der Saisonstart der Porsche Club Historic Challenge über die Bühne. Den Auftaktsieg sicherte sich Kim Berwanger mit seinem Porsche 997 GT3 Cup, während Sebastian Glaser im Porsche 996 GT3 RS den zweiten Lauf gewann. Bei den Historischen siegten Patrick Simon und Alexandra Irmgartz, die beide einen Porsche beide 964 RSR 3,8 pilotierten.

Bereits im Qualifying hatte Kim Berwanger mit der deutlichen Bestzeit aufhorchen lassen und durfte folglich auch von der Pole Position in das erste Rennen der Saison starten. Am Start blieb er an der Spitze und konnte sich gleich von seinem ersten Verfolger Markus Fischer absetzen. Die schnelle Gangart des Führenden konnte niemand mitgehen, so dass er schließlich deutlich gewann. Rang zwei holte sich Sebastian Glaser, der am Start weit nach außen gedrängt wurde, sich drehte und fast bis ans Ende des Feldes zurückfiel. Mühsam kämpfte er sich danach wieder nach vorne. Zur Halbzeit lag er schon auf der fünften Gesamtposition, ehe er 996er-Pilot Klaus Horn sowie Winfried Assmann überholte. Zudem hatte er Glück, dass der lange auf Platz zwei fahrende Markus Fischer ausschied. Im Duell um den dritten Platz setzte sich Assmann knapp gegen Horn durch.

Das zweite Rennen am Sonntag wurde zu einer sicheren Beute für Sebastian Glaser. Zunächst hielt Gerhard Kilian die Führungsposition vor Winfried Assmann, während Glaser auf Rang drei folgte. Pole-Setter Benno Berwanger hatte sich hingegen früh gedreht und so aus dem Kampf um den Sieg verabschiedet. Drei Umläufe hielt sich Kilian an der Spitze, ehe Glaser ihn überholte und einem sicheren Triumph entgegenfuhr. Hinter Glaser ging es heiß her. In der sechsten Runde verdrängte Joachim Bleyer Kilian von der zweiten Position. Der sah sich danach von Winfried Assmann und Klaus Horn unter Druck gesetzt. Nach elf Umläufen stellte Kilian jedoch die alte Ordnung wieder her und verwies Bleyer wieder auf Platz drei. Dahinter schnappte sich Horn Winfried Assmann, was dem Landauer den vierten Gesamtrang einbrachte.

SCZEPANSKY UND WEIDEL SIEGEN BEI DEN 996ER

Das erste Rennen in der Klasse der 996er konnte Andreas Sczepansky noch relativ deutlich vor Thomas Weidel für sich entscheiden. Rang drei ging an Ivo van Riet, der sich Florian Keck mit einem Abstand von knapp über zwei Sekunden vom Leib halten konnte. Deutlich spannender war der zweite Durchgang. Thomas Weidel kam besser aus den Startlöchern und erarbeitete sich sofort einen kleinen Vorsprung. Doch Sczepansky ließ nicht locker und war plötzlich in Schlagdistanz. Dennoch konnte der den Führenden nicht in Gefahr bringen. Somit ging der Klassensieg an Weidel vor Sczepansky, während van Riet erneut Dritter wurde.

SIEGE FÜR PATRICK SIMON UND ALEXANDRA IRMGARTZ BEI DEN HISTORISCHEN

Bei den Historischen, die diesmal eine eigene Startgruppe bildeten, setzte sich im ersten Rennen Patrick Simon durch, der TV-Kommentator und ehemalige Rennfahrer dominierte das Geschehen deutlich. Mit 42,441 Sekunden Rückstand holte sich Alexandra Irmgartz Rang zwei, die Porsche-Pilotin konnte sich gegen Georg Vetter und Mate Eres durchsetzen. Im zweiten Heat triumphierte Irmgartz sogar. In der Anfangsphase hielt Georg Vetter noch die Spitze, doch gegen den leistungsstärkeren RSR von Irmgartz war über die gesamte Distanz kein Kraut gewachsen, so dass Vetter ab der sechsten Rennrunde die Siegerin von 2014 ziehen lassen musste. Zum Schluss zog auch noch Mate Eres an ihm vorbei.

Nach zwei Siegen in der Klasse 7 durfte Georg Vetter mit dem Saisonstart dennoch zufrieden sein, der Schwarzwälder hatte seine Klasse im Griff. In der Klasse 2 war Antonio Trichas nicht zu bezwingen, er verwies in beiden Rennen Norbert Schuster und Andreas Pöhlitz auf die weiteren Plätze. Die Klasse 1 ging zweimal an Philip Ring.

NIEDERLÄNDISCHE DOMINANZ IN DER PCHC – BERWANGER UND KILIAN SIEGEN BEI DEN 997ER

Für Jan van Es hatte sich die Reise in die Magdeburger Börde gelohnt, der Niederländer räumte beim zweiten Lauf zur Porsche Club Historic Challenge in Oschersleben alles ab. Bei den modernen 911ern gingen zwei Triumphe an Kim Berwanger und ein Erfolg an Gerhard Kilian.

Jan van überzeugte bei seinem Gastauftritt in Oschersleben auf der ganzen Linie. Das Qualifying beendete er hinter Kim Berwanger zwar noch auf Platz zwei, aber da die historischen und die modernen Fahrzeuge in zwei Startgruppen starteten, stand der GT2-Pilot in seinem Rennen dennoch ganz vorne. Die Historischen wurden im ersten Durchgang sogar als erste auf die Reise geschickt, so dass van Es von den später ins Rennen gegangenen 997er und 996er nicht mehr abgefangen werden konnte. Im zweiten Heat musste der Niederländer in der zweiten Startgruppe ran. Während er bei den Historischen schon früh klar führte, tankte er sich im Gesamtklassement noch bis auf die fünfte Position nach vorne. Das dritte Rennen schließlich war ein Abbild des ersten Durchgangs. Wieder in der ersten Startgruppe unterwegs, fuhr van Es klar voneweg und sicherte sich den zweiten Sieg im Gesamtfeld.

BERWANGER BEI DEN 997ERN STARK

Die siegverwöhnten Fahrer der 997er hatten in Oschersleben also zweimal das Nachsehen. Kim Berwanger bestätigte derweil die Eindrücke vom Saisonauftakt, dass er bei den 997ern in diesem Jahr der Pilot ist, den es zu schlagen gilt. Im Qualifying war er fast 2,5 Sekunden schneller als Klasse-9-Pilot Joachim Bleyer, sein eigener Klassenkonkurrent Ulrich Rossaro musste sich sogar mit einem Rückstand von über 2,6 Sekunden auf den 29-Jährigen zufrieden geben. So entwickelte sich auch das erste Rennen zu einer Solofahrt für Kim Berwanger, Gerhard Kilian folgte mit über 14 Sekunden hinter ihm auf Platz zwei. Der zweite Durchgang nahm einen ähnlichen Verlauf und wieder war Kilian am nächsten am Sieger dran. Beim Start bremste er sich sogar kurz an diesem vorbei, musste den späteren Gewinner aber wieder ziehen lassen.

Am Sonntag kletterte Vater Benno Berwanger in das Cockpit des schwarzen 997er und die Gunst der Stunde wusste Gerhard Kilian zu nutzen. Nach einer Runde schnappte er sich die erste Position und fuhr einen deutlichen Sieg nach Hause. Dahinter verteidigte Benno Berwanger lange die zweite Position, musste sieben Runden vor Schluss aber Klasse-9-Pilot Ralf Heisig passieren lassen. In seiner Klasse 8 behielt Berwanger trotzdem Platz zwei. Rang drei ging an Wolfgang Bensch.

RALF HEISIG MIT DREIFACH ERFOLG IN DER KLASSE 9

Für Ralf Heisig hatte sich das Wochenende in Oschersleben ebenfalls gelohnt: Gleich zweimal durfte er auf das Gesamttreppchen klettern, zudem gewann er alle drei Rennen in der Klasse 9. Vor allem im dritten Lauf wusste Heisig in einem rundenlangen Zweikampf mit Benno Berwanger zu überzeugen. Der Dreifachsieger profitierte allerdings auch davon, dass seine Konkurrenz kein problemfreies Wochenende erwischte, weder Joachim Bleyer noch Klaus Horn konnten auf einen komplett sorgenfreien Auftritt zurückblicken. Im ersten Durchgang fuhr Horn vor Thomas Scheyer immerhin noch auf Platz zwei, während danach seine Schaltung versagte. Joachim Bleyer hingegen wurde von Reifenproblemen geplagt. Im ersten Heat hatte er sogar den ersten Platz inne, als er kurz vor Schluss aufgeben musste. In den beiden weiteren Heats reichte es immerhin noch zu Klassenrang zwei.

Eng umkämpft waren die Siege bei den 996ern. Während Thorsten Rose das erste Rennen gewinnen konnte, konterte Andreas Sczepansky im zweiten. Im dritten Lauf des Oschersleben-Wochenendes kämpften die beiden 996er rundenlang miteinander, wobei sich Rose am Ende mit einer Winzigkeit von 0,026 Sekunde knapp durchsetzte.

VETTER UND IRMGARTZ IM GLEICHSCHRITT

Alexandra Irmgartz hielt sich mit drei Siegen in der Klasse 4 schadlos. Nur im zweiten Rennen musste die Porsche-Pilotin H.P. Wenger kurzzeitig den Vortritt lassen, doch bereits in der zweiten Runde stellte die Lady die alte Ordnung wieder her. Für Wenger blieb zweimal Rang zwei in der Klasse 4, sowie ein heiß umkämpfter dritter Platz in der PCHC-Wertung von Lauf zwei. Als Wenger am Sonntag bereits auf dem Heimweg war, kämpften die beiden 993-Cup-Piloten Erich Fuchs und Steffen Schlichenmeier um die zweite Position. Fuchs behielt das bessere Ende knapp für sich. Vorjahres-Champion Georg Vetter sicherte sich zwar drei wichtige Siege in der Klasse 3, musste an diesem Wochenende aber alles geben. In Heat eins konnte sich der Schwarzwälder recht schnell von Wenger absetzen und den dritten Platz in der PCHC-Wertung einfahren. Der zweite Durchgang entwickelte sich zu einem rundenlangen Duell mit Wenger, wobei Vetter keinen Weg an seinem Rivalen vorbeifand. Und auch am Sonntag wurde es in dieser Klasse noch einmal richtig spannend. Nach seinen beiden zweiten Klassen-Rängen geigte Graf Guntbert Freiherr von Lochstopf im letzten Lauf groß auf. Am Ende rettete Vetter den Sieg mit 0,352 Sekunden Vorsprung über den Zielstrich. Als Dritter wurde in allen drei Rennen Ralf Bender abgewinkt. In der Klasse 2 hatte zweimal Andreas Pöhlitz die Nase vorne, während Antonius Trichas Heat eins für sich entschied. In der Klasse 1 gingen alle drei Siegerpokale an das Team Maximilian Herrmann und Efstratios Kyrigkitsis.

FAST 50 PCHC-STARTER IN DEN ARDENNEN – SCHLAGER UND HEISIG IN SPA NICHT ZU SCHLAGEN

Ende Juni stand für die Porsche Club Historic Challenge in Spa-Francorchamps die erste Auslandsveranstaltung auf dem Programm. Auf der anspruchsvollen Formel-1-Strecke waren Jürgen Schlager und Ralf Heisig nicht zu schlagen. Teils heftiger Regen sorgte in den belgischen Ardennen für schwierige Verhältnisse.

Für Jürgen Schlager war der erste Auftritt in der Porsche Club Historic Challenge ein voller Erfolg. Bereits in Oschersleben hatte Jan van Es gezeigt, dass die GT2-Porsche den 997er Modellen durchaus die Siege streitig machen können und in Spa-Francorchamps wurde der Niederländer nun mit seinen eigenen Waffen bereits im Qualifying geschlagen.

Im ersten Heat wurden die älteren PCHC-Boliden als erstes auf die Reise geschickt. Jürgen Schlager verteidigte dabei seine Pole gegenüber Jan van Es. Doch der Niederländer blieb dran und übernahm in Runde drei die Spitze. Schlager konterte drei Umläufe später und holte sich die Führung zurück. Während er im Laufe des Rennens noch zulegen konnte, musste sein Rivale sein Tempo wegen Motorproblemen etwas drosseln. Am Ende stand für Schlager ein klarer Sieg mit über elf Sekunden Vorsprung vor van Es zu Buche. Im zweiten Durchgang gab es am erneuten Erfolg für Schlager nichts zu rütteln, nach zehn Rennrunden feierte er einen klaren Start/Ziel-Sieg vor dem erneut zweitplatzierten Jan van Es.

Da die neueren Porsche-Fahrzeuge im zweiten Heat als erste Gruppe gestartet sind, holte Ralf Heisig sich den Gesamtsieg. Bereits am Samstag war er in seiner Klasse nicht zu bezwingen, profitierte allerdings davon, dass Kim Berwanger nach einem Antriebswellenschaden nicht starten konnte. Engster Verfolger im ersten Rennen war Winfried Assmann, rund drei Sekunden fehlten ihm nach dem Fallen des schwarz-weiß karierten Tuchs auf den Erstplatzierten. Im zweiten Durchgang war es Teamkollege Markus Fischer, der Heisig auf den Fersen blieb. Fischer, am Vortag noch Dritter, drehte sogar die schnellste Rennrunde, musste sich aber mit fast fünf Sekunden Rückstand auf Heisig geschlagen geben. Gesamtdritter wurde Gerhard Kilian.

HOCHSPANNUNG BEI DEN HISTORISCHEN

Während die turbobefeuerten 993er bei den Historischen vorneweg fuhren, ging es dahinter spannend zu. Alexandra Irmgartz hatte mit Hans-Peter Meier einen starken Gegner erhalten, der sich schon im Zeittraining als schnellster Vertreter der Sauger-Fraktion erwies. Dieser Eindruck bestätigte sich auch im Rennen, wo Meier als Gesamtdritter einen souveränen Sieg in der Klasse 4 vor Irmgartz holte. In Heat zwei sah es lange Zeit nach einem zweiten Klassensieg für Meier aus, doch Irmgartz blieb diesmal am Klassenführenden dran und lauerte auf ihre Chance. Die bot sich ausgerechnet wenige Meter vor dem Zielstrich, als Meier in der Busstop-Schikane beim Herausbeschleunigen ins Rutschen geriet. Irmgartz nutzte diesen Fehler aus und beschleunigte den bis dato Führenden auf der Zielgeraden aus.

Die Klasse 3 entschied Philip van Beurden zweimal klar für sich, der Belgier konnte bei seinem Heimrennen zeitweise sogar Alexandra Irmgartz ärgern. Hinter van Beurden war es Freiherr von Lochstopf, der sich mit seinen beiden zweiten Plätzen wichtige Punkte für die Gesamtwertung sicherte. Pech hatte hingegen Vorjahres-Champion Georg Vetter. Der als Tabellenführer nach Spa gereiste Rennfahrer verzeichnete in Blanchimont einen heftigen Abflug, wodurch sein 964er arg verbogen wurde und ein Rennstart nicht mehr möglich war. In der Klasse 2 war Norbert Schuster nicht zu bezwingen, gleich zweimal ließ er Andreas Pöhlitz und das Team Seyler/Seyler hinter sich. Die Klasse 1 hingegen war fest in niederländischer Hand. Während Harry Verkerk das erste Rennen gewinnen konnte, siegte Johan Heil im zweiten Durchgang.

ENG UMKÄMPFTE 996ER KLASSE

Äußerst spannende Rennen boten einmal mehr die Piloten der Klasse 7. Den ersten Lauf gewann ein stark fahrender Ivo van Riet mit über drei Sekunden Vorsprung vor Thorsten Rose. Dritter wurde Andreas Sczepansky, der zu Rennbeginn noch vorne gelegen hatte. Im zweiten Heat führte zunächst Rose, während Weidel, van Riet und Sczepansky auf den weiteren Plätzen folgten. Als Rose mit Klasse-9-Pilot Klaus Horn aneinander geriet, zog Weidel vorbei. Weniger später überholte auch van Riet den Porsche von Rose. Bis zur Zielflagge blieb van Riet dicht an Weidel dran, konnte dessen Sieg aber nicht mehr in Gefahr bringen. Als Dritter wurde Thorsten Rose vor Andreas Sczepansky abgewinkt.

Die Klasse 9 ging am Samstag an Haci Köysüren, der sich nach zwei Jahren Rennpause gegen Klaus Horn und Joachim Bleyer durchsetzte. Das zweite Rennen am Sonntag entschied Bleyer für sich, nachdem er Köysüren in der zweiten Runde überholte. Köysüren fuhr seinen zweiten Platz letztendlich nach Hause, daran konnte auch eine 30-Sekunden-Strafe nichts mehr ändern.

TURBULENTES PCHC-RENNWOCHENENDE IN ASSEN - SCHLAGER UND KILIAN HOLEN DIE GESAMTSIEGE

Beim fünften Lauf der Porsche Club Historic Challenge gab es mit Jürgen Schlager und Gerhard Kilian zwei Gesamtsieger. Während Schlager in Assen mit zwei Siegen auch die Wertung der historischen Porsche dominierte, teilten sich Kim Berwanger und Gerhard Kilian die Erfolge bei den modernen Fahrzeugen.

Der erste Auftritt der Porsche Club Historic Challenge im niederländischen Assen begann turbulent. Das erste Rennen war noch keine Runde alt, als die Leitplanke wegen eines heftigen Unfalls dermaßen beschädigt wurde, dass eine längere Reparaturpause nötig wurde. Zunächst wurde das Feld mehrere Runden hinter dem Safety Car um die Strecke geführt, ehe rund sechs Minuten vor dem offiziellen Rennende die Unterbrechung erfolgte. Durch Intervention von Heinz Weber wurden den Fahrern nach der Pause noch einmal 20 Rennminuten zugestanden, die hinter dem Safety Car begonnen wurden. Bis zur Ziellinie war gegen Jürgen Schlager allerdings kein Kraut gewachsen, der GT2-Pilot siegte sowohl bei den Historischen als auch in der Gesamtwertung. Der zweite Platz im Gesamtklassement ging an Kim Berwanger, der in der Gruppe der modernen Porsche ebenso souverän auftrat wie Schlager bei den Historischen und klar vor Gerhard Kilian sowie Ralf Heisig gewann. Im zweiten Heat sicherte sich Kilian mit 1,259 Sekunden Vorsprung den Gesamterfolg vor Ralf Heisig. Dritter wurde Joachim Bleyer, der sich damit wie schon im ersten Rennen den Siegerpokal der Klasse 9 vor Richard Buitdendijk sicherte.

Stark präsentierte sich bei seinem Heimrennen auch Ivo van Riet, sogar der aktuelle Tabellenführer Andreas Sczepansky hatte in dieser Klasse zweimal das Nachsehen gegenüber dem Niederländer. Im zweiten Durchgang konnte Sczepansky das Rennen immerhin offen gestalten. Den dritten Platz in der Klasse 7 angelte sich in beiden Läufen Frank Willebrand.

SCHLAGER BESTER STARTER MIT HISTORISCHEM FAHRZEUG

Während Jürgen Schlager bei den Historischen erneut nicht zu schlagen war, ging es dahinter deutlich spannender zu. Im ersten Rennen lieferten sich Hans-Peter Meier, Mate Eres und Alexandra Irmgartz einen engen Dreikampf. Mit 0,368 Sekunden Vorsprung auf Eres sah Meier das schwarz-weiß karierte Tuch als Erster und auch Irmgartz blieb als Klassendritte innerhalb einer Sekunde zum Erstplatzierten. Im zweiten Durchgang kollidierte Mate Eres unmittelbar nach dem Start mit dem Porsche von Meier, woraufhin das Safety-Car auf die Piste geschickt wurde. Durch den Ausfall der beiden 964er schien Alexandra Irmgartz einem klaren zweiten Gesamtplatz sowie dem Sieg in der Klasse 4 entgegenzufahren. Doch im starken Verkehr nach dem Restart ruinierte sie sich die Felge, was einen Plattfuß zur Folge hatte. Durch das Pech der schnellen Dame erbte Peter Stox den zweiten Rang bei den Historischen sowie den Klassensieg vor Landsmann Marcel van Rijswick. Die Klasse 3 wurde zweimal eine sichere Beute von Georg Vetter, der beide Male Ralf Bender in Schach hielt. In der Klasse 2 fuhr Patrick van den Berg einen Doppelsieg heraus.

SCHLAGER UND BERWANGER TEILEN SICH DIE GESAMTSIEGE – SCZEPANSKY MACHT SCHRITT IN RICHTUNG TITELGEWINN

Jürgen Schlager und Kim Berwanger fuhren beim sechsten Lauf der Porsche Club Historic Challenge in Zolder die Gesamtsiege ein. Im ersten Heat bestimmte Schlager vor Jan van Es das Geschehen, den zweiten Durchgang gewann Kim Berwanger trotz einer Zeitstrafe.

Nach der Premiere im vergangenen Jahr war die Porsche Club Historic Challenge zum zweiten Mal in Zolder zu Gast. Dabei bestimmte die Turbo-Fraktion im ersten Durchgang das Geschehen. Jürgen Schlager lieferte auf der ehemaligen Formel-1-Piste eine astreine Vorstellung ab und fuhr souverän zum Gesamtsieg, Jan van Es sah das schwarz-weiß karierte Tuch mit 1,27 Sekunden Rückstand als Zweiter. Gesamtdritter wurde Kim Berwanger, der mit seinem modernen Porsche erst in der zweiten Startgruppe ins Rennen geschickt wurde und sich trotzdem an die vorderen Plätze herankämpfen konnte. Dabei folgte ihm Joachim Bleyer das gesamte Rennen über wie ein Schatten, musste Berwanger am Ende aber den Vortritt lassen. Der Sieg in der Klasse 9 war Bleyer jedoch nicht zu nehmen.

Im zweiten Rennen schien das Duell um den Gesamtsieg erneut Berwanger gegen Bleyer zu lauten. Doch diesmal setzte sich Berwanger schneller ab, während Bleyer kurz vor Schluss auf die elfte Position zurückfiel. Der Sieger bekam im Ziel zwar noch eine 30-Sekunden-Strafe aufgebrummt, die ihn aufgrund seines großen Vorsprungs aber nicht vom ersten Platz werfen konnte. Nach Bleyers Pech erbte Gerhard Kilian den zweiten Rang, er hielt Heisig knapp hinter sich. Die historische Abteilung sah mit Jan van Es einen neuen Sieger, nachdem Jürgen Schlager auf Position eins liegend wegen einer gebrochenen Aufhängung ausschied.

SCZEPANSKY GEGEN VAN RIET IN KLASSE 7

Viel Spannung bot der Kampf um den Sieg in der Klasse 7. Der heiße Titelfavorit Andreas Sczepansky musste sich in beiden Rennen gegen den stark fahrenden Ivo van Riet wehren, setzte sich aber jeweils durch. Rang drei eroberte in beiden Durchgängen Frank Willebrand, der einmal Udo Schwarz und einmal Florian Keck hinter sich ließ. Bei den historischen Modellen bestimmten die Turbos das Geschehen. Schnellster der Saugmotor-Starter war in beiden Läufen Georg Vetter, der allerdings im ersten Heats alles geben musste, um sich vor Freiherr von Lochstopf zu halten. Im zweiten Rennen reichte es zum souveränen Klassensieg, während von Lochstopf vorzeitig an die Box musste. Rang zwei sicherte sich Alexandra Irmgartz, die Ralf Bender kurz vor der Ziellinie noch abfing. Damit belegte Bender wie schon im ersten Heat den dritten Klassenrang. Weitere Klassensiege gingen an Andreas Pöhlitz sowie Gideon Wijnschenk, der die Klasse 9 im zweiten Rennen gewinnen konnte.

Porsche Club
Historic Challenge

BERWANGER UND BLEYER GEWINNEN IN DER EIFEL – SCZEPANSKY FEIERTE TITEL MIT DOPPELSIEG

Schon vor dem Finale stand Andreas Sczepansky als neuer Titelträger der Porsche Club Historic Challenge fest und der neue Champion verabschiedete sich mit zwei Klassensiegen meisterlich in die Winterpause. Die Gesamterfolge auf dem Nürburgring gingen an Kim Berwanger und Joachim Bleyer.

Andreas Sczepanksy konnte entspannt in die letzten beiden Rennen der Saison gehen, dem 996-Cup-Piloten war der Titel nicht mehr zu nehmen. In der nasskalten Eifel spielte der Ludwigsburger trotzdem noch einmal seine Qualitäten aus und fuhr in beiden Läufen zum Klassensieg. Im ersten Heat überquerte er den Zielstrich mit 2,278 Sekunden Vorsprung, im zweiten Durchgang ließ es der Champion ruhiger angehen und überließ den anderen zunächst die Initiative. Erst kurz vor Schluss sprintete er auf die erste Position seiner Klasse nach vorne.

BERWANGER UND BLEYER SIEGEN

An der Spitze bestimmten derweil die 997er das Geschehen. Im ersten Rennen hieß das Duell in der Anfangsphase Kim Berwanger gegen Ralf Heisig. Doch Berwanger sorgte recht schnell für klare Verhältnisse und fuhr mit über 20 Sekunden Vorsprung zu einem deutlichen Triumph bei den modernen Porsche. Dabei fing er sogar noch den in der ersten Startgruppe gestarteten Jürgen Schlager ab, womit auch der Gesamterfolg an den 997er Piloten ging. Ralf Heisig wurde als Gesamtdritter und Zweiter der Klasse 8 gewertet. Dritter bei den Klasse-8-Fahrzeugen wurde ein gut aufgelegter Thomas Reichel, der damit vor Klasse-9-Sieger Klaus Horn das Zieltuch sah. Auch in Lauf zwei behauptete Kim Berwanger nach der Startfreigabe die Spitze, während dahinter Joachim Bleyer nach einer starken ersten Rennrunde folgte. Ralf Heisig, Gerhard Kilian und Klaus Horn bildeten die Verfolgergruppe. Zunächst sah alles nach einem erneuten Sieg von Berwanger aus, doch gegen Rennende kam Bleyer immer näher heran und zog schließlich sogar vorbei. Mit einer halben Sekunde Vorsprung vor Berwanger feierte Bleyer den Gesamtsieg und den Erfolg in der Klasse 9. Klaus Horn kletterte als Gesamtdritter auf das Treppchen, während Gerhard Kilian als Vierter gewertet wurde.

SCHLAGER MIT DEUTLICHEM SIEG BEI DEN HISTORISCHEN

Bei den Historischen führte erneut kein Weg an Jürgen Schlager vorbei, sein Turbo-Porsche hatte auch in der Eifel keine Gegner zu fürchten und landete zwei souveräne Siege. Die zweite Position belegte in beiden Durchgängen Peter Nadler. Während sich der PCHC-Debütant im ersten Heat nach anfänglichen Problemen auf nassem Untergrund erst wieder nach vorne kämpfen musste, sicherte er sich im zweiten Durchgang souverän Rang zwei. Als Dritter erreichte im ersten Rennen Peter Stox die Ziellinie und gewann damit souverän die Klasse 4. Im zweiten Heat belegte Georg Vetter bei den Historischen die dritte Position. Der Vorjahresmeister sammelte mit dem zweiten Sieg in der Klasse 3 wichtige Meisterschaftszähler und landete damit auf dem zweiten Rang der Abschlusstabelle. Platz zwei in der Klasse 3 angelte sich in beiden Rennen Ralf Bender, der einmal Freiherr von Lochstopf und einmal Alexandra Irmgartz hinter sich ließ. Die Klasse 2 entschied das Brüderpaar Christian und Sebastian Holz zweimal vor Andreas Pöhlitz und Dr. Jürgen Seyler/ Marika Seyler für sich.

Porsche Club
Historic Challenge

PCHC MIT 996 CUP UND 997 CUP – RESÜMEE

Insgesamt 15 Rennen an sieben Rennwochenenden wurden den Fahrern der Porsche Club Historic Challenge in diesem Jahr geboten. Die PCHC-Organisation ist immer auf der Suche nach attraktiven Rennstrecken und konnte in diesem Jahr mit dem Circuit von Assen in den Niederlanden einen für die meisten Teilnehmer neuen Kurs im Kalender anbieten.

Der Saisonauftakt fand einmal mehr auf dem Hockenheimring statt und wie immer bot Heinz Weber mit dem Preis der Stadt Stuttgart einen gelungenen Start in die neue Saison. Die nächste Station war dann Oschersleben mit dem Preis der Stadt Magdeburg, dort wurden traditionell drei Wertungsläufe ausgetragen. Die Spa Summer Classic markierte das nächste Ziel der PCHC-Teilnehmer, ehe es wieder zurück nach Hockenheim zu den Porsche Club Days ging. In der zweiten Saisonhälfte führte der Weg zunächst nach Assen, ehe nur zwei Wochen später der ehemalige Formel-1-Kurs in Zolder unter die Michelin-Reifen genommen wurde. Mitte Oktober stieg auf der GP-Strecke des Nürburgrings dann das Saisonfinale.

Mit zwei Klassensiegen in der Klasse 3 zeigte der letztjährige Gesamtsieger Georg Vetter, dass immer noch mit ihm zu rechnen ist. In der Jahreswertung seiner Klasse gewann er klar vor Freiherr von Lochstopf und Ralf Bender. In der Klasse 2 war Andreas Pöhlitz der Triumph nicht zu nehmen, er verwies das Ehepaar Seyler auf den zweiten Platz. In der Klasse 4 strahlte Alexandra Irmgartz von der obersten Stufe des Siegertreppchens, Hans-Peter Maier und Mate Eres folgten auf den Positionen zwei und drei. Das Duell der beiden 993 GT2 entschied Jürgen Schlager vor dem Niederländer Jan van Es für sich.

Bei den 996-Cup-Fahrzeugen zeigte Andreas Sczepansky seine Fähigkeiten und gewann die Klasse klar vor Frank Willebrand und Dr. Florian Keck. Außerdem sicherte er sich mit seinen zwei Klassensiegen den Gesamtsiegerkranz der PCHC. War der Erfolg von Andreas schon vor dem Finale sicher, so wurde bei den 997-Cup-Rennen bis zuletzt gekämpft. Kim Berwangers zwei Klassensiege auf dem Nürburgring sorgte dafür, dass Gerhard Kilian in der Abschlusstabelle der Klasse mit gerade einmal 3,8 Punkten Rückstand noch auf Platz zwei verdrängt wurde.

Und in der Klasse 9 schließlich war Joachim Bleyer eine Klasse für sich. Mit über 90 Punkten Vorsprung blieb für Klaus Horn nur die Verfolgerposition vor Thomas Scheyer. Im Anschluss an die letzten Rennen des Jahres richtete die PCHC-Organisation im Dorint Hotel am Nürburgring eine stilvolle Jahresabschlussfeier aus. Sportleiter Michael Haas erklärte kurz die technischen Änderungen für 2017, ehe Fritz Letters, der Präsident des PCD, einen Ausblick auf das kommende Jahr und den noch vorläufigen Terminkalender gab. Oliver Bliss als Vertreter der Teams und Fahrer bedankte sich für die perfekte Organisation und das familiär-freundschaftliche Miteinander, das man auch bei der Abschlussparty erleben konnte.

Abschlussfeier

INSTRUKTEURE & VERANTWORTLICHE

IMPRESSUM – EDITORIAL

Herausgeber / Editor:
Gruppe C Motorsport Verlag

Projektleitung / Project management:
Tim Upietz

Assistent Projektleitung / Assistant project management:
Björn Upietz

Autoren / Authors:
Andrew Cotton, Dominic Krause, Tobias Krause, Annette Laqua, Jörg-Richard Ufer

Übersetzung / Translation:
René de Boer

Fotografen / Photographers:
Daniel Ahlgren - South Side Agency, Helen Becker, Klaus Betke, Dirk Bogaerts, Jan P. Brucke, Paul Carruthers - EDGE Photographics, Bob Chapman, Malte Christians, Brecht Decancq Photography, Dirk Michael Deckbar - Deckbar Photographie, Richard Dole, DPPI, Nick Dungan / AdrenalMedia.com, EDGE Photographics, Peter Elbert, Hardy Elis, Evers Media, Alfred Freymuth, Alex Galli - AG Photo, Jake Galstad - LAT Photo, Eric Gilbert – Motorsport.com, Frank Gindler, DPPI/Florent Gooden, Alexis Goure, Gerry Haag, Kai Hartmann, Georg Hennecke - Bildagentur Kräling, Helge Haberhauer - PC Heilbronn-Hohenlohe, Sören Herweg, Oliver Hilger, Thomas Hinz, Kevin Ho, Ryan Holst, Patrick Holzer, IMSA Photo, Beto Issa, Pertti Kangasniemi, Jerry Karlgren, Burkhard Kasan, Antonius Kerdijk, Oliver Kleinz, Andre Klütsch, Marika Koliseva, Sami Kolsi, Bodo Kräling - Bildagentur Kräling, Ferdi Kräling - Bildagentur Kräling, Jiří Křenek - HOCH ZWEI Photoagency, Michael Kunkel - HOCH ZWEI Photoagency, Jordan Lenssen - Jake Galstad LAT Photo, Scott R LePage, Jacques Letihon, Fritz Letters, Michael L. Levitt, Patrick Liepertz, James Lipman, Dave Lister, Fabian Lujan - ASN Media, Bob Magee, Clement Marin, Jochen Merkle, John Morris - Mpix Photography Australia, Marnik Mouchaers, Manfred Muhr, Lars David Neill, Victor Newman Photography, Dave A Oliver, Richard Pardon, Ari Paronen, Erwin Pfeiffer, Porsche Archiv, Porsche Motorsport North America, Jamey Price - Jake Galstad LAT Photo, Stuart G W Price, Rally and Races, Jarmo Rantanen, Silvia & Dirk Reiter - BRfoto, Peter Ritter, John Rourke/AdrenalMedia.com, Jorge Sa, Sven Schelling, Julian Schmidt, Ingo Schmitz, Daniel Schnichels, Chris Schotanus - Essay Produkties, Walter Schruff, Eugen Shkolnikov, Eric Simpson, Mauri Stefano, Thomas Suer - ts-photo.de, Imsa SportsCar Championship, Sutton Motorsport Images, Jürgen Tap - HOCH ZWEI Photoagency, Eric Teeken, Camden Thrasher, Toyota Racing, Alexander Trienitz, Tim Upietz, Ulli Upietz Photography, Frits van Eldik, Farid Wagner, WEC Magazin, Christine Wenker - PC-Monasteria, Gabriele Wroblowski, Akl Yazbeck, ZimSpeed

Layout und Design / Layout and Design:
Jonas Hermanns – www.jonashermanns.de

Lektorat / Proofreading:
Andrew Cotton, Thomas Hinz

Redaktionelle Mitarbeit / editorial cooperation:
Guilherme Bantel, Klaus Betke – PC Rhein-Main, Oliver Butz – PC klassische 911 Süd, Michael Dreiser, Paul Ellis, Dave Engelman, Emanuele Fasano, Bernhard Fischer, Greg Franz, Kevin Franz, Regina Franzé, Alfred Freymuth – PC Isartal-München, Mauro Gentile, Alexandre Gibot, Darioush Gheissari, Frank Gindler – PC-Life, Michael Haas – PCD, Thomas Hinz, Patrick Holzer, arp Redaktionsbüro, Christoph Huber, Jerker Johansson, Daniel Jordan, Paul Kelly, Sami Kolsi, Inga Konen, Michael Kössler, Ute Kröger – PC Schwaben, Dr. Christiane Lesmeister, Fritz Letters – PCD, Andrea Linder, Tom Moore, Magdalena Musiał, Tomoichi Nakamura, Ute Neal, Franco Nugnes, Erwin Pfeiffer – PCD, Evi Pfeiffer – PC Isartal-München, Patricsk Saint-Pierre, Michael Pledl – PC Roland zu Bremen, Carsten Prochaska – PC für klassische 911 – Südwest, Boya Qi, Kurt Sakzewski, Michael Schöch, Dieter Schütze – PC Brandenburger-Tor, Udo Schwarz – PC Hamburg, Jutta und Hero Schwarze – PC Osnabrück, Kiyoto Sekimoto, Bernd Simmendinger, Christian Striepen – PC Wuppertal, Kate Taylor, Emeric Tougeron, Anja Ufer, Severine Ulenaers, Jens Walther, Sven Wittich

Produktionsmanagement / Productionmanagement:
Christoph Löhr – Produktionsteam, Düsseldorf

Produktion und Druck / Production and Printing:
Gunnar Kettler – DruckVerlag Kettler GmbH

Buchbinder / Bookbinder:
Integralis Buchbinderei

Copyright 2016: **Gruppe C GmbH** – 1. Auflage Sonderedition Porsche Club Deutschland e.V.
Obere Kaiserswerther Straße 15, 47249 Duisburg, Germany – www.GruppeC-Verlag.de

Alle Rechte vorbehalten / All rights reserved / **ISBN 978-3-928540-88-9**

„Porsche" ist eine eingetragene Marke der Dr. Ing. h.c. F. Porsche AG; ihre Verwendung erfolgt mit freundlicher Gestattung der Porsche AG.

„Porsche" is a registered marque of Dr. Ing. h.c. F. Porsche AG; its use is made with the kind permission of Porsche AG.

Einige Abbildungen sind aus Privathand und deren Ursprung konnte nicht ermittelt werden.

Das Werk einschließlich aller seiner Teile ist urheberrechtlich geschützt. Jede urheberrechtswidrige Verwertung ist ohne Zustimmung des Verlages unzulässig und strafbar. Das gilt insbesondere für Vervielfältigungen, Übersetzungen, Nachahmungen, Mikroverfilmung und die Einspeicherung und Verarbeitung in elektronischen Systemen.

No part of this publication may be reproduced, stored in a retrieval system or transmitted, in any form or by any means, electronic, mechanical, photocopying, recording or otherwise, without prior permission in writing from the publisher.

produktion§team
Gesellschaft für Medienproduktion mbH

produktions-team.de

produktions-team.de

PORSCHE SPORT 2016

Drucksachen aller Art

Werbemittel

Druckdaten Erstellung

Foto: ststrm - Fotolia.com

Profis mit Profil –
Beste Karten für
Ihre Medienproduktion!

Anfragen: 0211 97716970 . info@produktions-team.de
www.produktions-team.de